特殊教育學生評量

陳政見

主編

陳政見、黃怡萍、張惠娟、劉冠妏
鄭郁慈、李英豪、陳玫瑜、謝幸儒
王櫻瑾、廖素亭、江俊漢、張通信
沈朝銘、魏淑玲、石筱郁　合著

★ **陳政見**（第一至十八章）（主編者）

學歷：國立彰化師範大學特殊教育研究所教育學博士
經歷：國小教師、中教輔導員、副研究員、講師、副教授、系主任、所長
現職：國立嘉義大學特殊教育學系教授兼實習就業輔導處處長

★ **黃怡萍**（第二、十二、十四章）

學歷：國立中興大學外文系
　　　國立嘉義大學特殊教育研究所碩士
經歷：國小特教教師
現職：嘉義縣秀林國小特教班教師

★ **張惠娟**（第五、十二、十七章）

學歷：國立嘉義大學特殊教育研究所
經歷：國小特教教師、普通班教師
現職：嘉義縣大林國小普通班教師

★ **劉冠妏**（第十、十二、十五章）

學歷：國立嘉義大學特殊教育研究所碩士
經歷：94 學年度國科會研究助理
現職：嘉義縣興中國小特教班教師

作者簡介

★ **鄭郁慈**（第四、六、十二、十四章）

學歷：國立嘉義大學特殊教育研究所

經歷：國中特教教師

現職：台南縣關廟國中資源班教師

★ **李英豪**（第十一、十二、十八章）

學歷：國立嘉義大學特殊教育研究所

經歷：雲林縣台西國小特教班教師

　　　雲林縣心理評量小組人員

現職：雲林縣台西國小輔導主任

★ **陳玫瑜**（第七、十二、十七章）

學歷：國立嘉義大學特殊教育研究所

經歷：國小特教教師

現職：台南縣下營國小資源班教師

★ **謝幸儒**（第四、六、十二、十五章）

學歷：國立嘉義大學特殊教育研究所

經歷：國小特教班教師、資源班教師

現職：嘉義縣和睦國小資源班教師

★ 王櫻瑾（第九、十二、十六章）

　學歷：國立台南師範學院特殊教育系
　　　　國立嘉義大學特殊教育研究所碩士
　經歷：國小資源班教師
　現職：雲林縣北辰國小資源班教師

★ 廖素亭（第六、十二、十五章）

　　學歷：國立嘉義大學特殊教育研究所碩士
　　經歷：國小特教班教師
　　現職：雲林縣南陽國小特教班教師

★ 江俊漢（第十二、十三、十八章）

　學歷：國立嘉義大學特殊教育研究所碩士
　經歷：資源班、課輔班教師

★ 張通信（第十二、十七章）

　　學歷：國立嘉義大學特殊教育研究所碩士
　　經歷：國小普通班教師、組長、總務主任
　　現職：彰化縣管嶼國小教務主任

★ 沈朝銘 （第八、十二、十八章）

學歷：東吳大學國際貿易學系
　　　國立嘉義大學特殊教育研究所碩士
經歷：國小特教班教師、巡迴輔導教師
現職：台南縣學甲國小在家教育班教師

★ 魏淑玲 （第七、十二、十七章）

學歷：國立中興大學社會學系
　　　國立嘉義大學特殊教育研究所碩士
經歷：人力資源管理師、資源班教師
現職：台中縣霧峰國小視障巡迴班教師

★ 石筱郁 （第九、十二、十六章）

學歷：國立彰化師範大學特殊教育學系
　　　國立嘉義大學特殊教育研究所碩士
經歷：國中特教班教師、資源班教師
現職：南投縣竹山國中特教班教師

　　本書之能完成，在於筆者於特殊教育研究所任教過程中，提供研究生閱讀的資料裡，有關課程本位評量之教材編譯工作，包括課程本位測量、課程本位評量、課程本位評價三種類型書籍，及教育資料庫（ERIC）所蒐集到的論文摘要或文章，加以整理而成理論部分。由於研究生多數為在職教師，因此將理論應用於真實的教學情境中，以實用語文及實用數學兩領域課程為主軸，透過以一個月以上為期限的持續蒐集資料，完成實證報告，組成實務部分，總共歷經一年十個月才完成，雖談不上什麼大作，過程卻備極辛苦。

　　《特殊教育學生評量》一書，共分理論與實務兩篇，總計有十八章。第一章至十三章屬理論部分，前兩章針對特殊教育評量基本觀念作概略性描述；第三章至第十一章是以課程本位評量為核心，探討課程本位評量的定義與類型、優勢與應用時機、信度與效度研究、鑑定功能、如何決定IEP目標、執行、監控與檢視、評量方案設計與評鑑等相關主題；第十二章則探討課程本位評量實證研究成果與摘要資料；第十三章是課程本位評量個案實例舉隅。第十四章至十八章為研究生的實務驗證成果，第十四章至十六章為在語文類課程本位評量實例，共計七篇報告實例，內容涵蓋國語注音符號拼讀、詞彙聽寫、圖片字卡配對、集中識字教學、生字書寫、照樣造句及段落閱讀口語朗讀等方面之實證案例；第十七章及第十八章為數學類課程本位評量實際案例，也有七篇報告實例，內容涵蓋和為 10 以內及1000 以內加法、10 以內的減法及整數乘法、認識整點與半點、錢幣運用及數學空間概念等。

　　研究生雖多數為在職的國中小特殊教育老師，然因為屬在職進修身分，因此在研究工作上恐無法全力以赴，在資料的研讀與譯述上，錯誤繁多，整個順稿及校稿過程，全時研究生江俊漢、石筱郁及劉冠妏同學奉獻心力與時間，在此誠摯致謝。然因市面上所出版之特殊教育學生評量，或特殊兒童鑑定與評量，多以傳統標準化評量工具為主，且依評量內容性質的差異作為章節的編排，少以基層教師編制課程為出發點的論著，故作者群雖

才疏學淺，但基於實際的需求量頗大，只好野人獻曝乃至班門弄斧，撰寫本書。只因倉促成書，舛誤難免，仍請特教先進耆老，不吝指正，末學定當恭敬受教並大力改進。

陳政見

謹識於國立嘉義大學民雄校區

August 03, 2007

目録

理論篇

 第一章　總論　3

第一節　特殊教育學生評量詞源　3
第二節　特殊教育學生評量流程　7
第三節　特殊教育學生評量理論　11
第四節　變通性評量的理論　12
第五節　變通性評量的模式　15

第二章　特殊教育學生評量的哲思　19

第一節　特殊教育是一種解困之道　19
第二節　特殊教育學生的本質　20
第三節　人境課題　21
第四節　文化對特殊教育的影響　23
第五節　特殊教育的解決方案　24

第三章　課程本位評量的定義　29

第一節　課程本位評量界定　29

第二節　課程本位評量模式比較　31

第三節　課程本位評量的通則　36

第四章　傳統心理評量模式的缺失　39

第一節　傳統評量缺乏專業品質　39

第二節　傳統評量缺乏內容效度　40

第三節　傳統評量無法與教學計畫連結　42

第四節　傳統評量過度依賴間接評量的方式　42

第五節　傳統評量忽略學生的學習精熟度　43

第六節　傳統評量採用前、後測評量設計　44

第七節　傳統評量耗費成本　45

第八節　傳統評量決策資料過於輕率　46

第九節　定義含糊鑑別失準　46

第五章　課程本位評量的需求　49

第一節　評量融入特殊教育決定　50

第二節　課程本位評量的應用時機　50

第三節　課程本位評量的優點　52

第六章　課程本位評量的效度與信度　59

第一節　課程本位評量在閱讀的信度與效度研究　60

第二節　課程本位評量在拼字的信度與效度研究　66

第三節　課程本位評量在寫作的信度與效度研究　68

第四節　課程本位評量在數學的信度與效度研究　70

第七章　課程本位評量的鑑定功能　73

　　第一節　課程本位評量鑑定資料的建立　74
　　第二節　課程本位評量常模的發展　77
　　第三節　課程本位評量鑑定的步驟　92

第八章　課程本位評量決定 IEP 目標　101

　　第一節　概述　101
　　第二節　運用課程本位評量撰寫 IEP 目標　102
　　第三節　編寫課程本位評量 IEP 目標的策略　111
　　第四節　應用當地常模編擬 IEP 目標之策略　115
　　第五節　結論　117

第九章　課程本位評量的執行與監控　119

　　第一節　課程本位評量監控的層面　119
　　第二節　課程本位評量監控的方式　122
　　第三節　課程本位評量監控的類型　124
　　第四節　未來的研究趨勢　131

第十章　課程本位評量效果的檢視　135

　　第一節　課程本位評量定期及年度檢視　136
　　第二節　定期及年度檢視與回顧　137
　　第三節　課程本位評量的終止機制　138
　　第四節　課程本位評量的校正程序　139
　　第五節　結論　148

第十一章　課程本位評量方案的評鑑 149

第一節　釐清教學方案評估意涵　149
第二節　推動教學方案評鑑　150
第三節　課程本位評量教學方案評鑑的立論　152
第四節　課程本位評量實施方式　154
第五節　總結　169

 第十二章　課程本位評量的實證研究 171

第一節　課程本位評量語文類之研究　171
第二節　課程本位評量數學類之研究　181
第三節　課程本位評量綜合性論述　182

 第十三章　課程本位評量舉隅 189

第一節　個案轉介流程　189
第二節　決定資格　192
第三節　擬定個別化教育計畫　195
第四節　教學計畫的執行　196
第五節　持續監控教學成效　196
第六節　每季和年度的檢閱　197

 第十四章　語文辨音課程本位評量實例 201

第一節　國語注音符號拼讀——以正確本位評量模式為主　201

第二節　詞彙聽寫　222

 第十五章　語文書寫課程本位評量實例　243

第一節　圖片詞卡配對　243
第二節　集中識字教學——以「皮」與「包」為例　252
第三節　生字書寫正確性和流暢性　268

 第十六章　語文詞句課程本位評量實例　283

第一節　照樣造句　283
第二節　段落閱讀口語朗讀流暢性　289

 第十七章　數學基本運算課程本位評量實例　303

第一節　和為 10 以內的加法　303
第二節　1000 以內的加法　322
第三節　10 以內的減法教學　334
第四節　整數的乘法　349

 第十八章　數學生活運用課程本位評量實例　363

第一節　認識整點與半點　363
第二節　錢幣運算——20 元以內硬幣的加法　374
第三節　國小數學空間觀念　389

參考文獻　409

圖次

圖 1-1　特殊教育學生評量流程圖 ……………………………………… 9

圖 1-2　評量方式與型態圖 ……………………………………………… 18

圖 3-1　CBM、CBE、CBA 三者間的關係圖 ………………………… 34

圖 7-1　45 位六年級學生閱讀得分的範圍 …………………………… 82

圖 7-2　透過課程的連續程度，學生測驗的結果決定潛在的資格 …… 99

圖 10-1　障礙學生和同儕的成長與成就改變評估比較圖 …………… 138

圖 10-2　在普通教育和特殊教育介入方案之下，小莉和同儕的書寫表
現之比較 …………………………………………………… 143

圖 10-3　使用目標導向的處遇方式來評估特教方案的效果 ………… 144

圖 10-4　小強在低組年級常模數學表現比較圖 ……………………… 147

圖 11-1　年度檢視個別化教育計畫的目標數分別在閱讀、拼音、
寫作、數學基本技能領域的精熟與不精熟 ……………… 165

圖 13-1　小安的課程本位評量閱讀資格測驗結果 …………………… 194

圖 13-2　小安的學年閱讀資料紀錄圖 ………………………………… 197

圖 14-1　注音符號拼讀課程本位評量教學架構圖 …………………… 204

圖 14-2　結合韻符一聲拼讀正確率曲線圖 …………………………… 207

圖 14-3　結合韻符四聲拼讀正確率曲線圖 …………………………… 208

圖 14-4　結合韻符一、四聲拼讀正確率曲線圖 ……………………… 208

圖 14-5　結合韻符二聲拼讀正確率曲線圖 …………………………… 209

圖 14-6　結合韻符一、二、四聲拼讀正確率曲線圖 ………………… 209

圖 14-7　結合韻符三聲拼讀正確率曲線圖 …………………………… 210

圖 14-8　結合韻符一、二、三、四聲拼讀正確率曲線圖 ……………… 210

圖 14-9　結合韻符四聲調號學習拼讀正確率比較圖 ………………… 211

圖 14-10　塞音聲符、韻符、調符結合之正確率 …………………… 212

圖 14-11　塞擦音聲符、韻符、調符結合之正確率 ………………… 213

圖 14-12　區辨塞音與塞擦音之正確率 ……………………………… 213

圖 14-13　鼻音聲符、韻符、調符結合之正確率 …………………… 214

圖 14-14　區辨塞音、塞擦音、鼻音與邊音之正確率 ……………… 214

圖 14-15　鼻音聲符、韻符、調符結合之正確率 …………………… 215

圖 14-16　區辨塞音、塞擦音、鼻音、邊音與擦音之正確率 ……… 215

圖 14-17　聲符、韻符、調符拼讀與辨識之正確率 ………………… 216

圖 14-18　詞彙聽寫課程本位評量教學架構圖 ……………………… 225

圖 14-19　由一個部件組成字之得分曲線圖 ………………………… 234

圖 14-20　由二個部件組成字之得分曲線圖 ………………………… 235

圖 14-21　由三個部件組成字之得分曲線圖 ………………………… 235

圖 14-22　由四個部件組成字之得分曲線圖 ………………………… 235

圖 14-23　由各部件組成字之得分曲線圖 …………………………… 236

圖 14-24　總得分曲線圖 ……………………………………………… 236

圖 15-1　第一組水果得分曲線圖 …………………………………… 248

圖 15-2　第二組水果得分曲線圖 …………………………………… 249

圖 15-3　第三組水果得分曲線圖 …………………………………… 250

圖 15-4　第一組食物得分曲線圖 …………………………………… 251

圖 15-5　第二組食物得分曲線圖 …………………………………… 252

圖 15-6　「皮」與「包」之集中識字教學課程本位評量教學架構圖 255

圖 15-7　基本字「皮」字之認讀 …………………………………… 258

圖 15-8　基本字「皮」字之造詞 …………………………………… 258

圖 15-9　基本字「皮」字之聽寫 …………………………………… 259

圖 15-10　基本字「皮」字之看注音寫國字 ……………………… 259

圖 15-11　基本字「皮」字之總成績 ……………………………… 260

圖 15-12　認識基本字「皮」字之國字 …………………………… 260

圖 15-13　基本字「包」字之認讀 ⋯⋯⋯⋯⋯⋯⋯⋯⋯ 262

圖 15-14　基本字「包」字之造詞 ⋯⋯⋯⋯⋯⋯⋯⋯⋯ 262

圖 15-15　基本字「包」字之聽寫 ⋯⋯⋯⋯⋯⋯⋯⋯⋯ 263

圖 15-16　基本字「包」字之看注音寫國字 ⋯⋯⋯⋯⋯ 263

圖 15-17　基本字「包」字之總成績 ⋯⋯⋯⋯⋯⋯⋯⋯ 264

圖 15-18　認識基本字「包」字之國字 ⋯⋯⋯⋯⋯⋯⋯ 264

圖 15-19　第二課生字書寫正確性得分曲線圖 ⋯⋯⋯⋯⋯ 272

圖 15-20　第三課生字書寫正確性得分曲線圖 ⋯⋯⋯⋯⋯ 272

圖 15-21　第二課生字書寫流暢性得分曲線圖 ⋯⋯⋯⋯⋯ 273

圖 15-22　第三課生字書寫流暢性得分曲線圖 ⋯⋯⋯⋯⋯ 273

圖 15-23　第二課整體進步曲線圖 ⋯⋯⋯⋯⋯⋯⋯⋯⋯ 274

圖 15-24　第三課整體進步曲線圖 ⋯⋯⋯⋯⋯⋯⋯⋯⋯ 274

圖 16-1　名詞替換正確率 ⋯⋯⋯⋯⋯⋯⋯⋯⋯⋯⋯⋯ 286

圖 16-2　動詞替換正確率 ⋯⋯⋯⋯⋯⋯⋯⋯⋯⋯⋯⋯ 286

圖 16-3　形容詞替換正確率 ⋯⋯⋯⋯⋯⋯⋯⋯⋯⋯⋯ 287

圖 16-4　照樣造句正確率 ⋯⋯⋯⋯⋯⋯⋯⋯⋯⋯⋯⋯ 287

圖 16-5　口語朗讀流暢性進步曲線圖 ⋯⋯⋯⋯⋯⋯⋯⋯ 295

圖 17-1　數學和為 10 以內加法教學架構圖 ⋯⋯⋯⋯⋯ 305

圖 17-2　和為 8 的加法正確率曲線圖 ⋯⋯⋯⋯⋯⋯⋯ 309

圖 17-3　和為 9 的加法正確率曲線圖 ⋯⋯⋯⋯⋯⋯⋯ 310

圖 17-4　和為 10 的加法正確率曲線圖 ⋯⋯⋯⋯⋯⋯⋯ 310

圖 17-5　和為 10 以內的加法正確率曲線圖 ⋯⋯⋯⋯⋯ 310

圖 17-6　1000 以內的加法教學架構圖 ⋯⋯⋯⋯⋯⋯⋯ 324

圖 17-7　1000 以內個位數進位的加法正確率曲線圖 ⋯⋯ 329

圖 17-8　1000 以內十位數進位的加法正確率曲線圖 ⋯⋯ 329

圖 17-9　1000 以內個位數、十位數進位的加法正確率曲線圖 ⋯⋯ 330

圖 17-10　1000 以內的加法正確率曲線圖 ⋯⋯⋯⋯⋯⋯ 330

圖 17-11　減法教學課程本位評量教學架構圖 ⋯⋯⋯⋯⋯ 336

圖 17-12　5 以內減法的操作回答 ⋯⋯⋯⋯⋯⋯⋯⋯⋯ 339

圖次

圖 17-13　10 以內減法的操作回答 ···················· 339

圖 17-14　5 以內減法的口頭回答 ····················· 339

圖 17-15　10 以內減法的口頭回答 ···················· 340

圖 17-16　5 以內減法的紙筆回答 ····················· 340

圖 17-17　10 以內減法的紙筆回答 ···················· 341

圖 17-18　二、三位數乘以一位數課程本位評量教學架構圖 ········· 352

圖 17-19　三位數乘以一位數（不進位）正確率曲線圖 ········· 356

圖 17-20　三位數乘以一位數（進位）正確率曲線圖 ········ 357

圖 17-21　三位數乘以一位數（乘數未知）正確率曲線圖 ······ 357

圖 17-22　應用練習二位數乘以一位數正確率曲線圖 ········· 358

圖 17-23　二、三位數乘以一位數進步曲線圖 ·············· 358

圖 18-1　認識整點與半點課程教學架構圖 ··············· 366

圖 18-2　整點概念辨識曲線圖 ····················· 368

圖 18-3　整點間的短針位置辨識概念曲線圖 ············· 369

圖 18-4　半點概念辨識曲線圖 ····················· 369

圖 18-5　三個教學單元的進步比較圖 ················· 370

圖 18-6　五個一數換算圖 ······················· 377

圖 18-7　十個一數換算圖 ······················· 378

圖 18-8　一元與五元圖片提示運算圖 ················· 379

圖 18-9　一元與五元格子提示運算圖 ················· 379

圖 18-10　一元與十元圖片提示運算圖 ················ 379

圖 18-11　一元與十元格子提示運算圖 ················ 379

圖 18-12　五元與十元圖片提示運算圖 ················ 380

圖 18-13　五元與十元格子提示運算圖 ················ 380

圖 18-14　一元、五元與十元圖片提示運算圖 ············· 381

圖 18-15　一元、五元與十元格子提示運算圖 ············· 381

圖 18-16　課程本位評量結果圖 ···················· 382

圖 18-17　第一單元課程本位評量結果圖 ··············· 383

圖 18-18　第二單元課程本位評量結果圖 ··············· 384

圖 18-19 第三單元課程本位評量結果圖 ………………………………… 385

圖 18-20 空間概念領域架構圖 …………………………………………… 392

圖 18-21 「上下概念」進步曲線圖 ……………………………………… 398

圖 18-22 「上下實物區辨」進步曲線圖 ………………………………… 399

圖 18-23 「上下符號區辨」進步曲線圖 ………………………………… 399

圖 18-24 「前後概念」進步曲線圖 ……………………………………… 400

圖 18-25 「前後實物區辨」進步曲線圖 ………………………………… 400

圖 18-26 「前後符號區辨」進步曲線圖 ………………………………… 401

圖 18-27 「左右概念」進步曲線圖 ……………………………………… 401

圖 18-28 「左右實物區辨」進步曲線圖 ………………………………… 402

圖 18-29 「左右符號區辨」進步曲線圖 ………………………………… 402

圖 18-30 上下概念分析進步曲線圖 ……………………………………… 403

圖 18-31 前後概念分析進步曲線圖 ……………………………………… 404

圖 18-32 左右概念分析進步曲線圖 ……………………………………… 404

表次

表 1-1　特殊教育學生評量工具一覽表 ……………………………… 10

表 2-1　資料本位的解決模式 …………………………………………… 26

表 3-1　三種課程本位評量的模式比較 ………………………………… 32

表 3-2　CBM 和 CBA 的正確本位模式及標準參照模式之比較 ……… 33

表 3-3　CBM、CBE、CBA 比較一覽表 ……………………………… 34

表 3-4　CBM、CBA、CBE 之名詞比較一覽表 ……………………… 36

表 6-1　CBM 閱讀測量之信度研究摘要 ……………………………… 66

表 6-2　數學課程本位評量信度的研究 ………………………………… 72

表 7-1　傳統模式與 CBM 模式資格決定比較表 ……………………… 76

表 7-2　從 45 名學生中選取 7 人和 9 人之平均數、中位數和標準差
　　　　比較 ……………………………………………………………… 83

表 7-3　四年級普通班學生正確讀字基本閱讀之百分等級與得分
　　　　（raw score, RS）一覽表 ……………………………………… 86

表 7-4　不同季節對兩個學區作文年級的成績平均數及標準差一覽表　90

表 7-5　學區 A 依年級及測驗時間排的閱讀材料分數，以四分位數
　　　　等級來標示 ……………………………………………………… 91

表 7-6　轉介學生在不同年級水準教材的閱讀成績的中數與地方常模
　　　　相較 ……………………………………………………………… 97

表 8-1　閱讀、數學、作文、拼音 IEP 目標的基本編排 ………………100

表 8-2　學生在不同程度課程的測驗結果 ………………………………107

表 8-3　從 500 個學生在寫作中的平均成長界定出成功標準的成長比率
　　　　 ……………………………………………………………………… 115

表 9-1　問題－決策雙向細目表 ……… 123

表 13-1　小安課程本位評量篩選結果一覽表 ……… 191

表 13-2　小安在課程本位評量的閱讀資格測驗結果 ……… 194

表 14-1　結合韻符拼讀正確率一覽表 ……… 207

表 14-2　聲符、韻符、調符結合的正確率一覽表 ……… 212

表 14-3　詞彙聽寫課程本位評量之前測紀錄表 ……… 228

表 14-4　詞彙聽寫課程本位評量之紀錄表 ……… 229

表 14-5　詞彙聽寫課程本位評量之後測紀錄表 ……… 233

表 14-6　詞彙聽寫課程本位評量各階段得分一覽表 ……… 234

表 15-1　圖片詞卡配對教學評量總得分結果 ……… 246

表 15-2　第一組水果測驗紀錄表 ……… 247

表 15-3　第二組水果測驗紀錄表 ……… 248

表 15-4　第三組水果測驗紀錄表 ……… 249

表 15-5　第一組食物測驗紀錄表 ……… 250

表 15-6　第二組食物測驗紀錄表 ……… 251

表 15-7　基本字「皮」之前測結果 ……… 253

表 15-8　基本字「包」之評量結果 ……… 254

表 15-9　教學內容整理表 ……… 255

表 15-10　集中識字教學之介入成效一覽表 ……… 257

表 15-11　五個基本字為「包」之國字教學一覽表 ……… 261

表 15-12　個案歷年測驗資料一覽表 ……… 269

表 16-1　照樣造句教學目標一覽表 ……… 284

表 16-2　照樣寫短句評量結果 ……… 285

表 16-3　個案歷年測驗資料一覽表 ……… 290

表 16-4　選取段落文章之總字數與平均字數一覽表 ……… 292

表 16-5　口語朗讀流暢性評量結果分析 ……… 293

表 17-1　各單元評量的次數統計表 ……… 307

表次

表 17-2　和為 10 以內加法正確率一覽表 ……………………… 309

表 17-3　個案基本能力 …………………………………………… 323

表 17-4　課程本位評量紀錄表 …………………………………… 327

表 17-5　課程本位評量結果一覽表 ……………………………… 328

表 17-6　10 以內的減法正確率一覽表 ………………………… 338

表 17-7　二、三位數乘以一位數正確率及流暢率一覽表 …………… 355

表 18-1　認識整點與半點教學結果紀錄表 ……………………… 368

表 18-2　個案基本能力 …………………………………………… 374

表 18-3　課程本位評量之教學目標 ……………………………… 376

表 18-4　課程本位評量紀錄表 …………………………………… 381

表 18-5　第一單元教師評量原始資料紀錄表 …………………… 383

表 18-6　第二單元教師評量原始資料紀錄表 …………………… 384

表 18-7　第三單元教師評量原始資料紀錄表 …………………… 385

表 18-8　個案基本能力 …………………………………………… 391

表 18-9　教學前能力分析表 ……………………………………… 391

表 18-10　領域分項與教學目標分析 ……………………………… 393

表 18-11　教學內容與測驗實施說明 ……………………………… 396

表 18-12　各次領域測驗成績表 …………………………………… 397

特殊教育學生評量

理論篇

第一章　總論

第二章　特殊教育學生評量的哲思

第三章　課程本位評量的定義

第四章　傳統心理評量模式的缺失

第五章　課程本位評量的需求

第六章　課程本位評量的效度與信度

第七章　課程本位評量的鑑定功能

第八章　課程本位評量決定 IEP 目標

第九章　課程本位評量的執行與監控

第十章　課程本位評量效果的檢視

第十一章　課程本位評量方案的評鑑

第十二章　課程本位評量的實證研究

第十三章　課程本位評量舉隅

第一章

總論

陳政見

第一節 特殊教育學生評量詞源

「特殊教育學生評量」此一專業名詞，在台灣地區是經過一段時間演變而成的。特殊教育學生評量最早定名為「特殊兒童教育診斷」，之後以特殊教育學程為主，改為「特殊兒童鑑定與評量」。國立嘉義師範學院與國立嘉義技術學院，合併成為國立嘉義大學後，特殊教育學系課程重新調整為綜合教育體系，課程中之「特殊兒童鑑定與評量」修改為「特殊學生評量」。而自91學年度之後，教育部也將特殊教育學程之「特殊兒童鑑定與評量」修改為「特殊教育學生評量」。至此，特殊教育學生評量成為特殊教育學系學生必修課程之一（陳政見，1999）。為何特殊教育學生評量為必修課？可以從下列五方面談起：

1.必要性：所有18類特教學生（特殊教育法，2003）都需要經過評量的過程予以認定，而特教老師需瞭解其鑑定過程。

2.保障性：透過不同階段的評量與鑑定使學生獲得合法化的證明，並適當地享受經費保障。

3

3.實務性：在特殊教育學生教學過程中，評量足以呈現教學前的能力診斷、教學中的進度調整及教育成果的展現，確保實施特殊教育的成效。

4.目的性：透過準確且多元評量方式，瞭解特殊教育學生的能力所在，實現因材施教的理想。

5.特殊性：每位特教學生都存在個別差異，不僅是個體間有個別差異，個體內亦有能力的優弱勢差異，透過個別測驗進行個別施測，及個別解釋，以瞭解特殊教育學生的問題及需求。

而特殊教育學生評量課程設計的重點如何？實際上，每位授課教授對該課程規劃各有不同，甚至坊間出現有關特殊教育學生評量之書籍，其規劃內容與綱目也有所不同（張世彗、藍瑋琛，2005；王亦榮等人，1999；陳麗如，2006）。然而從特殊教育學生的立場觀之，特殊教育學生評量應包含的基本內涵包括轉介、篩選、鑑定、初選、複選、安置、診斷、教學設計、教學評量、再教學、再評量等過程，以確定特殊教育學生受教後之效益與效能。茲將轉介、篩選、鑑定及評量等名詞詮釋如後。

一 轉介

轉介（referral）在輔導諮商中是指教師或輔導員或治療者在面對個案的教學或行為問題處理時，感到本身的專業能力或經驗有所不足，因此將個案轉給其他人員進行輔導或治療的一種行為。在特殊教育而言，是將疑似個案隨同轉介表轉至所屬縣市鑑定就學輔導委員會（簡稱鑑輔會），通知家長，並向家長說明在特殊教育計畫的決策過程中所享有的權益；或當教學或服務不當、或安置錯誤時，需安排至其他機構。另外，轉介是指當一位老師在客觀評估學生的問題後，發現非個人能力所能處理，或是尋求資源對學生較有幫助時，必須依問題的性質及嚴重程度，考慮尋求校內、校外的人力資源作協同輔導。但轉介有一個重點是，此種行為不是逃避教育責任或作為推諉的藉口，而是一種對特教學生進行適性教育的負責態度。

二　篩選

　　篩選（screening）是指利用簡便的工具發覺疑似身心障礙的學生，也就是說，從團體人員中選出某些特定身心障礙類別學生的一種過程，從所有學童中選出有特別需要或需做更進一步評量的小孩子；而特別的需要可解釋為有醫藥、心理及教育上的問題（傅秀媚，2001）。通常，在學校因特教學生已有足夠人數，需要成立特殊教育班級或資源教室，在學生來源不清楚或鑑輔會並未安置個案時，往往先在學校進行篩選可疑個案。然而這些篩選的個案必須經由鑑輔會鑑定後，始可正式安置於特教班級。

三　鑑定

　　按照某種標準將事或人員加以區分歸類的歷程，稱之為鑑定（identification）。在教育中專指特殊兒童的鑑定。特殊教育學生評量基本上分為鑑定、安置、診斷、教學、評鑑五個步驟，而鑑定為其第一步，目的在發現並確認需要特殊教育的對象。鑑定在特殊教育領域，最重要的任務就是讓特殊教育學生完成接受特殊教育服務的合法性。

四　評量

　　評量的意涵廣義解釋包含測驗、施測、測量、評價、診斷、評估、評量等概念，若沒有細加分別，容易被混淆。

　　1. 測驗（test）：評量個體行為特質的心理計量，對行為樣本進行量測的行為科學工具，又可分為標準化測驗及自編測驗兩類。而測驗形式包括：紙筆測驗（paper-pencil test），像智力測驗、性向測驗、認知測驗等；檢核表（check sheet or check list），其是種簡易的評量工具，將學生可觀察的具體特質、行為或技能，以簡短、明確的行為或技能描述語句列出行為或技能的標準，然後由檢核者依學生數據或工作之結果以簡單的符號記錄，並在蒐集、歸納數據之後，為確認並防止遺漏的查檢，將結果繪製成簡單

的圖表，稱之檢核表或查檢表，可視當時實際狀況勾選。檢核表不僅可診斷，亦可重複使用。一般可分為兩種，一種是檢查用檢核表，主要功用在於防止不小心的失誤，用以檢查作業上是否確實；另一種是記錄用檢核表，主要功用在於根據蒐集之數據，整理記錄下來，作為掌握現狀、調查的基礎。檢核表通常是在檢核有無、是否、類型，是一種類別量尺的評量工具。

　　評定量表（rating scale）：評定量表通常由一組被評定的特質依等級所組成，其具有以下三種功能：(1)引導觀察行為；(2)提供參照架構；(3)便於記錄結果。評定量表經常作為人格測驗的一種形式，評量被評定者的人格特性品質。評定學生的表現，且依表現程度的不同給予不同的成績。評定量表可採整體量表（holistic scale），就實作內容的整體印象給分。分析量表（analytic scale），就實作內容的完整性、組織架構、句子詞彙及文法等向度分別給分，然後依各向度的加權值加總，得到該實作內容的總分，其形式有相當多種。

　　評量模組（inventory）則是指運用多種不同範圍的測驗工具組合——可能是多元紙筆測驗或多元評量表——來測驗學生，再根據這些評量表的測驗結果加以分析，以做出正確而最小失誤的鑑定。

　　2.施測（testing）：由施測者對受試者施以評量工具（測驗或評定量表）的行為即為施測。不過，施測一詞——testing，以名詞來解釋時，經常和 measurement、assessing 同視為評量之義。

　　3.測量（measurement）：根據某量尺以量化方式取得正確可靠的數據，以數字、數值描述個人特質的歷程（陳政見，1999）。通常，包括常模參照與標準參照所得的資料。

　　4.評價（evaluation）：根據一項標準，除了獲取客觀數字外，並對所測量到的數值予以價值判斷。但在教育領域，目前像教室內的學習成果評量，也是一種教育評價（educational evaluation），不過，大家也習慣用「教育評量」譯之。

　　5.診斷（diagnosis）：一為與評量同義；二為專指評量學習困難所在而言。診斷較常用於特教學生評量，蓋特殊教育是醫學處遇後的工作，因此，常沿用一些醫學詞彙，診斷即是一例。本書則將之界定在安置之後，

評量特教學生先備能力及學習困難之處的工作。

*6.*評估（assessment）：是專指教師蒐集、綜合、解釋有關學生的各項資料，以協助教師進行各項教與學決定的歷程。強調評量時應考量各種相關的整體情境，蒐集全面性、多元化的資料，再從不同角度和觀點加以比較分析與綜合研究評析。

綜合言之，「**評量**」的意義有：(1)透過資料蒐集的過程，使用測驗工具，如檢查表（checklists）、常模參照測驗、效標參照測驗等，或經由觀察、訪談等方法來判斷我們想要幫助的兒童的一種過程；而這種過程將持續在整個早期介入的期間內，並當成是提供服務的一種指導。(2)指運用觀察、測驗、訪談資料、分析等，瞭解個體身心特質的科學方法，以探討個體在學習情境中與個體發展上之既有成就與可能發展；它是為轉介個案做進一步之檢查與診斷的必要途徑，而且是為個案提供適當教育計畫的有力保證。

第二節　特殊教育學生評量流程

要成為特殊教育學生，通常要透過篩選、轉介及鑑定的過程；而特殊教育學生的教育成效，則需經過適當的安置（placement）、診斷、教育計畫、教學設計、教學活動、教學評量、補救教學，及再評量的循環過程，而每一階段皆有其評量的重點；筆者在教授「特殊教育學生評量」此一課程時，即戲稱之為「天龍八步」。

第一步就是發現「疑似個案」。其評量內容包括：(1)生理異常；(2)學習問題；(3)適應問題；(4)行為問題；(5)其他問題等方面的評量。發現疑似個案所使用的評量工具以檢核表、訪談表及自編測驗工具為主。

第二步就是「轉介前介入」。轉介前介入包括一般性補救教學，即在普通班學習不佳的學生，先進行課程補救教學活動；課後輔導，則是於放學後由級任導師或科任教師進行課後輔導；家教輔導，由學校教師協助家長聘請合適家庭教師擔任（朱經明、陳政見，2001）。

第三步就是「轉介」。轉介資料包括：(1)蒐集各種基本評量資料；(2)

訪談資料；(3)觀察資料；(4)病歷史；(5)學習資料；(6)各項心理測驗等評量。

第四步就是「篩選」。篩選資料包括各項必要之心理測驗，如：(1)團體成就測驗；(2)團體智力測驗；(3)各種認知能力測驗；(4)行為評量表；(5)學習行為評量等。篩選工具以團體測驗及評定量表為主。

第五步就是「鑑定」。鑑定分為初審與複選，通常由各縣市鑑輔會針對轉介及篩選之資料進行初審工作；其次，由心理評量小組進行複選，複選時包括個別智力測驗、個別性向測驗、個別成就測驗及其他特殊需求之心理測驗。此外，亦得請求醫生複診，依需要診斷。

第六步就是「安置」。安置依連續安置體制的設計包括：普通班、巡迴教師、諮詢服務、資源教室、特殊教育班、特殊教育學校、教養機構附設特教班、在家巡迴服務教育等；然在安置服務中須考量回歸主流、融合教育、標記問題及最少限制環境、正常化原則、零拒絕等相關問題。

第七步就是「診斷」。診斷過程包括查閱篩選及鑑定資料；其次是應用各種能力診斷工具進行能力診斷，包括：(1)國語診斷測驗；(2)數學診斷測驗；(3)其他學科診斷測驗；(4)說話診斷測驗；(5)構音診斷測驗；(6)書寫診斷測驗；(7)其他特殊需求之評量。

第八步是「教學評量」。教學評量包括：(1)擬定個別化教育方案；(2)學習成果評量及成就測驗動態評量；(3)錯誤類型分析及真實評量。擬定特殊教育學生個別化教育方案，是以瞭解學生當前學習能力水準，並測量學生學習困難所在所進行的評估工作。為了瞭解學習成果，常以成就測驗評量；為真正瞭解真實起點能力，則輔以動態評量方式進行。為了得到學習困難所在，尤其是錯誤類型分析，則常實施真實評量以獲取真實資料。茲將特殊教育學生評量流程圖示如圖 1-1。

依據我國教育部頒布之「身心障礙及資賦優異學生鑑定標準」（教育部，2005），規定各類身心障礙及資賦優異學生的鑑定基準，需要用到各種測驗工具，其中以智力測驗為最多，如智能障礙、學習障礙，及資賦優異類等。除了智力測驗之外，尚需要其他類型評鑑或評量工具，茲將評量工具整理如表 1-1 所列。

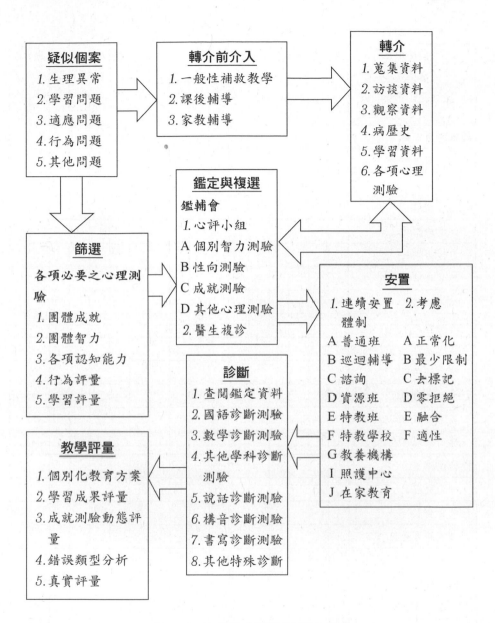

圖 1-1　特殊教育學生評量流程圖

表 1-1　特殊教育學生評量工具一覽表

測驗工具＼特殊教育學生類型	智障	視障	聽障	語障	肢障	身體病弱	嚴重情緒障礙	學習障礙	多重障礙	自閉症	發展遲緩	智能優異	學術優異	藝術才能	創造能力	領導才能	其他才能
認知評量工具	◎							◎	◎		◎	◎	◎				
個別智力測驗	◎								◎		◎	◎	◎				
學習（業）成就	◎					◎			◎		◎	◎					
語言理解				◎					◎		◎						
注意力測驗									◎		◎						
記憶力測驗									◎		◎						
聽覺理解									◎		◎						
閱讀理解									◎		◎						
數學運算能力									◎		◎						
推理能力									◎		◎						
綜合性向測驗												◎					
學術性向測驗													◎				
各學科性向測驗													◎				
藝術性向測驗														◎			
社會情緒量表	◎						◎		◎	◎	◎						
行為檢核表							◎		◎	◎	◎						
社交量表							◎										
心理能力量表							◎	◎	◎	◎							
固著行為量表									◎	◎							
創造性特質量表															◎		
領導特質量表																◎	
衛生單位鑑定方法		◎	◎		◎	◎											
萬國式視力		◎															
自覺性純音聽力檢查			◎														

資料來源：作者整理自教育部（2005）頒布之「身心障礙及資賦優異學生鑑定標準」。

第三節　特殊教育學生評量理論

　　「路是人走出來的，難道都要一來一往嗎？」有一次筆者到日本旅遊，發現他們的馬路左右路面並沒有一樣高，也不一定一樣高，甚至也可以左右道相互交換；從這些道路設計的多元性，啟示了筆者教育理念與課程典範的改變，也啟示筆者的評量觀念，強調多元評量的重要性。然而，許多教育工作者對於多元評量仍存在一些迷思（myth，即錯誤的想法）。多元評量就是多次評量？就是重複評量？多元評量在於考慮學生的個別差異與能力負荷不一，所以多元化的目的都只是驗證學習成果與能力習得狀況罷了。

　　此外，在多元評量中，經常會面臨一些觀念衝突或對立的問題。例如：(1)測驗工具標準化與非標準化的對立問題，對立的起點便涉及準確與時間效益之間的價值衝突；(2)標準化的意義在哪？其基本假設在哪？標準化包括哪些要素？對特殊兒童傷害在哪？當質疑標準化的同時，不禁也要問：非標準化的用意在哪裡？非標準化評量目前有哪些策略可行？能否落實？有何缺失？觀點對立是否也代表做法也是對立呢？

　　其次，在進行多元評量時，單一文化與泛文化的思考也是重要的考量，例如：單一文化與泛文化的主要立論點是什麼？泛文化評量的出發點又在哪裡？是為了比較或者為了統一？單一文化與泛文化進行評量時，是否也會造成對立？而進行泛文化評量時，有關變項的考慮是什麼？包括種族、宗教、風俗、習慣差異？泛文化評量的執行策略為何？材料為何？最後，泛文化評量能否解決單一文化的難題？這些都是值得考慮之處。

　　第三，在進行多元評量時，評量素材的運用也是應該著想的問題。評量素材通常分為語文與非語文評量兩類，當比較語文與非語文評量的用意時，可能考量先天潛能與後天成就的問題；但語文評量形式為何？非語文評量形式為何？特殊教育學生是否完全要摒棄語文評量？或許可以找到各式各樣理由來辯解，但達到測驗的目的了嗎？另外語文與非語文評量的形式一定不相容嗎？彼此之間不可以互換嗎？這些是值得深思的地方。

　　第四，多元評量也要考慮到學習類化與遷移問題，其中教學情境與生活情境評量的爭論點在於：「教學情境與生活情境的評量能否契合？就特殊教育的教學情境與生活情境評量的落差，是否造成特教教學成效的致命傷？」這常常是特殊教育工作者最為在乎的事情。因此，特教評量如何調和兩者？使用何種策略才能解決爭端？

　　第五，解決量化與質化評量，一直是研究與評量派典的爭議點。研究與評量學者經常發問：(1)量化評量的意義何在？出發點是什麼？質化評量的意義何在？出發點是什麼？(2)量化與質化評量是對抗還是互補？量化與質化評量哪一種較能服眾？或許還沒有找到最佳理由來回應。而量化評量與質化評量在特教學生的應用概況又是如何？仍需舉例驗證。

　　總之，多元評量是來自於傳統評量的僵化、傳統評量的反動、測試方式的多樣及成績評比的改革；而多元評量是在追求真實能力的發掘，作為改進教學方式的前提。

第四節　變通性評量的理論

　　學者論及變通性評量（alternative assessment，或譯替代性評量，亦有譯為另類評量）時，認為變通性評量主要受到認知學習理論的影響，主張知識是建構的，學習是個人從新知識和先前知識所建構的有意義學習，因此，變通性評量重視知識的真實性應用與自我評鑑標準（Herman, 1992）。但認知性學習亦應有社會文化的內涵，而且重視個人動機、努力和自我尊重對學習表現的影響；換言之，知識的學習是一種生活技能的應用。變通性評量更強調課程本位的能力評量，並依據知識的學習內容與不同社會文化的差異，建立適當常模。顯然，評量方式已在教育改革中產生角色改變。以往以學生學習成果作為評量的唯一來源，且常被視為驅動整個學校系統轉變的動力，而現在評量的改革則需與教學整合，意味著教學與課程發展的改進，需要融入多元科技與情境營造，變通性評量於是成為教育改革的新寵兒（莊明貞，1997）。

　　標準化測驗當前是用於實現三種功能：(1)行政功能，即提供安置診斷

決定時，每位學生分數之比較；(2)引導功能，指明學生的優勢或弱點，以便能做出關於學生未來學習課程的適切決定；(3)責任功能，使用學生分數評估老師、學校和甚而整個學區的教學效率（Robinson & Craver, 1989）。變通性評量是指：學生創造對問題或學習任務的一個反應的任何評量類型。（相對於傳統性評量，學生從一張特定試卷選擇反應，例如，多重選擇題、是非題或者配合題）變通性評量可能包括：簡答題、作文、表現評量、口頭發表、示範、展演和檔案評量等。

　　試問如何發掘弱勢學生的多元智慧呢？又如何思考是否有其他的評量方式更能代表學生的學習成就呢？變通性評量將提供另一個思考的方向。自 1980 年代開始，美國教育變革主要經歷了三次改革浪潮，但每次教育改革的範疇都排除身心障礙學生。此現象直到 1997 年美國聯邦特殊教育法（IDEA）始將所有學生納入大量的教育評量工作。對於特殊教育學生，IDEA 教育概念的重大轉變是明確要求於個別化教育方案（Individualized Educational Plan or Program, IEP）內載明：(1)特殊教育學生如何參與普通課程；(2)州與學區之特殊教育學生的學習評量方式和記錄。其最終的目標即是要能確保特殊教育學生能在改革下獲利。

　　變通性評量主要考量四個向度：(1)誰能擔任變通性評量（who）；(2)變通性評量要評量什麼（what）；(3)如何進行變通性評量（how）；(4)變通性評量的信念是什麼（why）。Giangreco、Cloninger 和 Iverson 在 1993 年提出變通性評量最基本目的是協助擬定 IEP，例如：將一些「個案家人和教學小組所認定必須學習的技能」按照先後順序加以規劃的過程，進一步衍生出一些 IEP 課程標準和特定的技能目標。也就是說，學生能學習適合個人的生活實用技能，同時課程標準也能幫助 IEP 小組決定「在期待學習的課程中，什麼是特殊教育學生該學的技能？」

　　IEP 是決定特殊教育學生該學什麼。基於此一觀點，IEP「執行過程、發展標準參照課程和學習評量」三者必須同時考量，因此，IEP 必須呈現三大重要的面向：(1) IEP 所定的學習目標必須是「具有關鍵性或必要性」的技能，這些技能可以在多種情境下進行教導；(2)對於重度障礙學生的課程，必須是在有意義的和實用性的（meaning and functional）情境中習得，

而其表現的評量策略，是在學生學習情境下進行評量，因此，IEP 必須記載「教導關鍵性技能的情境」；(3) IEP 必須明確定義學生在習得關鍵技能中「支持系統」和「適性調整」的情境。至於 IEP 的標準參照模式，其執行主要有三大步驟為：(1)確立關鍵性技能；(2)撰寫長期目標；(3)撰寫短期目標。

變通性評量所設計的教學活動，是在幫助重度障礙學生也能習得普通班課程，使得特殊教育學生能在實際生活中得以呈現「一般課程標準」的關鍵性技能融入變通性評量的方式，來證實學生的學習成效。而重度障礙學生可以透過「小組合作學習」，「有各式各樣、不同類型的學習者，融合在教學活動中」獲取最大參與關鍵技能的習得的機會。特殊教育教師群可以透過事先準備的單元教學計畫，以確定特殊教育學生參與學習活動的機會，並達到 IEP 長、短期目標（不侷限於功能性課程）。

變通性評量的方式融入教學活動中，同時教導學生在自己的學習活動中做決定。變通性評量嵌入日常教學的步驟包括：

　　1. 依 IEP 目標決定學科教學環境，並設計教學活動。

　　2. 設計資料及監控的評量格式，並據以執行。

　　3. 設計教學策略。

　　4. 調整教學材料。

　　5. 敘述計畫給科任教師瞭解，並納入日課表中。

　　6. 持續監控及修正計畫。

　　7. 編輯教學成果資料。

在教學活動設計調整時，先確定一個教學單元中具備有價值的教學目標；其次，設計一些教學活動能使兒童去執行此一教學目標學習的結果，例如：透過閱讀、說話、討論、角色扮演方式進行書寫、實驗觀察、做決定或問題解決等活動。

過去，學生是沒有機會為自己的學習過程做選擇，總是由父母、師長代為決定其學業進度。當前，教師如何利用變通性評量，讓學生對自己的學習有自我決定及增進學生的社交技巧的機會。

變通性評量評估學生的學習表現，應在適合其年齡的自然環境中進行，

因為多元的環境給學生更多表現與學習的機會，包含：做決定、計畫、自我評估及為自己訂定生活進程。應以多元的角度，透過師生之間的共同合作與評量，讓學生成為生活中真正的重要角色。障礙學生因其能力上的限制，自我決策無法做得很好，但老師仍應提供障礙學生正常的選擇機會，讓學生做正確的選擇，而且在學生需要時提供協助。

第五節 變通性評量的模式

　　變通性評量的模式，因在特殊教育評量流程中，不同時期或階段而有不同的變通模式。在傳統性的標準化與靜態性評量無法偵測學生真正的能力時，便有動態評量（dynamic assessment）模式以補足標準化測驗的缺失；動態評量的意涵是「主試與受試大量地互動」及「評量與教學的結合」，著重「認知歷程的瞭解」及「認知功能持續變化之確定」。動態評量採取「前測－教學－再測」的程序進行，透過互動的過程，評量學生對教學的反應，分析他們的學習歷程與接受教學支持前後認知能力的發展及其改變，並進一步提供產生此一改變所需教學支持訊息的一種評量方法。動態評量兩個重要概念：活動性（activity）是指評量者與學習者都是主動的；可變性（modifiability）是指評量的結果是可以改變的（Lidz, 1991）。不過，現今仍然有一些教育工作人員對動態評量的意義有所誤解，以為可以操作的、動作表現的、流動性的評量方式都是動態評量。

　　其次，另一種變通性評量是真實評量（authentic assessment），它的推動是基於國內的正式評量無法完全評量出學生的成就等級，特別是少數民族，這是由 Fisher 和 King（1995）發起的一種信念。真實評量主要是想找出學校和教室的主要學習內容；真實評量實施於學區、學校和班級中如何發展及推動，教師及行政人員在真實評量中扮演推手角色，他們提供一連串協助學生、家長和社區成員學習有用的指導資料。真實評量的實施可分為兩種情境：在教室自然情境中，教師採用熟悉的工具與有趣的活動，來引導學習者將知識展現出來；其呈現方法有：學習歷程檔案、個人反省報告、札記、軼事報告、呈現學習成果等方式。真實評量如果是在真實情境

中，則涉及真實的人、事、物的評量；Wiggin（1993）指出：真實評量的建構與邏輯是以公開方式行之，例如有觀眾、評論小組，不依賴不實際和任意的時間限制，提供已知而非秘密的問題或作業供作評量的參考，有時需要與他人合作，且可重複進行，並且需要學校提供全面性的協助。

真實評量包括兩種重要形式：實作評量（performance assessment）與檔案評量（portfolio assessment）。實作評量有時也譯作表現評量，是指教師透過一段時間觀看學生問題解決能力，以及蒐集學生實作表現資料。實作評量可明確預測受試者在真實生活表現情形，國內對於身心障礙學生升學就業安置評估作業中，應用實作評量方式作為評估依據，就是一個實例。實作評量可在虛擬情境或人為的工作站中進行；實作評量有六個類型：評定量表、檢核表、軼事記錄、口語評量、檔案評量及遊戲化評量（過關評量）（李坤崇，1999）。

檔案評量有時也譯作卷宗評量，是將學生平時表現資料加以蒐集的過程與結果，是兼重過程與結果導向的評量方法。檔案評量著重於師生書面互動、學習札記及觀摩別人檔案等，但由於耗時過長，因此需要安排一段時間來進行，例如檔案週，即是讓學生針對學習檔案進行自評、互評並撰寫個人感想、學習態度量表、評定量表及回饋表。

當教師發現考試分數實在不足代表學生在教室中所學成果時，愈來愈多人呼籲教育應該著重學生學習過程，而不只教科書的重點而已。而自1980 年檔案評量開始受重視，到 1990 年應用檔案評量的情形日益普遍（Freeman, 1993；江雪齡，1998）。使用檔案評量的優點是養成學生作自我評量的習慣，可記錄學生的發展狀況，使學生家長瞭解學生的學習內容和進步狀況，增加教師與學生溝通與合作的機會。傳統國語科評量所產生問題，何三本（2002）與郭雄軍（1999）認為現行小學語文教學評量的弊端有：有測驗的認知，無評量的概念；為打成績的分數而測驗，而非激勵學習或促進教學；偏於分數的解釋，缺乏客觀性及應用性；重讀寫，忽略聽說能力的評定。而讀寫及聽說能力即可應用檔案評量及實作評量予以測量。

第三為生態評量模式（ecological assessment）。生態評量模式來自於

生態心理學的基本假定：個體的行為是個體與所處環境交互作用下，所交織而成的函數關係。根據此一關係，生態評量即透過直接觀察、資料記錄、晤談、心理評量之評估方式，進行學生適應環境的能力需求所做之各種評量，根據評量結果為學生設計功能性課程及訂定教學目標（何東墀，1989）。生態評量模式最大特色是能反映情境適應狀態、學生生活的社會背景系統、家庭成員參與評量，以及在自然情境（natural setting）下進行評量。

　　第四為課程本位評量模式（curriculum-based assessment, CBA）。傳統評量的缺失，包括：(1) 與教學計畫無關；(2)未能考慮熟練度；(3)前後測的設計無法評估學生的改變；(4)費時、費錢。而課程本位評量的優點恰好能補足傳統評量的不足，因為課程本位評量：(1)是以圖示來督導學生的進步情形；(2)以實用課程為評量的基礎；(3)應用行為分析中的時間序列觀念，特別適合輕中度特殊學生使用；(4)強調學習內容（task）的排列次序。Fuchs、Fuchs、Hamlett 和 Ferguson（1992）提出使用 CBA 的過程包含三步驟：(1)決定學生的年度課程目標；(2)使用診療性的測驗系統，採集課程樣本，製成測驗；(3)在定期實施能代表一年課程的短期測驗，應用此一評量結果，來督導學生的進步。課程本位評量的特色：(1)由普遍性成果的評量轉換成特殊領域或技能的精熟評量；(2)可在教室內直接觀察；(3)施測時間短暫；(4)經常且重複性的評量；(5)將學生進步的資料做成圖，使之視覺化。

　　至於變通性評量與傳統性評量有何差異？又有何關聯性呢？Doran、Lawrenz 和 Helgeson（1994）將變通性評量與傳統性紙筆測驗，以評量方式與型態歸納如圖 1-2 所示。由圖 1-2 可知傳統性紙筆測驗著眼於習得知識與概念的再認（recall），因此，其評量工具的設計比較強調客觀的計分，而非客觀的表現。而變通性評量則著眼於習得知識與概念的呈現，所以其評量工具來自於實體而非測驗，評量方式的設計比較強調主觀的表達、客觀的判斷。所以 Doran 等人會認為傳統的紙筆測驗是學生再現能力的覆核，而變通性評量則是學生創造能力的檢定。

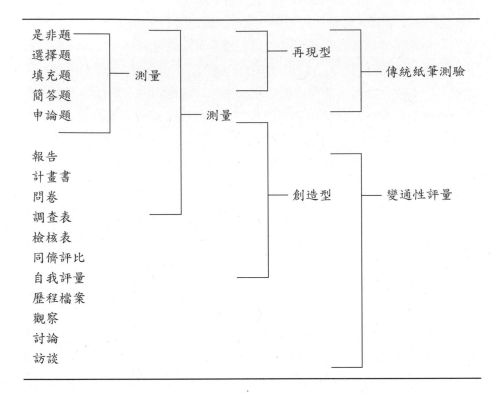

圖 1-2　評量方式與型態圖

資料來源：修改自 Doran, R., Lawrenz, F., & Helgeson, S. (1994). Research on assessment in science. In D. Gabel (Ed.), *Handbook of research on science teaching and learing* (pp. 389). New York: Macmillan Publishing Company.

第二章

特殊教育學生評量的哲思

第一節　特殊教育是一種解困之道

　　特殊教育為提供服務的制度（Deno, 1970），從行政的觀點來看，強調行政的適當安排（例如：資源如何分配和組織）；但通常沒有做到特殊教育重要的服務工作，那就是「問題解決」（problem solving），也就是未能解決普通教育的缺失。但是，學校行政似乎將特殊教育當作「資源來安排與規劃」，例如：特教班、資源教室方案、個別化教育計畫、正當程序（due process）等。特殊教育計畫設計是增進在普通教育計畫下失敗學生的發展，而特殊教育是提供經費去解決一系列學校有關學生智能和個人發展的社會問題。因此，特殊教育之所以存在，就是因為普通教育計畫無法有效地解決一部分學生的學習問題，特殊教育便是試圖找出在普通教育裡無法獲得適當服務學生的一種有效解決辦法。

19

第二節　特殊教育學生的本質

　　特殊教育資源的提供是設想「障礙」者有權利接受跨越普通教育課程限制所提供的特殊待遇。站在提供這些額外特殊教育服務的立場下，特殊教育的價值是：(1)人性與社會關懷；(2)提升社會經濟效益。誰是有資格接受特殊教育服務的障礙者？那就涉及鑑定與評量問題。

　　由於評量程序用在特殊教育問題解決上，從問題解決取向來看，「障礙」一詞的定義為「當環境的要求加諸於個人，然而，這種要求卻超出個人現有的能力時，所產生的問題」。例如：要求無法閱讀的學生，回答一篇指定閱讀故事，就會產生障礙；同樣地，要求沒有具備寫作技巧的學生寫一篇簡短故事，就會產生障礙；要求不會做簡單計算的學生完成數學應用問題，就會產生障礙；要求缺乏組織與管理技巧的教師教導 25 位異質學生，並使所有學生達到學習的成效，就會產生障礙；要求不具音準能力的人加入合唱團唱歌，就會產生障礙。總而言之，當個體不具有適應環境所需要的能力時，就形成了障礙。

　　然而障礙一詞有三種英文詞彙：「損傷」（impairment）、「失能」（disability）、「障礙」（handicap）。「失能」一詞的使用國內都已翻譯為「障礙」，本書後面幾章亦將採用「障礙」一詞。雖然對於這個名詞的定義仍存在著歧見，但是普遍認為「失能」意指限制或妨礙個體努力去符合現在或未來環境要求的狀況。在特殊教育的範疇，以往「失能」一詞專指那些由於清楚可辨的器質受損，而導致表現上的限制。器質上的傷害被稱為「損傷」。舉例來說，在學校情境中，那些由於視覺或聽覺損傷而造成在讀、寫和計算上失能的學生被認為是特殊教育服務的對象。隨著特殊教育領域的發展、障礙類別的增設，鑑定為障礙的學生人數不斷增加，造成經濟成本逐漸增加，相對地，也造成特殊教育資源拮据。然而，每一種障礙皆有強大的支持團體，為了障礙狀況和器質性質而爭論，各支持團體為了取得有限的特殊教育資源，因此競爭愈來愈激烈。此一結果導致部分政策的支持者主張應先確立器質因素，或損傷所引起的任何失能，而後再

依個體失能情形安排所需的服務。「損傷」取向本質上的假定為：(1)相同的失能可能有不同的肇因；(2)一些學生的失能是器質因素；(3)其他學生的失能並非源自器質因素；(4)能明確區辨「器質性」或「非器質性」障礙的不同。損傷取向的假設，認定失能為「由環境因素所致非器質因素的失能」，例如：貧窮的家庭、父母對子女不當的養育或低劣的教學品質。這個觀點的優點，主要表現在實務性和經濟層面。表面上，如此區分可以讓我們將特教資源做更細部規畫，讓努力求學卻遇到障礙的失能學生（disa-bled students）可以獲得更好的服務品質。

　　一些學生的失能可用器質論解釋，有些則可用環境論，然而此一說法卻與盛行於人類發展心理學的交互作用論的觀點不一致。交互作用論者認為所有人類能力的發展是生物特徵和環境經驗之間交互作用的產物，而不單只是兩者中任一項的結果。進一步說，環境和生物各自對發展皆有貢獻（Plomin & Daniels, 1987）。然而吾人對於「環境經驗的累積對於生物的貢獻」以及「環境在能力習得方面的影響程度」這兩方面所知有限。幼時成功的學習，或許大多與遺傳因素有關，但是隨著學習特殊技巧所累積的成效，遺傳所造成的影響可能逐漸減少。當交互作用論應用於鑑定器質性障礙學生時，無疑地，目前的技術是不可能測量出人類的能力和障礙的等級是器官缺陷所導致的結果。器質性障礙，例如：感官缺陷、外傷和腦傷，障礙和器官狀況有顯著的因果關係。這些顯著的因果關係不僅賦予特殊教育提供充分而正當的理由，更構成了孩子接受適當特殊教育必要以及充分的條件。由於這個議題超出了「輕度障礙」的主題，故不再贅述。然而，應切記的是：即使個體損傷的程度相似，其能力範圍和障礙程度卻常有顯著差異。所以，即使兩人皆為法定盲，但不同的環境經驗，其表現符合環境（無論校內外）要求的能力會有顯著不同。

第三節　人境課題

　　何種問題是特殊教育要解決的？從前述可以很清楚地知道，失能是以個人為中心，也就是說，他們可以被定義為在個人技巧方面的缺陷和能力

的缺乏。因為「失能」這個詞彙照字面解釋意指著「失去能力」；就如同生病使人無法完成一般的日常活動，而在閱讀方面的缺陷使人不能完成學校內外所要求的一般智能活動，因此我們可以說「失能」是以個人為中心的。相對於個人中心的失能，「障礙」是以情況為中心的。障礙只能定義在個人能做的事以及環境要求個人必須成功地完成必要任務之間的關係。因此障礙是否存在，不只是依據個人能做的事，也要依據個人是否能成功地適應環境所要求的表現，只有在個人不具有環境所要求的閱讀技巧水準，閱讀技巧的缺乏才形成障礙。當老師要求學生依據教材內容回答問題，或個人為了組裝腳踏車零件必須閱讀說明書時，閱讀失能便會形成障礙。因此障礙存在於個體和環境之間，他們是情況中心而不是個人中心。也就是說，障礙是以生態的觀點來定義。

Mager和Pipe（1970）使用「表現差異」（performance discrepancies）這個詞彙，說明個體期望的表現水準和個體觀察的表現水準之間的差異。不管表現差異的原因為何，假如個人意識到在學校和社會要成功，那麼就必須要克服障礙。

特殊教育必須解決的問題為，少部分學生在普通教育無法達成合理的表現期望，而有表現差距現象。故需提供額外的支援服務滿足最低限度的學業要求，使所有學生可以獲得同階段教育證書。故「輕度障礙」學生不需修正教育目標，而是努力減少障礙情境。

以情況中心界定表現差異，仍有兩個問題存在：(1)特殊情境的問題本質為何？(2)用無限的期望來定義表現差距有理嗎？因為表現差距只能在相關的情境之下界定，我們可能發現某人在一種情境是障礙的（例如學校），但在另一種情境卻不是障礙的（例如工作）。在數學課，學生沒有足夠好的計算能力去成功地完成應用問題，但對在速食餐廳工作所要求的計算能力可能就沒有困難。亦即可能在學校曾是數學差的學生，但在日常生活中卻沒有數學方面的障礙。普遍地發現在某一學校或班級裡，學業表現被接受的學生，雖然他仍然表現相同的水準，但在另一所學校或班級的另一位教師的期望下就會有所差距。例如：在高成就的郊區學校，學生的閱讀表現也許具有特殊教育服務的資格，是由於他安置在高水準的閱讀團體，沒

有參考低成就市鎮學校接受特殊教育服務的學生所致。即使在相同的學校，從一個年級到下一個年級，不同的老師對學生的行為也會有不同的判定。Balow 和 Rubin（1978）發現小學生顯著的行為問題至少會被一位老師評定為完全正常。

　　當使用「表現差距」的方法去界定特殊教育問題時，第二個遭遇到的困難是學校加諸在學生身上的學業和社交行為的無限期望。一般而言，老師們期望學生：(1)遵守合理的要求；(2)專心上課並參與課堂活動；(3)獨立完成課堂作業和家庭作業；(4)自我指導研究過程；(5)發展精確和流暢的多種課程學習技巧。然而，似乎有些期望行為並不重要，在閱讀課程的期望方面，例如：在學生學習新課程之前，基礎的精熟測驗的表現水準，無法證明他已經學到原有課程的基礎能力水準。也就是說，許多閱讀測驗不具備足夠的信度和效度（Tindal, Fuchs, Shinn, Deno & Germann, 1985）；而是在要求學生花更多時間表現更高的閱讀成就（Leinhardt, Zigmond, & Cooley, 1981）。以無數的期望和許多障礙情況而論，很明顯地必須建立一套經由特殊教育解決障礙問題的標準或系統。

第四節　文化對特殊教育的影響

　　區別障礙重要與否的另一個主要角色是文化必要性（cultural impera-tive）（Reynolds & Birch, 1977）。「文化必要性」是加諸於所有可能成為文化成員隱晦與明示的行為或表現的標準。學校扮演一個重要的角色是在灌輸許多社會認可，但並沒有明文規定所謂的「文化必要性」。

　　學校成為傳輸「文化必要性」的角色仍有爭議（Hirsch, 1987）。「文化必要性」相對於「文化選擇性」，有些活動、精熟的技巧和行為的標準是隨著社會的價值而改變，但不是所有社會成員都必須具備的。例如：演奏樂器有其價值性。因此，雖然學校提供和鼓勵音樂的學習，但在音樂的演奏技巧方面是不需要透過成績來提升。區別閱讀為文化必要性與樂器演奏為文化選擇性，就如同區別一種障礙的嚴重性是要由特殊教育資源的分配予以解決。

「文化重要性」和「文化選擇性」之間的差異,對於鑑別接受特殊教育學生而言,只提供了部分的基礎。第二個標準是在「文化必要性」的需求和違反文化期望的高危險群學生之間的差異有多大?個體要如何表現不同於社會期望的表現標準,才能被認為是輕度障礙?以實證心理學的觀點來看,從文化成員的常規行為需要發展實證的常模,以決定文化成員的表現標準。行為的對錯,是來自相同文化相同年齡的表現標準。

以商業角度來看,標準參照測驗是假設學生在學期的任何時間建立於閱讀、寫作表達和計算能力的表現標準,是取自於同年齡群體在學期中普遍的表現。這也許會產生爭論,認為這是不適當的。然而,這裡所採取的觀點,如同現今定義的輕度障礙的差異是從文化必要性的學習觀點上所測量的標準差異。學生表現是否有差距,將由他們環境中的重要他人,特別是老師和家長的觀察反應得知。當老師和家長特別意識到學生的表現與同儕的表現有相當大的差距,造成的結果可能是他們開始採取行動來解決這個差距。

因為障礙是依情況而定的,判斷「充分的差距」是依當地社會背景下學生行為發生的狀況而定。這個看法意謂教師不只根據文化普遍的標準來做充分差異的判斷,也根據學生在教室和學校內的工作行為表現來判斷。當發展關於誰應該接受特殊教育服務的政策時,這個論點是值得銘記在心的。

事實上社會中可接受的表現標準大部分來自於成員的常模行為,然而,文化必要性的表現標準僅從常模的行為來做推斷,恐怕有失正確。在我們學校裡,要求清楚地顯示使用普遍常模之外的標準。老師的標準也呈現多樣化的文化常模,因為這些判斷受到特殊班級中學生的表現所影響。因此,擁有高比率低成就兒童學校的老師可能會建立比其他一般學生更低的表現標準。

第五節　特殊教育的解決方案

特殊教育是考驗解決問題的能力,善於解決問題者在嘗試解決問題之

前，會產生許多可能的變通性行動方案（Johnson & Johnson, 1982）。變通
性行動方案具備以下兩種特性：第一，選擇「最好的解決方案」需要考量
「替代方案」；第二，嘗試問題通常不會成功地解決問題。解決特殊教育
問題需要同時考量替代方案，如學生 IEP 的發展是考慮到可能的變通方案。
因此，特殊教育問題解決的過程是設想消除學生障礙解決之方案的考量、
選擇和應用（Glass, Willson, & Gottman, 1975）。

　　解決問題是實證的考驗而非只是假設而已（Campbell, 1969）。實證結
果用到特殊教育，即形成學生計畫的改革；透過改革實證檢驗，確保特殊
教育資源的均衡分配。

　　系統化解決問題需要組織和排序的活動。使用問題解決模式，包括五
個步驟：(1)確認所要解決的問題；(2)定義問題；(3)考慮替代的解決方案；
(4)實施替代的解決方案；(5)決定問題何時解決。這就是 Bransford 和 Stein
（1984）所描述的 IDEAL 問題解決模式，是使用一套特殊評量程序來蒐集
時間序列資料以幫助評量問題的解決。表 2-1 列出每一個問題解決步驟的
關係，課程本位評量資料以及符合每一個問題解決步驟的評量活動。首先
要澄清的是評量（measurement）和評估（evaluation）之區別，評量的目的
是數字的描述，然而，評估的目的是決策。在評量表現差異，我們尋求提
供一個能促進決策的客觀、可靠和精準的基準資料，我們評估這些差異牽
涉到資料的考量，但也需要考慮價值、法律、規則、資源以及個人和社會
可能選擇不同行動過程的後果。評量的資料可以告知和引導決定，但它們
不能規定，也不能確定這些決定。當檢視表 2-1 可以看到，問題解決步驟、
評量活動和評估活動提供學生特殊教育服務的必要步驟，但是，學生涉及
特殊教育，需經過篩選決定進一步測量的需要

　　問題解決模式的第二步驟是「法定資格」（eligibility），判定「符合
資格」意味著決定特殊教育金錢花費具正當性。但對於如何決定特殊教育
資格仍存爭議（Galagan, 1985）。符合資格可能和行動計畫「處遇」（treat-
ments）並無關聯性（Heller, Holtzman, & Messick, 1982）。資格規定是否須
依賴醫療問題而解決，當然，需要基於個人的情況而定。

表 2-1　資料本位的解決模式

問題解決步驟 （行政的步驟）	評量活動	評估活動
1.問題界定 　（篩選／參考）	觀察和記錄學生在文化必要性的表現	決定表現問題的存在
2.定義問題 　（評定和確定資格）	描述實際和期望表現的差異	決定什麼差異是足夠重要而需要解決
3.考慮探索性的替代解決 　（IEP 目標設定介入計畫）	估計可能的表現改善和不同解決的成本	選擇計畫改革（例如：解決假設）以接受測驗
4.實行解決方案，針對 IEP 目標監控 IEP 過程 　（週期的／年度的檢視）	監控 IEP 的實施和學生行為的改變	決定解決的嘗試必須繼續或修正
5.問題解決（計畫結束）	描述實際和期望之間的差異	假如現存的差異不是重要的話，可以決定結束計畫（IEP）

資料來源：Deno, S. L. (1989). Curriculm-based measurement and special education services: A fundamental and direct relationship. In M. R. Shinn (Ed.), *Curriculum-based measurement: Assessing special children* (p. 13). New York: The Guilford Press.

　　假設一個剛升上國小三年級的學生連先前的初階讀本都無法閱讀，他可能是特殊教育學生的疑似個案。但若他的智商介於 85-95 之間，就可能無法符合接受特殊教育的資格。在這些情況下需要作智商與成就測驗的比較，這孩子如果智商正常則符合學習障礙，若智商低於常態，則該生將屬於智能障礙。如果這個孩子智商分數介於「正常」與「智能障礙」之間，那麼將歸類為「學習遲緩者」（slow learner），這便不屬於特殊教育學生。這個學生不管他所獲得的智力分數為何，閱讀障礙的問題仍然存在。進一步說，不管這個學生是否被標籤為學習障礙、智能障礙或是學習遲緩者，

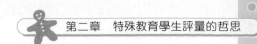

持續無法學習閱讀的結果將會是一樣的。由此可知，法定資格的認定必須
先制定明確的法定規章，而非一味地考慮成因或資格認定的成本問題。

第三章

課程本位評量的定義

陳政見

　　課程本位評量隨著時間的演進，而有不同的稱呼，包括：CBM（curriculum-based measurement）、CBE（curriculum-based evaluation）及 CBA（curriculum-based assessment）三種。但不論其稱呼為何，主要是提供特殊教育老師策略，以進行教學及修正教學方案。而本書乃以CBM為基礎，加入 CBE、CBA 等相關資料，並擴充成為特殊教育之診斷評量。

第一節　課程本位評量界定

　　以下本章乃先陳述 CBM、CBE、CBA 等相關名詞之界定。

一　課程本位測量

　　課程本位測量（CBM）是指：「透過一套系統化的程序產生基礎資料，以作為特殊教育決策的一種評量策略」（Shinn, 1989b）。應用在輕度身心障礙學生身上，使用 CBM 當作改善學生成就的工具，更能提升有效

教學介入的成效。CBM 提供輕度障礙學生服務的假設是提供瞭解方法的知識基礎，幫助取得課程本位資料，當作學校特殊教育決定基礎的基本制度。

課程本位測量是由 Deno 等人所發展出來的一套系統化與標準化的形成性評量方式，Deno 以及一些學者自 1980 年代發展 CBM 模式之後，經過二十多年有三百餘篇實徵性研究，支持其對特殊兒童之有效性，使得 CBM 一再被美國教育部選為最佳、有效的評量實務與教學模式之一（U.S. Department of Education, 1994；引自崔夢萍，2004）。CBM 實施的目的在於建立標準化的形成性評量系統，教師能有效運用測量結果，獲得準確及有意義的資訊，指出學生表現與成長進步的情形，檢視學科學習教學計畫之有效性，檢視教學計畫實施後學生學習的成效，並改進與調整教學計畫。

二 課程本位評價

Shinn（1989b）將課程本位評價（CBE）定義為「CBE 是一種測量的程序，透過直接觀察及記錄教室中學生學習課程的表現，作為教學決策的依據」。CBE 在功能上是作為一種教學原理也是一種評量方式，在教學方案裡透過評量和教學的實施，以確保學生有良好學習效果（Howell, Fox, & Morehead, 1993），以課程內容為基礎來進行教學活動（instruction），並特別強調「如何教」。若以課程為基礎，透過教學活動的成果作為引導性的序列性評量，即形成所謂的 CBE。從 Howell 等人（1993）在 CBE 的解釋上可分為課程、教學及評鑑等三部分，因此，便與 CBM 的解釋有所區分。

通常牽涉到測量學生的學業進步情況，傳統評量工具的應用只侷限在教學方案的規劃，而 CBE 是一種替代性評量的過程，相較於一些商業化的標準化成就測驗，CBE 可直接測量教室中所教導的特定基本技能，測量的程序可直接從學生已被教過的材料中取得評量內容來評量學生，每次測量的實施，通常用幾個短暫時距（一般而言約一至五分鐘）來進行，評量架構的設計是以經常及重複的測量，透過敏銳地測量隨時修正與調整教學。通常是用圖表的方式呈現資料，以監控學生的表現。

CBE 所應用的領域以數學、閱讀、拼字為主，偶爾也應用到其他領域，不論是在特殊教育或普通教育皆可有效使用。

三　課程本位評量

課程本位評量（CBA）是基於學生目前的課程表現，決定他們的學習需求，提供教師正確且有效的資訊。強調教學和評量同等重要，並且將所測得的資料直接運用於教學上（Gickling & Thompson, 1985）。CBA 是一種非正式評量的技術，與正式測驗不同，因為它評量學生所使用的材料是上課所使用的教材，並不是坊間的測驗卷。任何資料的蒐集皆來自於學生每次上課的表現，是利用學校課程來評量學生在課業中進步的情形，以便於瞭解學生對於教材是否達到標準的程度，並且根據學生的表現，來決定學生的需求（陳麗君，1995；Gickling & Thompson, 1985）。

本書為求撰寫一致性，統一以「課程本位評量」稱之，實際撰寫時所引用資料包含 CBM、CBE 及 CBA。

第二節　課程本位評量模式比較

課程本位評量在實際運用時，為因應科目或目的不同，以及計算方式的差異，會有不同的評量模式，本書參考相關著作，獲得課程本位評量的三種模式，包含：(1)以流暢性為基礎的課程本位評量模式（fluency-based CBM model）；(2)以正確性為基礎的課程本位評量模式（accuracy-based CBM model）；(3)標準參照的課程本位評量模式（criterion-referenced CBM model）。以下針對三種模式分別說明。

一　流暢性本位模式

目的在於直接測量學生進步的情形，作為教師長期觀測與修正教學的依據。這種模式以 Deno 為首所發展的 CBM 模式最具有代表性（Deno, 1985）。CBM注重速率的評量，測量的結果顯示個人在單位時間內正確反

應的次數。例如：小銘在數學測驗題中，一分鐘內答對了五題。

二　正確性本位模式

目的在於檢驗教材內容對於個別學生的難易程度以作為教學分組和選擇教材的依據。以 Gickling 等人的課程本位評量最具代表性（Gickling & Havertape, 1981）。此模式著眼於比例的計算，如答對題數相對於答錯題數的比例。例如：小華在數學計算測驗答對 80%的題目，相對地其答錯題數為 20%（但也包含未作答之題數）。

三　標準參照模式

是以學生在按照順序排列之課程目標上的當前表現，作為教師教學的依據。實施方法是先將課程中所要教的技能按難易程度、教學的先後順序排列出來，接著為每一個技能撰寫相對性的行為目標，再根據行為目標來編選試題，並擬定可接受的表現水準。從學生在試題上的表現便可以判斷是否精熟每一個教學目標。教師可依據測驗的結果來做種種與教學有關的決定，如設計教學的內容及預估教學所要花費的時間（葉靖雲，1996）。以下茲將三種課程本位評量的模式比較如表 3-1 所示。

表 3-1　三種課程本位評量的模式比較

課程本位評量模式	流暢性本位模式	正確本位模式	標準參照模式
模式最佳代表人	Deno（1985）	Gickling & Havertape（1981）	Blankenship（1985）Idol-Maestas（1983）
實施程序	標準化實施程序	無標準化實施程序	尚未有技術性的資料
研究基礎	相當豐富的實證性研究基礎	較少技術性的資料	尚未有技術性的資料
信度、效度	信度、效度皆佳	有內容效度	內容效度強

資料來源：整理自葉靖雲（1996）。三種課程本位數學測量的效度研究。**特殊教育學報**，**11**，35-77；Marston, D. B. (1989). A curriculum-based measurement approach to assessing academic performance: What it is and why do it. In M. R. Shinn (Ed.), *Curriculum-based measurement assessing special children* (pp. 18-78). New York: The Guilford Press.

表 3-2 CBM 和 CBA 的正確本位模式及標準參照模式之比較

比較點	正確本位（CBA）	標準參照（CBA）	課程本位測量（CBM）
測驗的主要目的	教育安置	教學內容	直接測量學生的發展
測量什麼	正確性	多樣化	流暢性
學生的反應類型	產出／間接測量 ALT	多樣化	產出
教學方案的方法	推論	推論	引導
監控進步的中心工具	間接測量（ALT）	短期	長期
有無正式出版之標準化測驗	無	無	有
資料分析是否恰當	否	否	是
實際應用的證據	間接測量學生的進步	沒有	篩選、鑑定資格、方案評鑑

資料來源：修改自 Marston, D. B. (1989). A curriculum-based measurement approach to assessing academic performance: What it is and why do it. In M. R. Shinn (Ed.), *Curriculum-based measurement assessing special children* (pp. 18-78). New York: The Guilford Press.

　　課程本位測量（CBM）流暢性本位模式與課程本位評量（CBA）的正確和標準參照兩種模式，合計為三種模式，經常以學生在課程中的成就當作決策標準。三種模式各具特點，茲概略比較如表 3-2。

　　Hall（2002）曾針對 CBM、CBE 與 CBA 三者之間進行比較，他把 CBA 與 CBM 作為 CBE 的下屬模式，而與精準教學法相提並論，以圖 3-1 表示之。

此外，Hall 又將 CBM、CBE、CBA 三者有關代表人物、試題抽樣、
應用層面、評量領域、適用年級、研發人員、評分人員、結果展示、反應
方式、測驗管理與評量頻次做詳盡的比較，整理如表 3-3。

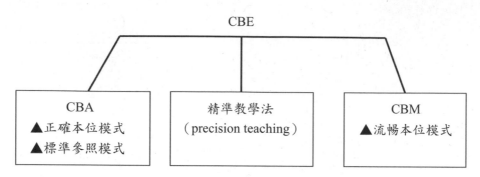

圖 3-1　CBM、CBE、CBA 三者間的關係圖

表 3-3　CBM、CBE、CBA 比較一覽表

類型	CBM	CBE	CBA
代表人物	Deno；Shinn；Witt；Fuchs & Fuchs 等人	Hall 本人	Paolucchi-Witcomb；Gickling；Blankenship；Idol-Maestas 等人
試題抽樣	從課程範圍隨機選取來測量	選取並隨機連續作成五個讀寫能力分測驗	從課程範圍中選取
應用層面	審查資格、安置診斷、提供多元資料	用來鑑定讀寫能力困難的學生，並提供教師資訊以降低閱讀困難的危機	評量及教學計畫
評量領域	基本技能：閱讀、拼音、數學	評量先前的閱讀技能	基本技能：閱讀

（下頁續）

（續上頁）

適用年級	幼稚園至國中二年級	學前至小學三年級	國小階段各年級
研發人員	實際教學者根據指導方針編製	編製者根據教學課程的內容進行編製	實際教學者自行研製
評分人員	標準化管理與計分，有時同步進行	標準化管理與計分，同步進行，並經常測量	實際教學者計分
結果展示	用圖示展示結果，作為教育決策的指導	用圖示展示結果，一覽個人或全班的資料	評量結果及展示方式多樣化，依教師喜好自訂
反應方式	一般的測驗成品反應方式	一般成品反應方式	學生可以大聲唸出、寫出，或選擇其他反應方式
測驗管理	標準化管理及評分過程，具有信度、效度	每段施測時間為 1 或 2 分鐘	實際教學者針對每個學生個別施測
評量頻次	整段教學時間都在重複評量，評量時間可能長達一星期或一整年	一學年兩次以監控讀寫能力	課堂上多次評量學生進步的情形

資料來源：修改自 Hall, T. (2002). *Curriculum-based evaluation: Effect classroom practices report* (p. 3). National Center on Accessing the Curriculum (NCAC).

　　另外，King-Sears（1994）也針對 CBM、CBA、CBE 之名詞做出比較，並舉例說明有關題目的抽樣方式，如表 3-4 所示。

表 3-4 CBM、CBA、CBE 之名詞比較一覽表

名稱	界定	例子
CBM	以整年的全部課程的學習成果當作精熟的評量依據，應用傳統標準化的評量方法測量學生進步狀況。	以當年所學的拼字隨機選取，並給學生 2 分鐘的施測，每兩週長期評量學生是否進步，並用圖式監控學生的進步情形
CBA	從學生的學習課程中當作測驗刺激，並在不同時間重複施測以作為教學決策的資訊	在一個固定的教學單元下作為一個考察時段，以每一個字的答對正確率，作為教學方案改進的決策及記錄學生的進步情形
CBE	用課程的工作分析以提供有關教學內容的訊息	分析拼字測驗的結果是為了錯誤類型分析，以引導一系列的短期教學目標或引導錯誤拼字單元的補救教學

資料來源：修改自 King-Sears, M. E. (1994). *Curriculum-based assessment in special education.* Belmont, CA: Wadsworth/Thomson Learning, Inc..

第三節 課程本位評量的通則

　　課程本位評量程序主要以一組明確的測量程序，來解決輕度障礙學生的表現問題，包含學生的閱讀、寫作表達、拼字和算數等表現的量化。這些程序是指系統性研究，以及發展計畫，透過應用這些測量程序在學生的表現建立足夠的技術性資料蒐集方法（Deno, 1985, 1986）。事實上，這些標準化的程序是具有足夠確保個別問題解決基準資料的信度和效度。如此可以比較個別學生與同儕間進步情況的表現差異性，也可以比較學生本身在不同時間的表現，比如解決問題之前、之中和之後的差別。資料的信度和效度也同樣重要。

　　一般說來，從任何時間比較兩個或更多個測驗中所獲得的資料，信度是個必要條件。而一個特定的評量或一套評量的效度是充分條件。透過「主

觀的選擇課程作業來測量學生表現，而定義出無數的表現差異」是不可能完全解決學生問題的。

在特殊教育使用課程本位評量解決問題上，學習成果的蒐集範疇及資料準確性，可提供特殊教育工作者做決定的可靠且有效的依據。

課程本位評量是一種評量程序的安排，並使用直接觀察與記錄學生的成績來蒐集資訊，以作為教學決定的基礎（Deno, 1987）。Frisby（1987）歸納課程本位評量模式的四個通則，包括：

*1.*直接評量：直接依學生在上課時習得的教材來評估學生的學習成就。

*2.*時間簡短：施測方法在一至三分鐘之間，即可決定每一個界定出來的學習行為。

*3.*重複評量：通常一個星期可蒐集一至五次的數據。

*4.*數據實證：數據用圖表來表示，而有系統地繪製圖表，主要用於監控學生的進步情形。

不同的課程本位評量模式有不同的變化程度。進一步說，正確本位與標準參照 CBA 模式與 CBM 流暢性部分測量向度不同，包括：(1)測量的主要目的；(2)學業方面的行為；(3)學生作答的類型；(4)有效的教學介入方法；(5)監控進步主要評量教材之等級；(6)標準化測量教材與測驗的版本；(7)專門技術的層級；(8)除了課程規劃與監控學生進步情形之外，尚可做其他教育決策的功用。

第四章

傳統心理評量模式的缺失

陳政見、鄭郁慈、謝幸儒

　　《心理測驗年刊第九冊》（*The Ninth Mental Measurements Yearbook*）指出，教育工作者已有數以千計的心理和教育測驗可以使用（Mitchell, 1985）；又為何需要其他可替代的測驗步驟／策略呢？令人相當質疑的是，即使有這麼多的評量策略，為何學校心理學家仍無法做出適當的決定，而需要一套新的評量步驟？

　　雖然已出版的個別測驗可適用於特定、受限和特殊的評量目的（例如：篩選、計畫、評估），但是使用已出版的傳統測驗決定特殊教育仍存疑，其原因有二：第一，心理評量測驗的專業性品質仍有疑慮（亦即信度、效度、常模）；第二，就社會政策（social policy）面而言，由於法律和現實的爭論，無法證實多數的測驗有助於做決定。以下分別說明之。

第一節　傳統評量缺乏專業品質

　　任何一套評量程序，首要考量的是要具有足夠專業品質。美國心理協會、美國教育研究協會和全美教育評量協會指出所有教育心理測驗必須具

有效度和信度，如果測驗是使用標準參照的方法，仍需有充分的常模資料。Salvia 和 Ysseldyke（1982）、Berk（1984）列出一些特殊教育評量常使用的測驗，然而這些測驗多半沒有科學的調整設計，因此無法反映出信度、效度以及常模樣本的品質。Salvia 和 Ysseldyke（1982）提醒教育人員，使用這些缺乏專業的測驗，對於教育決定有負面影響。

「使用這些測驗於身心障礙孩子時，必須要慎思」。Fuchs、Fuchs、Benowitz 和 Berringer（1987）調查二十七種已出版且常使用的智力和成就測驗，並檢查這些常用於障礙學生的測驗是否包括：(1)標準化樣本；(2)發展測驗項目分析；(3)建立信度和效度指數。在二十七種測驗中，只有五種在發展測驗方面提供詳細而精確的百分比，並標示障礙兒童參與其中，作為常模樣本。

「雖然在教育領域中存在著有問題的測驗，但受過良好訓練的學校心理學家、特殊教育專家以及教師，並不會使用有問題的測驗」；不幸的是，研究資料卻指出不同的看法。一個由 159 位教育工作者、心理學家和專家所組成的團體，在回顧特殊教育兒童的個案歷史時，選擇適用於「鑑定」和「課程計畫」的評量步驟（Ysseldyke, Algozzine, Regan, & Potter, 1980）。分析這些評量工具後，發現有 67%在效度方面缺乏足夠的根據，59%在信度方面缺乏可接受的標準，而有 66%缺乏適當的常模描述。假設將這些結果推論至實際狀況，Ysseldyke 等人（1980）推斷特殊教育決定的結果不足以依賴，對於障礙兒童提供服務的全面性影響是難以預料的。

第二節　傳統評量缺乏內容效度

第二個有關於傳統測驗的問題是這些評量的內容效度。實際上學校心理學家與特殊教育老師，通常無法區別所使用的已出版的成就測驗，而誤用成就測驗，將這些偏頗的測驗誤以為是具有公平性與變通性（Shapiro, 1987）。

各式各樣不同版本的成就測驗，在學校的課程中使用。然而，專家普遍認為，已出版的成就測驗常無法適切地選用教導學生的課程。測驗的分

數無法反映出實際的教學內容，且不能真實地反映學生程度，也就是說，測驗可能無法測量出學生已經習得的內容。Jenkins 和 Pany（1978）分析五個標準化閱讀成就測驗與五個閱讀課程，發現測驗預測的年級分數與教導學生的閱讀課程有所差異。該研究指出，二年級的學生學習豪頓‧米芙苓（Houghton-Mifflin）閱讀課程後，在畢保德個別化成就測驗（Peabody Individual Achievement Test, PIAT）（Dunn & Markwardt, 1970）中的得分是 3.2 個年級水準，但在 Ginn 360 的閱讀課程中，得分卻只有 2.2 個年級水準。

　　Shapiro 和 Derr（1987）沿用 Jenkins 和 Pany（1978）的研究。根據五個基本閱讀序列（series）與四個個別成就測驗，他們發現閱讀課程內容與測驗字彙表明顯不同。舉例來說，一年級的學生經過伍考克閱讀精熟課程（Woodcock Reading Mastery）之後，成就測驗的標準分數（平均數 100，標準差 15），假設一年級的學生能夠獲得 6 至 16 這個範圍內的 PIAT 得分；期望教導一年級的學生 Keys to Reading（Houghton-Mifflin）在 PIAT 上得分百分位數是 68，相較在 Ginn 720 接受閱讀教學得學生，是 27 的百分位數。Shapiro 和 Derr（1987）也發現在課程與基礎閱讀系列之間重疊的部分在後續的年級程度中減少：三年級之後，課程與測驗字詞列舉之間的搭配將愈來愈少。

　　然而，有關測驗－教學內容的一致性，並不侷限於閱讀，連數學也有相同的結果。Freeman 等人（Freeman, Kuhs, Porter, Floden, Schmidt & Schwille, 1983）在數學科的研究上獲得相似的結果。研究顯示，在數學成就測驗題目部分，特定的數學課程從未超過 50%，甚至低於 20%。測驗教學重疊的問題一直是個麻煩的問題。嚴格來說，這個測驗－教學重疊的問題混淆了學生進步的評估。Eaton 和 Lovitt（1972）以為期九個多月的時間，使用兩種不同的閱讀測驗來檢視學習障礙學生的進步情形。他們發現許多班級學童在廣域成就測驗（Wide Range Achievement Test, WRAT）獲得顯著的進步（引自 Jastak & Jastak, 1978），但在大都會成就測驗（Metropolitan Achievement Test, MAT）就沒有進步。相反地，Eaton 與 Lovitt（1972）在相同班級發現有許多學生在 MAT 上獲得顯著的進步，但在 WRAT 上卻沒有改善的證據。其中一項結論指出，由於標準化成就測驗無

法從老師教學的內容中適當抽樣，測驗上測量的改變是無效的，而測驗結論中所描述的進步程度可能是錯誤的。

第三節　傳統評量無法與教學計畫連結

特殊教育教師也對傳統已出版的測驗的可用性以及能否改善學生教學計畫產生質疑。Thurlow 和 Ysseldyke（1982）藉由詢問 200 位學校心理學家和特殊教育教師，檢視已出版的常模參照測驗在教學上的使用情形。並以表列出一般實施的測驗，包括魏氏兒童智力量表－修訂版（WISC-R）（Wechsler, 1974）、班達完形測驗（Bender visual motor gestalt）（Koppitz, 1963）和 WRAT，由 100 位學校心理學家評定測驗對於教學計畫的效用。其中有 72%的學校心理學家報告指出，魏氏兒童智力量表－修訂版是有助益的，64%支持班達完形測驗，80%評定廣域成就測驗有助於方案規劃。當要求 100 位特殊教育資源教師評估時，出現不同觀點：只有 10%認為班達完形測驗與教學相關；30%認為 WISC-R 在 IEP 計畫過程中是有助益的；而 10%指出 WRAT 對於發展有效的教學計畫是有所貢獻的。從這個研究中得到兩個相關的結論。第一，學校心理學家和特殊教育教師二者，應該彼此交流關於測驗資訊的關聯性和教學計畫；第二，特殊教育教師可能需要從傳統測驗中提供變通性評量，以幫助計畫教學。

第四節　傳統評量過度依賴間接評量的方式

另一個傳統評量設計的問題，是在於對間接測量測驗項目的信心。雖然這個問題在使用智力測驗來計畫學業方案時幾乎是顯而易見的，事實上，在成就測驗也有相同的問題，主要的障礙是測驗的回答形式。很少成就測驗實際上需要學生表現重要的行為。替代讀或寫，他們可能需要選擇－類型選項（Popham & Baker, 1970），如配對（例：PIAT 拼寫）、指出（例：Woodcock-Johnson 閱讀理解），或刪掉正確或者錯誤的項目。在閱讀理解測驗的多選擇題是一個好例子。孩子在閱讀一段標準化測驗後，他們經常

會面臨到有數個答案的問題。

　　這些題型的優點是：(1)容易計分；(2)時間容易掌控；(3)具良好的評分者信度；(4)由於增加大量的題目，使測驗具有代表性（Popham & Baker, 1970）。選擇題的缺點是：如果測驗並非由那些項目所構成，則需要花大量的時間準備，而且，學生對答案的猜測可能會造成分數不實。附帶一提，選擇題與「如何讓學生有較好的測驗表現和精細動作協調」有關。舉例來說，因為所有的變項都可以列為學生閱讀分數的因素，並影響最後的分數，因此，學校心理學家需要問「這是否是最直接測量閱讀的變項」。然而，這些回應類型的最大限制在於無法提供學生何以得到此一分數的相關訊息。Howell 和 Kaplan（1980）提出這項觀點，主張選擇類型回應無法清楚得知學生為什麼答錯……因為學生除了在答案紙上用鉛筆畫記外，並不需要做其他任何事（p. 21）。因此，不論學生是否能依照學習的內容正確作答，皆無法看出為什麼學生會這樣作答的原因。錯誤類型分析的工作對於教學計畫和安置能提供更多寶貴的資訊。

第五節　傳統評量忽略學生的學習精熟度

　　選擇題的最大限制就是忽略反應流暢的重要性。舉例來說，大多數出版的閱讀成就測驗在評量時並沒有考慮到流暢性（Yesseldyke & Marston, 1982）。然而，流暢性是構成閱讀技能的主要因素之一。Samuels（1979）提到閱讀流暢和理解息息相關，並且建議可以利用重複閱讀來增進流暢性。就如他所說：「教師也許想知道在重複閱讀的方法中，閱讀理解所扮演的角色。重複閱讀是一項有意義的工作，因為學生可以從文章中理解到有趣的資料。第一次閱讀也許無法理解文章內容，但是每重複閱讀一次，學生就更能理解，因為重複閱讀能逐漸克服理解時所產生的解碼障礙。當解碼只需要較少的注意力時，便有較多的注意力可以用來理解。因此，重複閱讀既可以增進流暢性，也可以增加理解力。」（Samuels, 1979）White 和 Haring（1980）更進一步說明反應流暢的重要性，指出動作慢的孩子，儘管作答準確，但實際上是該項技能尚未達到精熟。然而，作答準確度稍低，

但是能較快完成工作的孩子也許已經達到精熟。由於閱讀流暢的重要致使閱讀委員會（Commission on Reading）（1985）在「國訂讀本」（A Nation of Readers）報告中，提出「讀者必須能迅速且正確無誤地解碼，以便在閱讀的過程中順利建構文章的意思」，而且「讀者需要更廣泛的閱讀評量，而標準化測驗卻沒有提供深入的閱讀理解評量，因此應該在測驗中增加閱讀流暢性的觀察評估」。

第六節　傳統評量採用前、後測評量設計

傳統上，學校心理學家和特殊教育人員依賴前、後測設計來測量學生學習的變化。然而，此一分析型態並不適切，其原因有五：

第一，測量專家質疑已出版的常模參照測驗用於測量學習成果的適切性。Hively 和 Reynolds（1975）指出大多數標準化常模參照測驗，目的在於測量個體間個別差異，所以，想用它評估學生的成長並不容易。當心理評量用於測量學生差異和能力時，Carver（1974）強調教育計量測驗（edumetric tests）目的在評量學生學習的過程，傳統的標準化心理測驗的目的在於評量「獲得」和「成長」，其中缺少了由教育計量觀點所進行的發展或評估。由於已出版的常模參照測驗設計目的是為了測得個別差異，所以常無法準確測得學生發展，即使學生實際上可能漸有進步，但測驗的設計卻無法為學習的進步提出證明。換言之，心理測量所發展出來的測驗可能無法敏銳測得學習者是何時學會的。

Marston、Fuchs 和 Deno（1986）以此觀點比較「課程本位評量的程序」及「已出版的常模參照成就測驗」兩者的差異。經過十六週發現：學生在課程本位閱讀測量上有顯著的進步，而已出版的閱讀理解和詞彙部分的測量成績則進步甚少。重要的是，教師評判學生進步情況時，幾乎傾向於使用 CBM，這樣的一致性遠勝過其他已出版的測驗。在 Marston 和 Magnusson（1985）為期十週的研究中也有相似的結果。

第二，當測驗與教學的重複性不明時，所得的前後測成績將會不一致。Eaton 和 Lovitt（1972）以兩次成就測驗來瞭解學障學生從秋天到春天學業

進步的情形，其結果卻相互矛盾。這樣的變動很可能起因於測驗內容與實際教學的不一致（Jenkins & Pany, 1978）。

第三，已出版的成就測驗大多採用年當量的計分方式，無法精確掌握學生進步情形。雖然人們經常使用已出版的成就測驗，但因其缺乏統計特性且扭曲了學生的表現水準，因此，在測量論題中飽受批評。已出版的成就測驗是一種百分等級的形式，所以，實際上所能傳達的訊息很有限。百分等級提供的相對位置指標，對於兒童能力而言，僅能提供很少的資訊，而人們也只能在常模的背景中解釋這些成就測驗。

第四，個別學生的前後測結果缺乏信度。Cronbach 和 Furby（1970）指出：在前後測間隔過久的情況下，對個別差異所進行的評分是很不穩定的，也因此導致難以評量學生進展的情形。

第五，前、後測是總結性評量的形式，由於資料取得的時間點太慢，以至於無法在過程中加以運用。例如：針對無效的教學進行實質修正。

第七節　傳統評量耗費成本

教育工作者皆認為：評量工作遭受到的主要批評在於「評量過程費時」與「花費昂貴」（Mirkin, 1980; Ysseldyke, Thurlow, Graden, Wesson, Algozzine, & Deno, 1983），「鑑定孩子是否為特殊學生的經費支出會高出教育本身的成本」（Ysseldyke, Thurlow et al., 1983）。Poland、Thurlow、Ysseldyke 和 Mirkin（1982）指出：教育一位輕度障礙的學生，一年要花費 2,300 美元；相較之下，要評量決定孩童是否合格所花費的時間大約是 4.5 至 156 小時，估計要評量一位學生的成本超過 3,000 美元，決定孩童是否合格所花費的比率是過高的。由此可以很明顯看出：學校心理師在確定輕度障礙孩子的過程中，必須花費其 50% 至 75% 的時間（Goldwasser, Meyers, Christenson, & Graden, 1984; Hughes, 1979）。根據Goldwasser等人的研究，學校心理師在一天當中，大概有70%的時間用於測驗學生是否合格。一星期工作 40 個小時中有 28 小時在測驗上。Smith（1984）的調查顯示：心理學家們渴望能夠縮減其在評量上的責任，而能增加時間在介入與諮詢上。

假如時間與經費是被詬病之處，傳統評量工作反而有存在的必要。事實上，對於以花費昂貴金錢所得的大量資料來決定學生標記的問題仍有爭論，其他批評之處還有正當程序的問題。在許多案例中，評量學生是否為障礙者的相關程序往往被批評為不公平（Boyan, 1985; Sewell, 1981），而導致必須上法庭處理這方面的議題（Sandoval, 1987）。

第八節　傳統評量決策資料過於輕率

許多的案例顯示，學校往往忽視評量所得的資料，而逕自將沒有符合申請資格標準的孩童安置於特殊教育之中（Ysseldyke, Algozzine, Richey, & Graden, 1982）。Ysseldyke、Algozzine、Richey 和 Graden（1982）曾經證實，當研究者根據聯邦政府對「學習障礙」定義，檢查由專業團隊認定實際合格和預期合格決定之間的關聯程度時，只有極少部分合格決定與從學生身上蒐集到的資料相符合（p. 78）。在專業團隊會議中，團隊的決定經常沒有遵照測驗呈現的結果；換句話說，團隊忽視出版測驗的資料，支持其他他們認為更重要的資料。為什麼團隊不使用測驗資料來決定學生的安置呢？最可能被解釋的原因是：這些資料在使用上是具有限制性的。即使嚴格遵守適合的標準，但仍有廣大的學生沒有符合這樣的標準而被安置在特殊教育之中。Wilson（1985）的研究報告指出：當使用IQ與成就分數之間 1.5 個測量標準誤（standard errors of measurement）的差異標準申請資格標準發現：安置於特殊教育方案中，有 26%的學生未符合此標準。

第九節　定義含糊鑑別失準

標準化測驗經常被視為「差異性診斷工具」，但測驗資料對於特殊教育學生的安置決定並不適用。Ysseldyke、Algozzine、Shinn 與 McGue（1982）使用 WISC-R、伍強二氏心理教育評量工具（Woodcock-Johnson Psycho-educational Battery, WJPEB）、PIAT、WRAT 和視動統整發展測驗（Developmental Test of Visual-Motor Integration）（Beery & Buktenica,

1967）區別學習障礙（LD）學生和非學習障礙學生。資料顯示，在標準化成就和能力測驗上，在這兩組之間的重疊性超過 90%，中等教育階段的學生也有相似的發現（Warner, Schumaker, Alley, & Deshler, 1980）。此結果意味著，做出鑑別性的個別化診斷幾乎不可能，Epps、Ysseldyke 和 McGue（1984）證實了這樣的結果。許多正常的學生有可能被鑑定為學習障礙（Ysseldyke, Algozzine, & Epps, 1983）。舉例來說，當 WISC-R 全量表智商和伍強二氏成就測驗（Woodcock-Johnson Achievement Test）、PIAT 的標準分數差異達 10 分，就認定能力與成就之間有顯著差距，此時，有 65%可能被誤判為學障。定義學習障礙為上述測驗之間達到一個標準差的差距時，則有 25%的正常學生符合這個標準。Ysseldyke、Algozzine 和 Epps（1983）使用在文獻中找到的十七種不同的學習障礙定義，發現 88%的正常學生至少符合其中一項的學習障礙定義，反而有 4%校內鑑定的學習障礙學生沒有符合其中任何一項定義。

第五章

課程本位評量的需求

陳政見、張惠娟

在美國教育相關訴訟議題，常圍繞在測驗使用的適當性。其問題指出標準化測驗過程上，是否考量到替代性測驗的需求。

藉此緣故，美國法律已經直接或間接訂定評量的過程（Forness & Kavale, 1987）。舉例來說，在 94-142 公法（Section 615-5C）訂出的保護評量程序（PEP）中公布：「為了避免種族或文化歧視，用來評估與安置身心障礙學生所使用的測驗（testing）和評價（evaluation），必須慎重選擇與管理。」美聯邦政府官報（Federal Register, 1977a）明訂，「有特定使用目的的測驗是需要經過批准才可使用」。雖然有立法的保證，但大部分符合法律規範的評量工具仍是有缺點的，因為這些工具沒有顧及到課程本位評量的基本理論。然而，CBA 評量是以兒童和課程為指導原則，強調個人本位的評量，因此更能確認及滿足特殊兒童和法律上的需求（Galagan, 1985）。

（第一節） 評量融入特殊教育決定

　　實施適當的評量，有利於鑑定的決定（Salvia & Ysseldyke, 1985）。心理教育決定包括：(1)篩選；(2)資格鑑定；(3)規劃教育方案；(4)監控學生進步情形；(5)方案評鑑。傳統特殊教育決定，趨向於使用混合式的設計。亦即透過不同的人蒐集不同的評量資料，並做出不同的教育決定（Ysseldyke & Thurlow, 1984）。例如：當做篩選決定時，普通班的老師或校長常依賴團體測驗，像是史丹福成就測驗（Stanford Achievement Test-SAT）或MAT；在資格鑑定的過程中，測驗責任轉移到可信賴的學校心理學家來實施個別化測驗；當規劃教學方案時，則由特殊教育教師承擔成敗責任。他們以不同的評量程序，包括常模參照成就測驗、診斷測驗、安置測驗和非正式測驗，作為他們規劃教學方案的基礎；傳統評量實施監控過程的紀錄不完整，Fuchs、Fuchs 和 Warren（1982）發現，大部分監控學生進步情形往往來自於教師主觀的意見，或實施個別已出版的成就測驗前後測。總之，教學方案效果評鑑方面通常使用各種類型的測驗施測。做決定的各類測驗外，教育者面臨應用各種的測驗分數，包括：(1)原始分數；(2)百分等級；(3)十分位數；(4)標準九；(5)標準分數；(6)年當量；(7)精熟分數；(8)發展商數等。

　　由此看來，公定決策標準並不存在於所有重要決策的範圍。因此，策略性的決定會隨著資料蒐集和決策之間有函數關係，「測驗的參差不齊及多樣性」與「不利於跨領域決策的測驗分數」有交互作用。

（第二節） 課程本位評量的應用時機

　　用課程本位的評量模式來做教育決定，由先前論述可知，有其必要。然而需求是來自於傳統評量模式的教育缺失，尤其是在應用科學和社會政策這兩個層面。因此，為了消弭領域之間的爭論，而提出課程本位評量的實施程序。

　　課程本位評量主要是用來監控學生學習進步情形（Jenkins, Deno, & Mirkin, 1979），它的測量準則包括：(1)連結學生的學習課程；(2)教師以短暫施測的方式來管理學生的成績；(3)以多元的方式實施；(4)節省時間及經費；(5)在某段時間內，呈現學生成績的進步情形。

　　課程本位評量亦有幾個特徵：第一個特徵是教學者能準確及有效地測量學生基本技能的學習行為；第二個特徵是藉由運用作品呈現的方式回答；第三個特徵是著重直接且重複測量學生之課程學習表現；第四個特徵是對特殊教育提供了篩選與資格認定的資料。在 1970 年代晚期及 1980 年代初期，Deno 和 Mirkin（1980）發表在專業期刊中的論文，討論到課程學習與技巧之性向測驗的適當性，其目的在於做出有效的決定。

　　以下是課程本位評量界定「學生成就」的實例：

　　1. 在閱讀方面：從讀本或字彙表中算出，一分鐘內學生正確閱讀的字詞數量（參閱第十六章）。

　　2. 在寫字方面：從一段文句中算出，三分鐘內書寫出的字詞數量（參閱十五章）。

　　3. 在注音方面：從一篇短文或詩詞中算出，二分鐘內正確的注音數量；就英語系國家而言，以英語字母進行拼字能力，以每七秒進行一個字詞聽寫，再計算其正確的拼音數量（White & Haring, 1980）（參閱第十四章）。

　　4. 在數學方面：從該年級的計算題中算出，二分鐘內正確寫出計算題的題數（參閱第十七、十八章）。

　　最後一項特徵是課程本位評量強調「直接測量」。Shapiro（1987）說明：直接測量所關注的焦點是對發生行為的評估。評估所得資料是可驗證的，且不需任何其他行為的觀察作為參照。傳統的成就測驗是依賴學童技能的直接測量，以及學童對測驗項目的反應。如同 Deno（1985, 1986）所述：課程本位評量的前提是由以課程參照來進行測量和決定。亦即，學生在測驗中的表現應能反映出其在學校課程的學習水準。不過，課程本位評量的成功與否，內容效度是其關鍵。例如：閱讀的測量是運用段落吸引學童進行一連串基礎的閱讀發展而成；同樣地，拼字也是由學生學習的範疇而來。

　　在課程本位評量中，評量的重點在於測量學童可觀察到的技能，以增

進評量過程的效用。學生必須藉由寫或讀的方式，實際表現重要的學習行為。以閱讀為例，施測者與其要學生默讀後寫出答案，倒不如聽學生直接唸出，並以學生的回答進行評量。如同 Popham 和 Baker（1970）所言：「以作品回答的方式勝過於選擇題的回答方式。」首先，作品回答的方式可以讓施測者觀察學生慣用的作答方式，接著可以獲得錯誤類型分析的訊息及考量有效的教學計畫；其次，作品回答的方式讓學生可以「展現具創造力或新奇的問題解決方式」（Popham & Baker, 1970）；第三，作品回答的方式，教師可直接使用教材作為測驗材料來評量學生，他花費的時間要少於教師各種自編測驗。作品回答的方式主要的缺失為：評量耗費時間而且分數的信度遠比選擇題的回答方式還低。然而，此一潛在的缺點並非每一種特定的測量都會存在。

第三節　課程本位評量的優點

一　節省評量時間及經費

在傳統教育決策的態度，花了相當多的時間來測驗特殊教育學生接受特殊教育的資格問題。在課程本位評量的決策模式裡，特教教師從篩選到定期及年度檢閱過程，負責了大部分的測驗。基於兩個理由，增加教師直接測驗又不增加整體的評量時間。第一，他們沒有很多時間實施已出版的成就測驗，那浪費一部分測驗的時間；因此，他們的時間可能用在經常性的課程本位評量的評量活動上。第二，是時間效率，實際上每一個課程本位評量花的時間是簡短的。Fuchs、Wesson、Tindal、Mirkin 和 Deno（1982）觀察到受過訓練的教師平均花低於二分鐘去實施、計分以及畫出每一分鐘閱讀的圖表。受過訓練的教師花大約三分鐘去實施計分以及以圖表表示每一個二分鐘的拼字作業。隨著評量的責任轉移到特教教師的身上，心理學家就有時間將心力放在例如：諮詢、直接介入、教師訓練以及專業的評量等工作。Canter 於 1986 年將 CBM 實施前後心理學家的工作做了比

較。在測驗領域裡，學校心理學家在評量上花的時間事實上在 1981 和 1986年是完全相同的，大約 35%；然而，學校心理學家在 1986 年測驗較少的學生。Canter 推斷出心理學家減少不必要的測驗和花更多的時間在那些必須綜合評量的學生身上。除了評量時間的節省和在特殊教育者及學校心理學家的角色重新分配之外，更節省了評量材料的成本經費，因為課程本位評量不需要額外的測驗材料。

二　重複測量

課程本位評量的另一個重要原則是重複測量（repeated measurement）概念。傳統的測驗一年僅能施測一次或兩次，而課程本位評量程序是設計能經常性施測（Jenkins, Deno et al., 1979）；重複測量的派典，解決了幾個傳統決策原有的問題。第一，與決策資料只來自一種評量情況對照之下，在決策過程的任何階段，每幾天就重複測量，能允許施測者看到學生的表現（例如：問題的識別、進步的監控）；第二，傳統測驗因為這些因素（例如：動機、疲勞、對施測者的不熟悉）沒有控制很好，會干擾受試結果，可能導致受試者較不理想的表現。

個案接受重複測量，每星期約兩次到三次大聲朗讀一分鐘的測驗，並監控個案 IEP 目標的進步。這個過程持續了整學年，個案的老師固定觀察時間大約 70 到 100 分鐘，評估個案進步和檢驗教學方案的成效，以比較個案的閱讀表現。

與出版的閱讀測驗相比，重複測量的 CBM 過程優點顯而易見，出版的閱讀測驗一年只安排兩次，最多只能提供一小時的閱讀間接測量，有系統和直接地觀察個案閱讀的總次數將遠比課程本位評量呈現的資料少。在標準化的狀態下，重複測量方法能持續看到學童的進步情形，此進步情形可用圖表來表示（相關圖表請參閱本書實務篇之案例）。

三　時間序列分析

課程本位評量模式另一個關鍵因素是時間序列分析資料的呈現。時間

序列分析是在解釋整個課程實施教學期間所蒐集的資料與教學者介入策略兩者間的函數關係。有關學生進步比率的指標，進步指數可以透過資料點與轉換成圖形予以表達。個案一學年期間每個禮拜接受兩到三次的評量，在一段時期之後，當他閱讀技巧的評量認為可在普通班級接受教育而不用特殊教育的介入時，之後個案接受普通班的教材與教學。透過圖形中這些資料點和傾斜曲線的比較得知，個案學習內容是否因介入而有進步。

當教學活動變成系統化教學管理（systematic instructional management system, SIMS）， 個案的資料點顯示他有相當的進步。時間序列分析讓教師在一整年中，能隨時檢查學生的進步情形和評鑑教學介入的成效。這種方法的好處在於教師能在對學生最有利的時機隨時做決定。為了幫助個案成為更好的閱讀者，不需要等待幾個月或一年才能接受到符合他的學習需求的有效教學方案設計。除此之外，時間序列分析可當作評量教學效果之內在比較，亦可當作教學策略良窳的比較；透過課程本位測量模式能滿足學習者的獨特需求，又能依個別化教學的法定要求，而作為績效表現與考核的依據。

四 以地區性常模作為決策

Deno（1985, 1986）敘述課程本位評量最耀眼的特色是：地區性常模對於做決策的貢獻。地區性常模提供一個普通教育環境期望的指標。雖然地區性常模的概念十分陳舊，但最近卻獲得更多的關注，例如：Anastasi（1988）認為對於定義人口的標準而言，比起使用非等值常模（nonequivalent norms），標準化測驗的方法過於狹義。就測驗目的而言，地區性常模比全國性常模適合，例如：比較同一學生學科間的相關成就或是測量（measurement）一段時間個別進步的情形（p. 98）。

使用課程本位評量易於建立地區性常模，也便於管理和時間的效率。地區性常模也可以用來作為特殊教育決策，包括篩選、資格申請、敘寫IEP目標、監控學生進步情形、定期和年度檢閱及教學方案評鑑的參考。

五　課程本位評量的鑑別度

　　學校決策以傳統評量施測結果為依據，被視為是無系統、無信度並且雜亂無章。起因於公開的成績、智力和成就測驗的標準參照錯誤變項是和障礙學生的障礙證明標準有關。對 Shinn 等人（Shinn, Tindal, Spira & Marston, 1987）來說，決策順序是根據普通班中障礙學生接受特定的成就測驗而建立的，在重新探討課程本位評量的效用後，確定課程本位評量可以鑑別不同群體的程度，如學習障礙、文化不利學生、低成就和普通班學生。Shinn 等人（Shinn, Tindal & Stein, 1988）研究課程本位評量確實能把獨特團體學生鑑別出來。經由傳統評量程序安置於學習障礙方案下的學生與他們普通班中的同儕相較，以課程本位評量成就測驗所得的得分非常低。例如：在 Shinn 等人（Shinn, Tindal, Spira & Marston, 1987）的研究顯示：638位學習障礙方案中一到六年級學生的表現與：(1)接受文化不利兒童補救教學服務，及(2)沒有接受普通教育充實方案學生的隨機樣本相較，所有學習障礙學生的 IEP 都有閱讀的行為目標，其能力與成就皆達顯著差異。使用課程本位評量閱讀測驗能確實鑑別出三組學生。然而，各年級三組學生分配情形，在團體之間有少數的重疊現象。舉例來說，五年級 75%學障學生的表現低於文化不利學生，75%的文化不利學生表現低於普通班學生。總之，學習障礙學生的平均表現在普通班閱讀成績 5 個百分等級以下，在地區性常模下，3/4 學障學生的得分低於 10 個百分等級。

　　三個使用課程本位評量鑑別原樣團體（intact groups）的研究結果（Deno, Marston, Shinn & Tindal, 1983; Shinn & Marston, 1985; Shinn, Ysseldyke, Deno & Tindal, 1986; Shinn, Tindal, Spira & Marston, 1987），將三組閱讀表現的平均差轉換成效果量尺（effect sizes）。

　　量尺包括：(1)低成就群體的平均數；(2)普通班群體的平均數；各減去學習障礙樣本成績的平均數然後再除以各自的標準差。結果，在低年級（一到三年級）方面，學障學生和低成就者之間的中位數效果量尺差距是－.69。學習障礙學生和普通班學生之間的中位數效果量尺差距是－1.74。

在中年級（四到六年級）方面，學障學生與低成就者和普通班學生的顯著程度分別是－1.15 和－2.18。綜合上述研究結果顯示，利用課程本位評量能有效區分不同團體特殊教育學生的差異性。

六　特殊教育決策的連續性

　　普通教育課程中傳統測驗不連貫的問題，藉由課程本位評量中使用共同的標準決策而獲得解決。不管做何種決策，決策的過程都使用相同的基本評量策略（例如：簡化課程、重複評量）。在決策之間有改變的是決策中所使用的課程水準和效標標準。以閱讀為例，閱讀領域經常被用來作為課程的實例（Marston & Magnusson, 1985, 1988）。

　　進行特殊教育決策時，以閱讀領域為範本，進行以下五個步驟：(1)篩選：課程本位評量的教材採用一般年級基礎讀本，而其比較水準則與同年級的同儕相比；(2)資格鑑定：課程本位評量教材採用低年級的基礎讀本，而其與低年級學生進行比較；(3)教學：擬定 IEP 計畫，課程本位評量教材採用低年級的基礎讀本，比較標準包括同年級同儕常模、低年級同儕常模、教學安置標準、預期進步的比率、精熟標準；(4)監控教學進步情形：課程本位評量的教材涵蓋 IEP 長期目標的基礎讀本教材，依據 IEP 計畫的各目標標準作為比較標準；(5)檢閱：包括定期／年度的檢閱／回歸機制，課程本位評量的教材為一般年級的基礎讀本，比較標準則為年級水準同儕和普通教育對特殊教育的進步比較。

　　總之，閱讀樣本蒐集各年段教材，並與同年段的地區性常模相比較（Marston & Magnusson, 1985），讓學生申請輕度障礙服務的鑑定資格。而教材和決策標準的選擇是要求學生接受低於他現在所處課程年段的測驗。所得的分數也要與較低年級的學生做比較，這個過程被稱之為「調查水準評量」（Survey Level Assessment）（Marston & Magnusson, 1985）。亦即除了協助決定接受特殊教育的資格，課程本位評量測量出學生能力水準與解釋資料，也能鑑別出學生進一步需要課程本位評量可以施測的課程技能。效標參照測驗令人困擾的是，老師經常不知道該給哪個部分的測驗。完整

的效標參照測驗（batteries）實施起來耗時、費力、成本高，根本沒被利用。基於一般測驗的本質，施測水準的測驗在短時間內即可對不同領域的多種技能進行抽樣。並藉由對學生成績表現錯誤類型和對他們所屬年段課程要求的熟練程度審慎分析的過程，教師可以進行簡單的評量來建立學生技能領域的檔案資料，以瞭解哪些技能領域是需要更徹底的評量。例如：大福是一位有構音困難的三年級學生，調查水準評量是從大福跟一、二年級的構音成績與其相當的年級標準做比較；評量結果，大福大部分的構音僅有一年級學生的程度。透過調查水準評量，發現他的構音錯誤類型是「塞擦音與舌尖音分不清」，例如「家」和「蝦」。

第六章

課程本位評量的效度與信度

陳政見、鄭郁慈
謝幸儒、廖素亭

　　有關課程本位評量的效度就如同標準化測驗一樣，有內容效度、效標關聯效度。課程本位評量的信度和效度的發展與研究，可由以下五個步驟進行：第一，藉由多種文獻分析，先界定潛能的測量方式；第二，以多元的研究團隊重新探討有關既有標準的潛能測量方法；第三，針對那些符合各項標準的測量，檢測其效標關聯效度；第四，進行信度研究；第五，進行測量方法邏輯的研究，例如：測驗時間間隔的長短及測量範圍。目前課程本位評量有關前述之研究，包括：(1)閱讀信、效度研究；(2)拼字信、效度研究；(3)書寫表達信、效度研究；(4)數學信、效度研究；以下分別敘述之。

第一節 課程本位評量在閱讀的信度與效度研究

一 閱讀的效度

最初 CBM 在閱讀的效度（reading validity）的研究是由 Deno、Mirkin 和 Chiang（1982）開始的。Deno、Mirkin 和 Chiang 證實五種常用於閱讀方面監控學生進步情形的測量方法。這些測量法要求學生：

1. 將基本讀本中的故事朗讀出聲（段落朗讀）。

2. 將讀本中教師任意指定之字彙表中的字詞朗讀出來（將字彙表分離出來）。

3. 將讀本故事中畫線強調的字詞朗讀出來（閱讀上下文）。

4. 將讀本的一些字詞從故事中刪除（克漏字理解程序）。

5. 將讀本故事中所選的文字下定義（字義）。

這些測量與大家所公認的一般閱讀標準測驗（已出版的常模參照測驗）有關。第一個被選為效度研究的標準化測量工具是史丹佛診斷性閱讀測驗（Stanford Diagnostic Reading Test, SDRT）（Karlsen, Madden, & Gardner, 1975）、伍考克閱讀熟練測驗（Woodcock Reading Mastery Tests, WRMT）（Woodcock, 1973）以及 PIAT 中的閱讀理解測驗項目（Dunn & Markwardt, 1970）。Deno、Mirkin 和 Chiang（1982）發現傾聽學生朗讀基礎讀本一分鐘是一種有效測量閱讀技巧的方法，其相關係數的範圍從.73 到.91，當中數值多半在.80 以上。此一開創性研究引領了一些其他效標關聯效度的研究；相關的作者、資料、主題、標準化測量工具及這些研究的結果如下所述：

Deno、Mirkin 和 Chiang（1982）以詞彙表（word lists）及段落（passages）作為測驗材料，選擇一到五年級 18 位普通班學生和 15 位特教班學生為施測對象，進行效度考驗。在詞彙表部分的相關係數如下：SDRT 為 .76、WRMT 文字辨別分測驗為.91、WRMT 文字理解分測驗為.83、克漏字

為.87、字義為.90。而段落部分的相關係數如下：SDRT 為.73、文字辨別分測驗為.87、文字理解分測驗為.82、克漏字為.89、字義為.81。

Deno、Mirkin 和 Chiang（1982）同樣以詞彙表及段落作為測驗材料，研究對象為一到六年級中共 43 位普通班學生和 23 位特教班學生，根據不同的測驗、詞彙表和段落的相關係數如下所述：詞彙表的部分，SAT 語音分析分測驗的相關係數範圍從.68 至.71、SAT 閱讀理解分測驗的推理理解相關係數範圍是.74 至.75、SAT 文意理解相關係數範圍是.68 至.71；PIAT 閱讀理解分測驗相關係數範圍是.76 至.78、克漏字.84 至.86、字義.60 至.63。就段落而言，SAT 語音分析分測驗的相關係數是.71、SAT 閱讀理解分測驗的推理理解是.80、SAT 閱讀理解分測驗的文意理解是.78；PIAT 閱讀理解分測驗是.76、克漏字的相關係數範圍則是.86 至.87、字義的相關係數範圍則是.56 至.57。

Fuchs、Tindal 和 Deno（1984）分別使用三年級和六年級兩種程度的詞彙表和段落進行研究。而其研究對象為 45 位三至六年級學生（27 位普通班學生，18 位輕度障礙者），當他們使用三年級的詞彙表時，克漏字理解作業的相關係數為.84、字義作業的相關係數為.60。使用六年級的詞彙表時，克漏字理解作業的相關係數為.86、字義作業的相關係數為.63。使用三年級文字段落時，克漏字理解作業的相關係數為.86、字義作業的相關係數為.57。使用六年級的文字段落時，克漏字理解作業的相關係數為.87、字義作業的相關係數為.56。

Marston（1982）使用三年級的詞彙表進行研究，其研究對象為 83 位三至六年級低成就學生，他們的寫作表達作業得分低於百分等級 15 以下。結果顯示 SAT 字彙分測驗的相關係數為.85、SAT 理解分測驗為.72、SAT 單字研究為.74、SAT 全測驗分數為.84。

Marston（1982）使用年級水準詞彙表進行研究，研究對象選用 57 位四至六年級低成就學生，他們在寫作表達作業的得分低於百分等級 15 以下，結果顯示 SAT 字彙分測驗的相關係數是.53、SAT 理解分測驗為.54、SAT 單字研究為.65、SAT 全測驗分數是.63。

Marston 和 Deno（1982）使用年級水準基礎的讀本，對象選擇 26 位三

年級普通班學生，採用許多標準化測驗，其結果的相關係數如下：科學研究詞彙的相關係數是.80、科學研究理解的相關係數是.80、SAT字彙分測驗的相關係數是.59、SAT閱讀字彙分測驗的相關係數是.84、SAT理解分測驗的相關係數是.88、SAT單字研究分測驗的相關係數是.84、SAT閱讀全測驗的相關係數是.90、教室教師全部評等的相關係數是.77。

　　Fuchs、Fuchs和Maxwell（1988）的研究對象是35位四至八年級輕度障礙學生（27位學習障礙，7位是情緒障礙，1位為輕度智能障礙），研究結果顯示SAT閱讀理解分測驗的相關係數是.91、SAT單字研究分測驗的相關係數是.80、寫作與口頭記憶測驗的相關係數是.75，且其範圍是.63至.86、克漏字理解測驗的相關係數範圍是.75為主，範圍介於.62至.85，在問答測驗的相關係數是.84。

　　Tindal、Shinn和Fuchs選擇了年級水準基礎讀本來進行，研究對象是90位四至六年級普通班學生，其分數轉變為z分數。結果科學研究詞彙的相關係數是.67，科學研究理解的相關係數是.59。Shinn、Upson和Stein也曾研究年級水準基礎讀本，他們以61位二年級普通班學生為研究對象，研究結果顯示：CAT詞彙（秋季版）的相關係數是.69；CAT理解（秋季版）的相關係數是.75；哈寇特（Harcourt）、布雷司（Brace）、仇凡諾維奇（Jovanovich）基礎精熟理解（春季版）的相關係數則是.59（上述資料引自Marston, 1989, p. 36）。

　　Fuchs和Deno（1981）研究學生對於年級水準基礎讀本的精熟程度，他們的研究對象是15位特教班學生／23位文化不利學生以及53位一至六年級普通班學生。研究工具是WRM，結果顯示：WRM辨字原始分數的相關係數是.81、WRM段落理解原始分數的相關係數是.85、教師安置的相關係數是.86。

　　Tindal、Shinn、Fuchs等人（1983）進行詞彙表和段落的研究，他們以47位六年級普通班學生為對象，就段落方面，測驗結果是豪頓·米芙苓精熟測驗的相關係數是.65、解碼測驗為.47、理解測驗是.66、參考學習技巧測驗是.68。就詞彙表方面，測驗結果是豪頓·米芙苓精熟全量表的相關係數是.57、解碼測驗為.36、理解測驗是.55、參考學習技巧測驗是.57。

　　Fuchs、Tindal、Shinn 等人（1983）選擇 47 位五年級普通班學生作為研究對象，就段落而言，測驗結果是：Ginn 720 精熟全量表的相關係數是.83、理解分測驗的相關係數是.72、詞彙分測驗的相關係數是.85、解碼分測驗的相關係數是.65、研究技巧分測驗的相關係數是.58。就詞彙表部分，結果是：Ginn 720 精熟全量表的相關係數是.80、理解分測驗的相關係數是.69、詞彙分測驗的相關係數是.81、解碼分測驗的相關係數是.65、學習技巧分測驗的相關係數是.52。

　　Tindal、Fuchs、Fuchs、Shinn、Deno 和 Germann（1983）選擇 25 位四年級普通班學生進行段落和詞彙表的研究。就段落方面：史卡特‧佛利斯曼（Scott Foresman）全量表的相關係數是.84、辨字量表的相關係數是.70、理解量表的相關係數是.70、研習量表的相關係數是.76、藝文瞭解與鑑賞的相關係數是.55。在詞彙表方面：史卡特‧佛利斯全量表的相關係數是.77、辨字量表的相關係數是.42、理解量表的相關係數是.52、研習量表的相關係數是.73、藝文瞭解與鑑賞的相關係數是.58。

　　Fuchs、Tindal、Fuchs 等人（1983）選擇 21 位四年級普通班學生為研究對象，在段落的相關係數如下：霍爾特（Holt）基礎閱讀序列管理的測驗中，計畫層次 13 全量表的相關係數是.86、理解／文學技巧的相關係數是.79、解碼／譯碼技巧的相關係數是.75、語言技巧的相關係數是.46、學習技巧的相關係數是.58。在詞彙表方面：霍爾特基礎閱讀序列管理測驗中，計畫層次 13 全測驗的相關係數是.75、理解／文學技巧的相關係數是.75、解碼／譯碼技巧的相關係數是.64、語言技巧的相關係數是.55、學習技巧的相關係數是.57。

　　後續的研究中，學生在基礎讀本的口語朗讀與各種不同已出版的整體閱讀技巧測驗工具兩者間，其相關係數介於.63 至.90 之間，絕大部分的閾值在.80 以上。口語朗讀流暢性與整體測驗的分測驗兩者間的相關係數範圍雖然稍低，但仍有相關，其閾值從.53 到.91。其中二十個係數中有十個數值超過.80。我們可預料某些分測驗有較低的相關值導因於其較低的信度。

　　進一步證實閱讀流暢性測驗與四種不同基本閱讀系列的標準參照精熟測驗二者之效標關聯效度。整體的測驗分數與閱讀流暢性測驗（段落與字

彙表二者）相關值範圍達.57到.86，八個係數中有四個在.80以上。從比較中，課程本位評量與基本精熟測驗的相關程度直接與那些更加完整的閱讀精熟測驗有關。換言之，課程本位閱讀測驗提供基本精熟測驗更多的變異數，而其基本精熟測驗與一般閱讀技巧測驗具有高相關，勝過其他低相關的閱讀能力測驗。此發現提供額外的支援給課程本位閱讀測驗的效標關聯效度以作為整體閱讀精熟度的預測。當我們視基本精熟測驗為一準則時，發現從段落中閱讀，比從字彙表中閱讀更能與測驗成績有高度相關。段落的口語朗讀與精熟測驗此二者相關係數的中數達.84，反之字彙表閱讀與精熟測驗此二者間的數值則達.76（僅有1/4的係數達.80）。因此，除了能精確預測廣泛的閱讀能力，從學生書籍中做一分鐘的段落閱讀測驗比他們在閱讀字彙表的成績更能預測出課程中的成就。

除了標準化閱讀能力測驗及學生基本成績的精熟測驗外，還應用教師判斷來驗證進一步的口語閱讀流暢性效用以作為廣泛的閱讀技巧測驗。有兩個研究調查CBM閱讀測驗與教師對學生閱讀能力整體評分此二者間的關係。從第一份研究中，Fuchs和Deno（1981）發現：最初取樣自六年級普通及特教安置中的91人團體，其閱讀流暢度測驗與教師判斷學生的閱讀精熟度具有高相關（中位數r＝.86）。由Marston和Deno（1982）研究中，口語朗讀流暢度與教師閱讀技巧整體評分的關係，很明顯地勝過教師使用已出版的成就測驗來評分與課程實際上的閱讀安排此二者間的關係。這些發現提供了更進一步的證明閱讀流暢度的效標關聯效度。此外，他們間接提到課程本位評量的重要成效在於協助安置學生、方案計畫及決定計畫評估。

許多學者欲嘗試以共變數結構分析（covariance structure analysis）及歸因模仿（causal modeling）檢視出流暢的朗讀、解碼和理解間的關係。同時效度（concurrent validity）研究其初步結果建議：流暢的朗讀提供了深具意義的閱讀模式，並可作為解碼時理解測量的依據（as valid a measure of comprehension as decoding）。此一發現可能產生矛盾說法：教師如何將流暢的朗讀與迅速解碼視為相同意義。

除了效標關聯效度的研究，閱讀成長的縱貫研究測量時尚有三種主要

策略，包括：建構（構念）效度（construct validity）、區別效度（discrimi-nant validity）及處遇效度（treatment validity）。探討閱讀測量的區別效度，辨別完整團體的閱讀測量的程度不同於研究理論的閱讀技巧。Deno、Marston、Shinn 和 Tindal（1983）由文化不利學生及普通教育一、二、三年級鑑別學習障礙中建立起一分鐘朗讀抽樣的區別效度，並由 Shinn 和 Marston（1985）進行複製實驗，發現朗讀字彙在文化不利學生取樣的普通教育學生和輕度學習障礙學生間有明顯差異。Marston、Tindal 和 Deno（1983）證明了課程本位評量的程序可以預測學障的分類，也可作為傳統「潛能—成就」差距考驗。

　　成長敏感度的研究中也證實了有效的閱讀測量可以預測學生技巧進步情形。一系列朗讀流暢性的橫斷研究（其抽樣橫跨國小一到六年級學生 550 人），研究顯示出學生的閱讀技巧確實有進步（Deno, Marston, Mirkin et al., 1982）。Marston、Fuchs 和 Deno（1986）採用標準化的閱讀測驗及課程本位評量程序，採十週及十六週的時間間隔來檢視學生短期閱讀進步的情形，雖然兩者的理論都能鑑別出學生的進步，但課程本位評量程序效果較優，其原因如下：⑴課程本位評量能顯示出學生閱讀能力的進步幅度較大；⑵教師較能知覺到個別學生的進步和課程有密切關聯。

二 閱讀的信度

　　考驗課程本位評量程序的信度依作者、信度類別及研究結果摘要如表 6-1。

　　課程本位評量採用三種方法以建立信度，而其結果有重大發現：⑴再測信度（test-retest reliability）的估計以間隔一到十週的間距進行重測，其信度係數由.82 到.97，其中多數的估計值皆達.90 以上；⑵複本信度估計的方法，信度係數由.84 到.96，其相關多半在.90 以上；⑶評分者信度係數（interrater agreement coeficients）的檢驗結果也相當顯著，達.99。綜觀閱讀測量研究發現：可以提供令人信服的證據說明課程本位評量的信度是相當穩定一致的。

表 6-1　CBM 閱讀測量之信度研究摘要

研究	受試	信度類型	結果（平均數）
Marston, 1982 （三年級字彙表） （年級水準表）	83 位三到六年級書寫表達成績在最後 15%的學生	再測信度（10 週） 十種複本，每週施測一次 再測信度（10 週） 十種複本，每週施測一次	.90 .90 .85~.96 .82 .91 .84~.94
Shinn, 1981 （年級水準表）	71 個五年級學障及低成就學生	再測信度（5 週） 四種複本，每週施測一次	.90 .91 .89~.94
Tindal, Germann et al., 1983（段落）	30 個五年級普通教育學生	再測信度（2 週）	.97
Tindal, Germann et al., 1983（段落）	110 個四年級普通教育學生	同時實施的複本信度	.94
Tindal, Germann et al., 1983（段落）	一到六年級學生隨機選取 566 個	再測信度（10 週） 間隔實施的複本信度（1週） 組間一致性	.92 .89 .99

資料來源：Marston, D. B. (1989). A curriculum-based measurement approach to assessing academic performance: What it is and why do it. In M. R. Shinn (Ed.), *Curriculum-based measurement assessing special children* (pp. 18-78). New York: The Guilford Press.

第二節　課程本位評量在拼字的信度與效度研究

一　拼字的效度

　　在初期三個拼字效度的研究中，Deno、Mirkin、Lowry 和 Kuehnie（1980）曾分析：⑴拼字正確率；⑵拼字的錯誤率；⑶書寫的正確順序；

(4)不正確書寫的順序，會關係到其他拼字測驗的效標。例如：史丹福成就測驗（SAT）的拼字分測驗（Madden, Gardner, Rudman, Karlsen, & Merwin, 1978）、書寫拼字測驗（Larsen & Hammill, 1976）的測試和 PIAT 的拼字分測驗（Dunn & Markwardt, 1970）。在 White 和 Haring（1980）的策畫下，正確和錯誤的文字順序比率是一個計分的程序，這一個設計更能敏銳地反映出拼字評量技術的變化。

　　在第一項研究中，使用三個難度不同的字彙表及書寫拼字測驗。在第二項研究中，使用四個不同的字彙表，並以 PIAT 的拼字分測驗（Dunn & Markwardt, 1970）為效標測驗。在第三項研究中，再次使用四個不同的字彙表，而效標測驗是史丹福成就測驗的拼字分測驗。每隔十秒鐘就讓學生進行文字聽寫，並且持續操作三分鐘。根據 Deno、Mirkin 及 Lowry 等人（1980）的研究發現：能正確地拼出字母和正確文字順序的比率可以有效評量出拼字技術。效標關聯測驗在這一項研究中達到.80 到.99。除此之外，在一、二和三分鐘長度的時間樣本上，效度也呈現相同的結果。

　　不管拼字樣本是否從文字正確率或是正確拼字順序來計分，經研究後，其結果和效標測驗的關聯程度大概為.80。各種針對課程本位評量拼字測驗的相關測驗，其構念效度也都被證實過了，其效度達到.81 到.95 間。

　　拼字測量的區辨效度，是 Shinn 和 Marston（1985）以及 Shinn、Ysseldyke、Deno 和 Tindal（1986）所做的兩項研究中建立的。Shinn 和 Marston 由 209 個四、五、六年級輕度障礙學生（只接受普通教育方案的學生）來評估課程本位評量拼字測驗程度上的差異。研究結果指出課程本位評量拼字測量確實運用了正確書寫的字數或正確字母序的量來區分三個團體的差異；不論是否採標準化的分析，輕度障礙學生的得分顯著低於那些只接受普通教育方案的文化不利學生。Shinn、Ysseldyke 等人的研究以三十四個學習障礙學生為對照組，加上三十七個學習低成就學生進行五週的拼字，依然得到相同的結論。

　　由 Deno、Marston 和 Mirkin 等人（1982）及 Marston、Lowry、Deno 和 Mirkin（1981）兩份研究中呈現出更多關於構念效度的證據。從中可知課程本位評量拼字測量可以看出學生在一學年中進步的表現，並接受更多拼

寫方面的教學。在兩份研究中，接受普通教育的國小學生在一學年後，於課程本位評量拼字方面表現出顯著的進步。

二 拼字的信度

拼字方面，在一連串信度的研究中，正確地拼出單字及字母的先後順序的總數發現：在正確拼出單字部分的重測信度係數上是偏高的（.85 至 .94）。當正確拼出字母先後順序的總數時，類似的信度係數結果是公認的（.83 至.93），當信度是使用類似形式的範例作檢驗時，這些係數的強度非常相同。 在正確拼出單字部分，信度估計的範圍從.72 到.96；而在正確的字母順序部分，估計範圍從.73 到.97。在平均的內在分數信度係數方面，在單字和正確的字母順序分別為.99 和.91。

第三節 課程本位評量在寫作的信度與效度研究

一 書寫表達的效度

寫作課程本位評量最初的研究，是由三個連續一致性效度的研究所組成。這些研究探索以下部分的效度問題：(1)寫下單字的數量；(2)正確拼出單字的總數；(3)正確字母順序的總數；(4)謹慎選擇單字的總數；(5)長字串的書寫數量；(6)單元長度的平均數當成潛在評量。這六種測量和接下來的標準化測量是相互關聯的：(1)書寫語言測驗；(2)句型發展得分系統；(3)SAT 的語言潛在測驗。隨後的研究複製了這些程序，藉著探究六個相同的成果及上述列舉的標準化測量之間的相關性。

這兩種研究結果指出：所有寫下的單字、正確拼出單字、正確的字母順序、慎重的選擇單字和標準化測量之間具有高度的相關。因此，Mirkin 和 Marston 所做的研究證明：作文可以使用故事的開端、圖片引導或者文章段落主題句等方式被寫下來，也證明一段寫作的範例可以在二到五分鐘內排列出相同的結果。

　　寫作總字數和標準測量之間的相關範圍是從.41 到.84。除了已出版的成就評量之外，Videen、Deno 和 Marston（1982）也使用老師對於寫作技巧的全部評分當作是效標評量。他們的研究指出：當比較這個標準時，寫作總字數是有效的寫作課程本位評量（相關性為.85）。有兩個研究顯示較低的效度係數（即低於.50）；其中一個研究（Marston, 1982）的對象是寫作的表現低於 15%的低成就學生，由於得分範圍的限制，較低的相關性係數是在預料之中的。而正確拼字與標準測量之間的相關係數範圍是從.45 到.92，且大部分的係數都在.70 以上。正確字串的相關係數範圍是狹小的，從.57 到.86，然而，較少研究使用這種評量方式。

　　其他的研究調查使用寫作課程本位評量，以區別同樣群體學生的學業表現。Marston、Mirkin 和 Deno（1984）使用每週測量寫作的篩選和轉介程序（寫作樣本的得分是根據寫下的單字總數而來），和傳統的教師評量程序比較。這個研究證明使用重複的課程本位評量，導致在轉介比例上，接近特教學生的相同人數。課程本位評量的轉介似乎也否定一些偏見因素的影響，例如性別以及社交行為。

　　Shinn 和 Marston（1985）進一步確立輕度障礙學生的學業表現，和接受普通教育服務及那些文化不利學生之間的差異性，能決定使用課程本位評量的程序。比較這三組學生，顯示四到六年級的輕度障礙學生，和在普通教育或接受特教服務的那些文化不利學生之間，在寫作方面有顯著的表現差異。五年級和六年級的普通教育學生，和接受特教服務的文化不利學生之間則沒有顯著的差異。

　　根據 Marston 等人和 Deno、Marston 及 Mirkin 等人（1982）以縱貫研究來探討學生寫作的增長情形。在這兩個研究裡，一到六年級的國小學生在學校的學年課程期間書寫的總字數、書寫正確的總字數和正確字串的數量上有顯著的增加。檢視十週和十六週短期的進展，顯示在書寫的總字數上有顯著的增加（Marston et al., 1986）。

二 寫作信度

　　呈現寫作課程本位評量的信度研究結果，應包括總字數、正確拼字、正確字母順序。對於寫作課程本位評量上的信度估計，採用重測（test-re-test）、複本（parallel forms）及評分者一致性（inter-rater agreement）三種方法。使用重測信度的估計值如下：總字數之重測信度為.42 至.91，正確拼字為.46 至.81，正確字母順序為.51 至.92。總書寫字數之複本信度係數，介於.42 至.95 之間，且大部分的係數大於.70。正確拼字的信度相關係數（correlation coefficients）介於.41 至.95，正確字母順序的信度相關係數介於.49 至.96。三項測驗的評分者間一致性皆高於平均值.98。

　　一般而言，實施寫作課程本位評量的信度估計值低於其他學業領域。為了增進評量的信度，Fuchs、Deno 和 Marston（1983）探討在使用正確拼字數課程本位評量信度的聚斂效應效果。根據間隔一週實施複本信度的結果，從兩個樣本信度係數為.55 增加至十個樣本時係數值是.89。這個研究證明了匯集更多樣本及形式，能大幅增進測驗的信度。

第四節 課程本位評量在數學的信度與效度研究

一 數學的效度

　　關於數學技能適切性方面的研究，繼明尼蘇達大學學習障礙研究協會（IRLD）研究之後，美國明尼蘇達州松郡特殊教育合作組織（Pine County Special Education Cooperative）的研究人員（Tindal, Germann, & Deno, 1983）及明尼阿波里斯市公立中小學（Minneapolis Public Schools）的研究者（Skiba, Magnusson, Marston, & Erickson, 1986）所提供的資料仍有限。Skiba 等人的研究中，以加、減、乘、除等數學問題來測試國小學生，並針對特定年級水準（研究中為三年級水準）的課程表現進行檢視。得分則根據正確寫下的數字多寡而定（White & Haring, 1980）。

　　相較於閱讀、拼字和書寫表達的效度研究，數學的效度研究與MAT和「學區基礎數學概念標準參照測驗」這兩種效標參照的評量相關性較低。一般而言，效度係數的強度會隨著受試者的年齡而增加。少數的相關係數會超過.60。相關係數的中數，在MAT問題解決部分為.425，MAT數學運算部分則為.54。Skiba 等人（1986）提出兩種假設解釋為何這些數值會比預期結果低。第一，由於很多數學測驗的內容效度不高，所以，把出版的數學測驗視為效標參照評量工具，此一做法的適切性讓人憂心；第二，Skiba等人證明當預測方程式中包含每個學生的閱讀技巧時，所得之係數會顯著提高。因此，研究者推測效標參照的數學測驗所測得的不只是數學計算技巧而已，不過此一論題需要更多致力於此的研究進一步說明。

　　關於數學課程本位評量的建構效度，在 Shinn 和 Marston（1985）的研究早有論述。基本乘除運算的測試，把一般生、文化不利學生以及接受輕度障礙教育方案的學生做出區別。此外，混合年級水準進行測試時，這三個群體的五、六年級學生間是有區分的；而輕度障礙學生和一般四年級學生也可區辨出不同。

二　數學的信度

　　數學課程本位評量信度的研究由Tindal等人（Tindal, Germann, Marston & Deno, 1983; Tindal, Marston & Deno, 1983）合作完成，結果呈現在表6-2。

　　當檢驗再測信度和複本信度估計時，證明單一實施 CBM 數學調查是具有信度的，評分者信度是高的。然而，假如多樣的數學調查群體顯著提高評量的信度時，研究必須做決定。

表 6-2　數學課程本位評量信度的研究

研究者	受試者	信度類型	四則運算	加法	減法	乘法	除法
Fuchs, Fuchs, & Hamlett, 1988a	三到九年級，46 位學習障礙，2 位輕度智障，14 位嚴重情緒障礙	內部一致性（α係數），評分者內部一致性（博多稿內部一致性 30%）	.93 .98	- -	- 	- -	- -
Tindal, Germann, & Deno, 1983	五年級普通班學生 30 位	再測信度（1 週）	.93	.87	.89	.79	.78
Tindal, Germann, & Deno, 1983	四年級普通班學生 30 位	兩種同時施測複本信度	-	.72	.70	.61	.48
Tindal, Marston, et al., 1983	四年級與五年級普通班學生共 76 位	評分者內部一致性	.93	.98	.99	.90	.95

資料來源：Marston, D. B. (1989). A curriculum-based measurement approach to assessing academic performance: What it is and why do it. In M. R. Shinn (Ed), *Curriculum-based measurement: Asessing special children* (p. 54). New York: The Guilford Press.

第七章

課程本位評量的鑑定功能

陳政見、陳玫瑜、魏淑玲

　　美國學習障礙學生的鑑定，學校心理學家扮演主要的角色（Shinn, 1989b）。但在國內，學習障礙學生的鑑定，是跨專業領域的，包含測驗專家、特教專家及行政人員等，而無學校心理學家的設置。本章首先陳述有關於學習障礙學生的篩選和資格鑑定的理論基礎。其次，陳述課程本位評量之資料蒐集及常模對照組的發展問題，並對普通教育的效能研究、建立篩選和資格鑑定程序加以討論。

　　特殊教育學生的篩選和法定資格，可用課程本位評量來決定；課程本位評量的篩選與法定資格決策實施過程，是另類評量策略的一部分（Lentz & Shapiro, 1986），其中，對通報有問題學生的教學環境做評估，進行系統化觀察與訪談，目的是為了確認整體環境的變因，這些變因包括設計或應用不良的教材、不良的教學策略或是不佳的學習行為契約管理。而課程本位評量程序有以下兩個優點：第一，因為教育人員最瞭解自己的學生與課程的內涵，而測驗內容與常模的關聯性極大，所以重要的特殊教育決定是由教育人員來做；第二，有關特殊教育服務安置的決策，和如何定義特殊學生表現情形的社會政策有關。在美國，一位正在接受特殊教育計畫服務

的學生，很可能是使用課程本位評量來鑑定及安置。而且，這個過程是比較節省時間與成本的，並且較不會被「排拒」，而產生學生是否符合資格的問題；這和 Shephard（1983）所提到目前特殊教育法定資格決策程序是一樣的。

課程本位評量也有潛在的危機。因為課程本位評量的篩選與法定程序，常決定於有效教學計畫的發展與評量的文件資料，特殊教育需求學生學業表現及將執行成果做成紀錄。為了盡快評估及標記特殊學生，常忽略執行教學計畫的品質，也很少考慮到教學能否達到個別差異（Haynes & Jenkins, 1986）或獲得的實質利益（Shinn, 1986）。

本章將討論以下相關的問題，包括：⑴課程本位評量鑑定資料的建立：個案法定資格的陳述、課程本位評量替代程序、釐清身心障礙的概念；⑵課程本位評量常模的發展：建立班級水準常模、建立學校或學區水準的常模、課程本位評量常模的範例。

第一節　課程本位評量鑑定資料的建立

一　個案法定資格的陳述

普通班教師依一般標準轉介疑似障礙的學生，在美國每年估計有 5% 以上的學齡人口，可能轉介為障礙學生（Heller, Holtzman, & Messick, 1982），這些被轉介的學生，大部分會被評估，決定他們是否有接受特殊教育服務的法定資格（Algozzine, Christenson, & Ysseldyke, 1982）。從法定資格評估程序的結果中，由多專業團隊開會討論，最後約有 73%的學生鑑定為身心障礙者（Ysseldyke & Thurlow, 1984）。但法定資格的轉介過程，卻廣受批評（Gerber & Semmel, 1984; Will, 1986; Ysseldyke & Thurlow, 1984）。

二 課程本位評量替代程序

有關課程本位評量材料的使用，是傳統法定資格認定程序可行的一種選擇（National Advocacy Task Force/National Association of School Psychologists, 1985; Reynolds, 1984; Reynolds & Lakin, 1987; School Psychology Inservice Training Network, 1985; Will, 1986）。如 Sandoval（1987）所描述：「課程本位評量中的學科內技巧模式（skills-within-subjects model）需要在重要的學科領域找出優點和缺點」。

課程本位評量在特性上變化多端，如果課程本位評量是用來協助特殊教育法定資格的判定，評量一定要有：「標準化的實施程序」、「信度和效度」。除了符合這些標準之外，課程本位評量法定資格的認定程序，有另外兩個重要的特性：(1)決策的產生是依據課程或標準參照（Deno, 1985, 1986）；(2)在最少限制的環境中實施。因此，當進行篩選或法定資格決定時，所鑑定的學生需要對照當地課程的常模作為其學業表現的依據。

在美國有相當多的學校使用地區常模（local norms）作為教師決策的標準（Elliott & Bretzing, 1980; Kamphaus & Lozano, 1984）。地區常模在理論上更能代表孩子在既有環境的表現。若無其他常模，學童其地區參照常模充其量只是全國常模的一小部分（Kamphaus & Lozano, 1984）。

藉由課程本位評量，學生使用所學的課程作為評量材料，與相似背景和學習經驗的學生做比較；而不論是取決於篩選或法定資格，作為特殊教育的決定，對於每位特殊學生而言，一般的常模標準仍存著歧異。

三 釐清身心障礙的概念

我們必須瞭解，課程本位資格系統下的評量乃基於一個基本假定：即學生的「障礙」（disabilities）並非問題（problem）所在。而是，學生的預期表現與實際情況出現差異時，問題於焉而生。Germann（1985）也說：「問題或殘障指的是學童成就與對學童的預期二者之間出現差異。」基於前述問題的界定，課程本位評量對於障礙者的概念，是屬於情境中心導向

表 7-1　傳統模式與 CBM 模式資格決定比較表

模式	期望	差異性	參照
傳統模式	能力預期值	能力與成就之間的內在個別差異	學生的成就
CBM 概念模式	主流預期值	普通學生與個別學生的差異	學生的表現
CBM 操作模式	同儕成就值	同儕和參照學生的成就差異	學生的課程成就

資料來源：Shinn, M. R. (1989b). Identifying and defining academic problems: CBM screening and eligibility procedures. In M. R. shinn (Ed.), *Curriculum-based measurement: Assessing special children* (p. 93). New York: The Guilford Press.

而非個人中心導向的。

　　因此，資格決定的重點在於評量，而評量是設計用來測量學生在普通教育所學與希望學生達成的目標，兩者之間有實際教育上的差異（Tindal, Wesson, Deno, Germann, & Mirkin, 1985）。Shinn（1989b）將傳統觀點和課程本位的觀點作比較（見表 7-1）。

　　表 7-1 顯示使用智力測驗與成就測驗來區分學生內在能力與實際成就之間差異的存在。這個模式說明學習障礙的概念。許多測驗技術問題與內在的個別差異取向有關（Senf, 1981）。這些包括差異分數的信度、回歸平均數（regression）與特殊能力－成就測驗差異的高基本比例問題（problem of high base rates of significant ability-achievement test discrepancies）（Ysseldyke, Algozzine, & Epps, 1983）和學生的問題。以課程本位評量概念模式為例，可顯示學生預期與實際問題二者之間的差異，而課程本位評量操作模式則可將學生目前課程的精熟程度與同儕之表現作比較。

　　法定資格的認定是基於學生與同儕之間實際成就的差異。一般而言，當二者間的差異嚴重到無法由普通教育環境提供學生學業的需求，並且無法解釋這差異時（即依循美國 94-142 公法之規定），則必須對資格認定進行商議與討論。

第二節 課程本位評量常模的發展

一 概述

如先前所述，在普通教育環境下，必須發展地區常模以建立課程本位評量之篩選與法定資格程序。由於蒐集課程本位評量資料的時間較短且成本較低，所以有利於發展出地方常模。依課程本位評量的實施程序，地方常模可分為三個層級：班級常模、學校常模，與學區常模。但一些特殊的地區，如鄉下，有些特殊教育服務學區的常模可能要做調整，包括使用哪種材料以及如何選擇和蒐集樣本。

發展地方常模有兩項蒐集資料的工作。首先是建立「測量網絡」（measurement net），當每個年級施測時，必須能夠確認年級水準（grade-level）與所發展的課程材料是否符合；第二，抽樣計畫需根據所要的常模群體之複雜性（complexity）予以建立。在這些工作完成之後，必須訓練要蒐集資料的人，並且將這些資料蒐集起來計分並做摘述。

以下將對創造測量網絡作詳細說明。

建立測量網絡首要任務，就是創造一個適合年級水準的教材（stimulus materials），而且必須熟悉學區課程內國語和數學的教材內容。以一年級和六年級的教材為例，包含測量施測時間的長度，並且發展類似的測量網絡。例如：在一年級的測量網絡樣本中，國語的學科領域（academic area），在閱讀部分，以國語第二冊前十課字彙表（word）為標準題材，實施時間分成三段，每段讀一分鐘，每個列表讀一分鐘；在拼字部分，以一年級單字的拼字系列為課程教材，實施時間聽寫一個生字為七秒鐘，合計二分鐘。數學的學科領域，以國小第二冊數學算數（混合個位數計算問題）為課程教材，實施時間則為二分鐘。在六年級的測量網絡樣本中，國語科的學科領域，以國語第十二冊的生字表為課程教材，實施時間為每段讀一分鐘，共三段，每個列表讀一分鐘；聽寫部分，以六年級單字形式聽寫序列為課程教材，實施時間聽寫每個生字為七秒鐘，合計二分鐘。數學

的學科領域，以國小第十二冊數學課本為課程教材，包括：(1)基礎乘法，實施時間為二分鐘；(2)基礎除法，實施時間為二分鐘；(3)年級水準數學計算（混合一位數到五位數計算問題，包括十進位和分數小數），實施時間為二分鐘。作文的學科領域，以寫一個有故事開端或主題句子的故事為課程教材，實施時間為三分鐘。

在國語科中，每個年級水準的教材表徵（material representative）必須符合大部分學年學生的平均水準。雖然教材多數取自於教師，但仍需檢驗其範圍與水準程度，並和學區閱讀專家共同商討。一年級教材是取自國語第二冊，針對一年級學生編製的一份具年級水準的典型讀物。設計這些年級水準程度的讀物應每年漸進式地加深，並且需要注意一些原則，包含：以多數學生為考量，決定「最典型」的教材，並避免地板效應（floor）及天花板效應（ceiling effects）。意即，教材的選擇必須對多數學生而言不會太簡易、讓學生太容易達成，或是教材太困難以至於僅有少數學生能達成。

一旦決定每個年級的基本水準後，將會使用亂數表隨機選擇每個段落至少 250 個字彙。從內容的表次中，以第一個亂數來決定從第幾個故事開始使用，透過第二個亂數來決定第二個故事，以此類推。若亂數的數字超過故事內容表次的項目，應從頭算起。

此外，不管哪一種年級水準，獨立年級水準常使用的單字或段落，都要相同；一般來說，都可隨機從字表中選擇單字。若以嘉義縣所發展的「國小學生字形辨認能力測驗」為例，其試題的編排係以教育部編製的國小學童常用字詞調查報告書的字頻總表，配合南一書局課本生字進行交叉分析，依字頻使用的頻率多寡、生字筆畫數和字音三個向度進行排序，隨機抽取各年段的生字間距（每個年級生字皆設定四個間距），最後組合成測驗預試題本（陳政見、劉英森、劉冠妏，2006）；這些常見字都是從普通基礎讀物系列挑選而來的（Harris & Jacobson, 1972）。例如：教師也可以從國小三年級常模的讀物中，挑選一般的段落來使用。這些獨立字彙表及段落提供一個交叉效度檢核（cross-validator）樣本選擇的程序，並且可以用來評估跨年級與一整年樣本發展趨勢的常模。即使沒有行政區，或學校層級並沒有共同課程的情況下，仍能使決策容易執行。學生的表現可與特殊課

程常模和一般課程常模相對比。因此，他們也可以用來評估閱讀課程改變的成效。

為了發展拼字測驗所使用的常模，從年級水準拼字系列中隨機選取單字。將一個年級的所有字彙輸入到電腦裡，接著製作三列二十到二十五個字彙的測驗單。組成單字題庫（the pool of words），可以採用設計能隨機選取、發展課程本位評量教材的電腦文件歸檔方案（Fuchs, Hamlett, & Fuchs, 1987; Germann, 1986a）。如果沒有電腦設備，可將年級水準的單字隨機寫在卡片上。

如果學區中沒有共同的拼字課程，則可以用相同閱讀水準的單字來代替常使用的閱讀評量，並從讀物內的索引或字彙中選取單字。再者，也有某些地區評估所有年級學生在一般字彙表的表現，以進行抽樣計畫，並藉此顯示發展的趨勢，另外也可以用在多元的拼字課程上。

為了發展課程本位評量數學測驗，常使用多元的評量策略。每個年級使用兩種不同基礎技巧和一個「混合的」數學評量去評估學生。以一年級為例，隨機選取個位數的問題包括加法和減法。「混合的」計算問題以學區的數學系列年級水準為基礎。一年級有關計算能力的目標，最高可到二位數的加法和減法，但沒有加減混合運算的情況。因此，可以設計一個一位數和二位數加減法的題目。再以六年級的應用題為例，兩種包括乘法和除法基本能力的題目，混合題包括從 1 倍、2 倍到 3 倍的乘法和除法問題，並且包括分數和小數的計算問題。再者，可從先前各年級所累積的計算能力，擴增到更深入的問題，如乘法、除法及加減混合四則運算的題型，以提供更多樣的數學評量方式。

這些教材的編製最好是詳細說明問題類型，包括電腦方案中「數學學習單」的測量作業（measurement task）（Fuchs, Hamlett et al., 1987; Germann, 1986b），或整合單一數學技能的學習單或應用題。另外，必須注意到，提供更多的題目以避免程度較好的學生可能在二分鐘內完成問題，防止天花板效應的出現。因此，一般應用題包括在紙的兩邊上有十排和十列的題目；混合計算題包括每列五到十個問題或每邊有五排的問題。

書寫表達評量是最容易發展的。例如，故事可以從「假裝你正在運動

場遊戲，突然有一艘太空船登陸……」開始。在剛開始評量時，故事的開端以「是，不是」的方式回答（例如：你喜歡去年的老師嗎？）；若是以條列式寫下答案（例如：寫下當你贏得 100 元時你會做什麼？）的類型，則不予以考慮。在每個年級中使用相同的故事開端，但方法可以是多樣的。

為一年級學生決定預期的表現是一項挑戰。尤其是在學年初期階段，多數學生尚未得到充分的教學，因此，學生的表現可能不符合課程本位評量的目標。有些學校行政區已經針對課程本位評量先備能力的發展進行調查。譬如，以完成兩種工具運用的評量來評估學生紙筆技能的流暢性（Marston & Magnusson, 1988）為例，其方法是要學生在一系列模型的小盒子裡面抄寫字母和數字。此外，一年級學生還需要做到其他工作，例如「字母辨識」：能連續說出字母表的二十六個字母；「數數」：能說出 1 到 31 的數字；能從初級課程（preprimer）和 Dolch 常用單字表朗讀單字（Marston & Magnusson, 1988）。

二 建立班級水準常模

實施課程本位評量起初並無常模可參照，事實上，常模發展需考慮到評量教材的領域測驗，以及測驗施測和評分的練習。因為蒐集資料有時效性，就算沒有相關人員的協助，仍可以在七十五分鐘內獲得每年級具有代表性的班級常模資料。班級常模是依據班級少數學生（五到十人）的測驗，因此能用來估計普通學生在班級裡的成就水準。雖然成就水準是重要的，但只能粗略估計班級表現的變化。因此一開始轉介學生的過程時，建議使用班級常模以及優先協助學生的需求。

雖然有限的班級常模發展是低成本、簡單的，但是對於需要更多人員和資源的常模計畫也是另一種替代方式。就如前面所述，普遍的班級常模模式需要建立一個測量網絡，來反映出常模班級裡典型學生的課程材料。班級老師使用簡短的介入，決定誰需要施測和需要測驗多少人，使得建立有限班級常模的整個過程變得容易。

㈠抽樣計畫的類型

　　沒有任何一種「最好」的方法可以用來代表整個班級的表現。但目前至少有三種方法可供使用：(1)從教室獲得大量的子樣本；(2)從閱讀能力中等的組別獲得子樣本；(3)蒐集教室內各領域的子樣本（依各個領域如閱讀、拼字、書寫表達、數學和先備技能等方面來蒐集）。在獲得教室子樣本方面，可供研究適當的樣本大小，建議在四十至四十五個學生，而子樣本只要隨機選取五個學生就夠了，若子樣本能達到十個學生就更佳（Tindal, Germann, & Deno, 1983）。

　　Tindal、Germann 和 Deno（1983）的研究比較五組子樣本中位數的分數，並從兩個班級（45 和 43 位學生）中分別選出 10 和 15 位學生，藉由決定每組最高和最低中位數之間的差距和比較整體班級的子樣本來檢驗子樣本的適合度。結果顯示，當子樣本從 5 位學生擴大到 10 位時，最高和最低中位數之間的差距大幅減少；當子樣本大小從 10 位學生增加到 15 位時，並沒有出現一致的減少狀況；當把子樣本中位數之間的差異比作整體教室價值標準，10 位學生的子樣本對照 5 位學生的子樣本時，發現子樣本的穩定性增加。此外，當子樣本從 10 增加至 15 位學生時，穩定性增加幅度不大。Tindal 等人推論：「一般而言……研究報告顯示在多項學習領域中，抽樣樣本少於 15 位學生並不會喪失中位數的準確性。」

　　在圖 7-1 中，呈現兩個六年級班級全體（n = 45）在閱讀六年級代表性教材的表現。圖表顯示學生每次的閱讀得分，每位學生閱讀三篇隨機選擇的文章，並且記錄中位數的數值，計分的範圍從學生每分鐘正確閱讀 25 個字到學生每分鐘正確閱讀 230 個字。大多數學生的分數介於每分鐘 90 到 150 個字之間，正確閱讀團體中位數是 129 個字，平均數是 134.1，而標準差是 44.2。

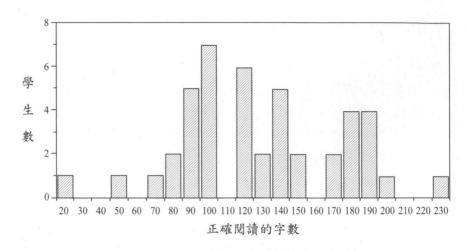

圖 7-1　45 位六年級學生閱讀得分的範圍

資料來源：Shinn, M. R. (1989b). Identifying and defining academic problems: CBM screening and eligibility procedures. In M. R. Shinn (Ed.), *Curriculum-based measurement: Assessing special children* (p. 101). New York: The Guilford Press.

　　為了確定差異甚大的若干學生能夠代表整體的表現，於是選擇了兩個數量不同的學生樣本（非替換）。測驗結果是由群體（N ＝ 45，一人遺失）中，抽出五組 n ＝ 7 和五組 n ＝ 9 的學生樣本所得之中位數值而來。

　　抽樣所得的中位數、平均數和標準差如表 7-2 所列。抽出 9 位學生（團體人數的 20%）時，中位數的範圍從最低 126 到最高 143。五個中位數的數值中，128 最接近群體的中位數（Md ＝ 129）。選出 7 位學生時，中位數的範圍從最低 106 至最高 178，五個中位數的數值中，123 最接近群體的中位數（當人數減少時，低估或高估群體中位數的可能性會增加）。

　　此一結果顯示：可藉由 10 位學生精確估計出 45 位學生的表現。學生的挑選是以系統抽樣的方式進行：將學生依姓名字母順序排列出名單後，每第三位學生為參與者，抽取至獲得所需的學生數為止。

表 7-2　從 45 名學生中選取 7 人和 9 人之平均數、中位數和標準差比較

學生樣本	統計	樣本一	樣本二	樣本三	樣本四	樣本五
9	平均數	132.7	142.0	126.9	138.9	146.1
	中位數	129.0	128.0	128.0	143.0	143.0
	標準差	38.6	49.5	31.0	40.1	42.1
7	平均數	140.4	131.4	116.9	127.1	152.3
	中位數	129.0	123.0	106.0	106.0	178.0
	標準差	40.9	42.5	26.2	37.6	45.3

資料來源：Shinn, M. R. (1989b). Identifying and defining academic problems: CBM screening and eligibility procedures. In M. R. Shinn (Ed.), *Curriculum-based measurement: Assessing special children* (p. 102). New York: The Guilford Press.

　　策略二，第二個發展班級常模的策略則需由小範圍的成績表現進行抽樣。藉此方法，我們可以從群體中選出少數的學生（假設此一學生群體之成就較為同質）。在許多實例中，學生是從國語成績中等的群體或是從教師認為具有代表性的學生名單中隨機選出。此一抽樣方式是假設只需評估少數的學生即可取得班級中數指數。然而，班級成績的變異性資料卻無法獲得。

　　例如從語文成績中等的 10 位學生中隨機選出 5 位，在剩下的評量中，學生在閱讀及小團體部分接受個別的測驗，5 位學生的中位數成績作為提供班級中位數表現的估計。例如；班級閱讀中位數估計為每分鐘可以正確讀出 127 個字。

　　策略三，發展班級常模需要在班級子樣本實施個別閱讀測驗，以及在全班實施數學、作文、拼音和閱讀技巧的團體測驗。之所以利用團體測驗，是因為沒有多餘的時間去評量 10 位學生，更何況是 30 位。

　　此一策略的好處在於能精確地將所有學生在閱讀之外可能的領域分出等級。然而，需要相當多的時間在整個班級的評分上，若能透過普通班教師的支持，這個不利條件是可以獲得補償的，因為，他們也想要獲得班上所有學生更多的資訊。個別的閱讀評量甚為耗時，以受過訓練的評量者為例，三到四個段落評量需要五到七分鐘；然此測驗價值在於「測驗最少的

學生而獲得最詳細的資訊」。

(二)建立常模的時間點

在學區使用課程本位評量，發展常模需每三個月進行一次（例如：每年三次）以顯示出班級進步的情形。在較大的常模裡，常模的時間點是標準化的。因為較小的班級常模較不正式化，資料不能提供其他班級或學校使用；但資料可以非常彈性的方法來蒐集，例如：學校可以調整活動時間（justified the activities）來取得班級常模。因此，只有做出特殊教育決定時（例如：篩選、年度檢視）才會依程序產生班級常模。

(三)蒐集和組織資料

團體測驗材料需先做周全準備，並且加以整理訂在一起成為迷你測驗的小冊子。測驗小冊子的編排是為避免浪費時間在分發和蒐集測驗材料。大多數的小冊子包含三種數學測驗題材、填字答案紙和用來計算的紙張。當評量先備技能時，必須將測驗題材加入題組（packet）。在堅持標準化的時間和有效的團體控制策略下，團體施測工作大約花二十分鐘就完成了。班級小團體的子樣本，則在教室一角或在學校圖書館施測；當整個班級測驗時，讓學生維持在原來的班級中施測是最容易的。建議由受過訓練的心理測驗人員來進行資料的蒐集，因為他們較能注意到標準化和正確的測驗管理實務（參見接下來的學區常模蒐集段落）。

個別蒐集閱讀資料可以使用多種方法。通常，團體測驗後接著個別化的測驗，個別化測驗在教室中特定的閱讀場所或安靜的走廊進行。與數學、拼音和作文表達測驗相比，這裡常模群體對每個測試只產生一個樣本，閱讀至少要從年級水準教材中唸對三個才能通過。所關心的總得分是學生通過的中數成績，因為這是小樣本最小估計標準誤（Hayes, 1973）。

除非測驗整個班級或一定比例的學生，否則只需中位數，而不需要其他的描述統計。再者，使用中位數最好是集中量數，因為它捨棄極端值並且通常不需任何計算公式。學生在每個測驗的成績依等級排序，並且記錄中間得分。假如有其他成績產生（例如：平均數和標準差），有足夠的假

設樣本，就能使用電腦試算表軟體程式，這些程式也可作為保留和更新班級常模，方便儲存的方法。

　　因為班級常模的一般限制（例如：對最初參考的篩選），通常資料以表格形式呈現，如表 7-3，篩選學生時，列在表格上的常模可作為記錄和摘錄表現的根據。

三　建立學校或學區水準的常模

　　學區透過各學校在教室層級蒐集來的資料，擴充課程本位評量決策的程序，以便發展成為學校或學區水準的常模。但完成大規模常模水準的任務，需要相當多資源來佐證。這些用來擴大課程本位評量的資料，使特殊教育決策更為合理。例如：當學區內校與校之間有證據顯示其變異性時，學校常模對於決定最少限制的環境（LRE）提供了最強而有力的依據，並且提供一個用來決定學生特殊教育法定資格的相對標準。同樣地，學校常模也可能用作提供最佳標準以建立 IEP 目標。學校常模的附加價值也可作為普通教育人員評估確認學生表現的優弱勢或教學成效的評量工具。除了以上用途之外，學區常模還能提供校際之間關於特殊教育決策的一致性標準。

㈠抽樣計畫的類型

　　在建立大規模的常模時，有三種基本的抽樣方法可以採用：

　　1. 獨立學校常模。

　　2. 聯合學校的學區常模、學校與學區的常模個別分開建立。

　　3. 學區單一常模；常模抽樣的方法是基於測量網絡的組成、當地的人口特質，以及獨立學校如何做決策交織而成。

　　以下分述三種抽樣方法的內容。

　　1. 獨立學校常模的抽樣，是當學校之間有具體明顯的課程，抑或人口有明顯差異時，或是學校行政人員堅持用當地的獨立常模做決策時採用。

表 7-3 四年級普通班學生正確讀字基本閱讀之百分
等級與得分（raw score, RS）一覽表

百分等級	RS	百分等級	RS	百分等級	RS	百分等級	RS	百分等級	RS
99	187	79	130	59	114	39	101	19	80
98	185	78	129	58	113	38	100	18	78
97	174	77	129	57	113	37	100	17	76
96	174	76	129	56	113	36	99	16	75
95	168	75	127	55	112	35	98	15	73
94	165	74	125	54	111	34	98	14	71
93	155	73	125	53	110	33	97	13	70
92	153	72	121	52	110	32	97	12	69
91	149	71	121	51	109	31	96	11	69
90	148	70	120	50	108	30	95	10	68
89	146	69	119	49	108	29	95	9	66
88	144	68	118	48	107	28	94	8	58
87	142	67	118	47	107	27	93	7	53
86	138	66	117	46	106	26	93	6	51
85	136	65	117	45	106	25	92	5	50
84	135	64	115	44	105	24	89	4	48
83	134	63	115	43	105	23	88	3	42
82	134	62	115	42	104	22	84	2	36
81	133	61	115	41	103	21	82	1	29
80	132	60	114	40	102	10	81	<1	28

資料來源：Shinn, M. R. (1989b). Identifying and defining academic problems: CBM screening and eligibility procedures. In M. R. Shinn (Ed.), *Curriculum-based measurement: Assessing special children* (p. 106). New York: The Guilford Press.

2.聯合學校常模或學區單一常模發展，要有共通課程，或是學校之間有明顯的共通點。課程本位評量是從不同的課程中取樣建立評量網絡，但犧牲內容效度。在抽樣學生人數而言，學校獨立與學校聚合的常模是相同的。標準的程序包含在各個學校的班級之間，在每個年級水準的15%到20%之中隨機抽樣，最少20位學生。在學校聚合常模到學區常模，每個等級之中最少抽取總數100人（Salvia & Ysseldyke, 1985）。由於常模是設計用來反映教室中普通班學生的成就期望值，故特教學生未含在樣本之中。

當學校人口的20%少於20人或是當每個年級的學生總人數少於500人時，依不同的年級建立常模資料（Tindal, Germann & Deno, 1983）。

例如：在三十五個小學的每個年級中隨機抽取20位學生。在三個常模的場合之中，總共有2,720位學生參與測驗。全部的常模樣本總計8,160位學生。學校與學區的常模資料是由這群學生所建立的（Marston & Magnusson, 1985, 1988）。

3.在學區單一常模抽樣，建議每個年級抽100到150位學生接受施測。這樣的抽樣計畫可以減低學校聚合策略的成本達66%至75%（Marston & Magnusson, 1988）。不管抽樣策略為何，最容易隨機取得樣本的方式是透過電腦。視發展的常模型態而定，學生是從特定的學校或學區名冊中挑選。當電腦無法取得時，有些學區可利用抽取名單以及亂數表。學區學生名單的姓氏的第一個英文字母是隨機分配的，在常模樣本中，每隔第四或第五個的名字依序抽樣。

抽樣後再依學區人口統計特性蒐集相關資訊（例如：性別和種族），以便交叉驗證；如果抽樣結果確實是有代表性的話，常模樣本的人口統計資料應該跟全體人口統計大體上是一致的。處理特殊團體常模樣本比較的問題時，可以額外抽取接受非特殊教育教學服務的一名學生於常模名單中。

(二)建立常模的時間點

建立教室常模的策略，更需要跨越年級與學校之間同步蒐集資料，特別是在不同的學校時，時間點更為關鍵。相差一個月的時間點，代表超過了10%的教學，因此，所蒐集的資料便無法比較；解決之道為建立三個常

模，區間分別代表學生的學年初、學年中與學年結束的成績。視學年開始與結束的時間而定，測驗通常是以 9-1-5 月或是 10-2-5 月的順序舉行；測驗間隔的時間盡量維持在和學校教學時數相同，以週為單位時間，透過內插法來建立（Marston & Magnusson, 1988）。

(三)訓練與資料蒐集

建立獨立學校與學校聚合常模的策略，常用下列人員來蒐集資料：

1. 不負責教學的學校人員。

2. 有薪的代理人員。

3. 有薪與無薪的助理人員。

4. 以上的組合。

最少花費的模式是包含 4 到 5 位無薪支援的常模團隊，他們通常是家長志工及學校心理學家。這些志工接受密集的訓練，並且通過信度檢驗，這是一種整合所有資料蒐集模式的程序。其他測驗程序，實施的手冊與記分的細節都很重要，高標準信度的標準化實施與記分的訓練是在半天的時間之內可以完成的。相關的標準化訓練活動包括：(1)在每個內容領域範例的記分；(2)計算評分者間的一致性；(3)關注不同測驗者記分結果的差異。訓練活動結束之後，讓所有人員在監督下進行實作練習。資料蒐集可以透過幾種方式來完成，這要視學校的課程安排、可用教室以及團隊的大小而定。專精於學生群體管理的人員可施測數學、拼音及作文之群體測驗，如之前所提到的，事先準備測驗題材的小冊子可使群體測驗能在二十分鐘內完成，測驗可以在教室或其他的隔離情境中進行。

蒐集團隊資料時，一個年級由一位專業評估人員進行團體測驗。同一年級宜在相似的教室，或者兩個年級同在一個大教室來進行測驗，而監督者除了監督資料蒐集過程，同時也要監督團體測驗的進行。

在常模穩定性能維持的情況下，有些學區減少閱讀樣本的數目以便縮短資料蒐集的時間，一個 6 人團隊同時測驗兩個年級時，兩個年級幾乎都在一個小時之內完成，當有五個 4 到 6 人的團隊時，一個學區可以在四天之內完成十五個小學一到五年級的常模建立及記分。

一如 Marston 及 Magnusson（1988）所報告的，建立學區常模所需資源較少，除非學區內學校數量過少，測驗只針對一群的學生施測；施測時是將從不同年級挑選而來的學生，集合在另一個房間，數學與作文的評量是以群組的方式加以管理，因為不管年級為何，皆採相同的指導原則；拼音與閱讀即以個別施測的方式處理。

在所有的資料蒐集策略中，數學與拼音上有關鍵字累進總分，可以讓記分更為容易；閱讀的記錄與記分建議在測驗管控的同時加以進行，發展及組成有特定記分專長的團隊（例如：只負責拼字記分）可以讓過程更為流暢。

㈣摘要數據

在任何時候，當蒐集資料過程超過非正式的班級水準時，經由立即編碼來輸入電腦，可以使資料組織更為容易。透過年級水準組織而成的樣本資料，可以輸入到微電腦資料庫，或者輸入到愈益精密的統計套裝軟體。每一測驗階段的分數係使用年級的平均數及標準差組織而成。

摘要常模資料時，可將每一年級所得分數列成圖表來顯示，包括長條圖、圓餅圖或折線圖等。

四　課程本位評量常模的範例

以下的例子是從兩個已經發展出給特殊教育決策使用的區域常模的學區當中，關於書寫表達與閱讀而引申出來的（見表 7-4）；學區 A 代表都會區，Ginn720 彩虹序列（Clymer & Bissetl, 1980）構成了基本的課程，資料是從建立常模期間三十五個學校的一到六年級之中的 2,720 位學生蒐集而來的。學區 B 代表了更為鄉村的區域，Harcourt，Brace，Jovanovich Bookmark Series（Early, Canfield, Karlin, & Schottman, 1979）構成了閱讀的課程，資料是從建模期間十五個小學的一到五年級之中將近 1,000 個學生蒐集而來的（Shinn, 1989b, p. 112）。

表 7-4　不同季節對兩個學區作文年級的成績平均數及標準差一覽表

年級	學區	秋季	冬季	春季
2	A	11.7（7.3）	16.7（10.0）	24.7（11.5）
	B	—	—	—
3	A	22.9（10.3）	27.8（11.9）	33.8（12.4）
	B	—	—	—
4	A	32.7（12.9）	36.4（12.4）	41.4（12.9）
	B	26.1（12.1）	36.9（12.2）	41.6（12.5）
5	A	40.3（14.5）	44.6（13.7）	46.4（13.6）
	B	36.8（11.7）	38.8（14.7）	41.5（12.5）
6	A	47.4（13.8）	47.5（14.3）	53.3（15.4）
	B	—	—	—

資料來源：Shinn, M. R. (1989b). Identifying and defining academic problems: CBM screening and eligibility procedures. In M. R. Shinn (Ed.), *Curriculum-based measurement: Assessing special children* (p. 112). New York: The Guilford Press.

　　作文的成績評量是對兩個學區以年級及測驗時間來表示，除了在課程與學生人口的差異之外，在全部寫出的字數當中有兩個明顯的趨勢。

　　首先，在學年當中，評量的平均分數隨著年級而增加；第二，在每個區域中，書寫的總字數隨著年級而增加；第三，不管年級、課程或是建立常模的時間為何，標準差是維持一致的。

　　相同的結果也從課程本位評量的閱讀、拼音與數學當中可以得到。以平均數及標準差來表示發展趨勢的脈絡或是檢視普通班學生的教學效果是很有幫助的。

　　代表典型分數分布的簡單方法已經被發展出來了，在表 7-5，學區 A 依年級及測驗時間來排的閱讀材料的分數，是以四分位數等級來表示。

　　例如：三年級學生在秋季，樣本的 25%在每分鐘的字數上獲得的是少

表 7-5　學區 A 依年級及測驗時間排的閱讀材料分數，以四分位數等級來標示

Grade		Fall	Winter	Spring
1	第一四分位數	0	8	35
	第二四分位數	2	19	69
	第三四分位數	9	52	94
2	第一四分位數	17	41	60
	第二四分位數	40	81	98
	第三四分位數	77	119	133
3	第一四分位數	52	67	86
	第二四分位數	79	101	119
	第三四分位數	110	132	141
4	第一四分位數	61	80	87
	第二四分位數	87	106	115
	第三四分位數	117	135	142
5	第一四分位數	73	86	98
	第二四分位數	102	115	124
	第三四分位數	130	144	153
6	第一四分位數	102	111	117
	第二四分位數	130	133	144
	第三四分位數	155	166	171

資料來源：Shinn, M. R. (1989b). Identifying and defining academic problems: CBM screening and eligibility procedures. In M. R. Shinn (Ed.), *Curriculum-based measurement: Assessing special children* (p. 113). New York: The Guilford Press.

於 52 個字的分數，半數樣本在每分鐘的字數上獲得的是高於 79 個字的分數，課程本位評量對整學年普通班成績的改變是很顯著的。

　　又如三年級中等成績的學生，從在秋季每分鐘正確閱讀 79 字進步到冬季與春季的每分鐘正確閱讀 101 與 119 字；同樣地，低於第一個四分位數（第 25 個百分位數）的學生在閱讀流暢度上，在建立常模期間，從每分鐘

52 字進步到 67 與 86 字。

第三節　課程本位評量鑑定的步驟

　　課程本位評量鑑定的步驟有單步驟鑑定模式和多步驟鑑定模式，茲敘述如下。

一　單步驟篩選模式

　　實施課程本位評量，但有應用傳統方法進行學生轉介，在專業團隊測試轉介本質及適當蒐集現有的資訊後，緊接著是舉行公聽會。課程本位評量第一種模式稱之為「單步驟程序」。它不需要系統性學業篩選程序，學生表現是和同年級水準表現相互比較。

　　單一步驟鑑定模式是由松林特殊教育協會所倡用（Germann, 1985; Germann & Tindal, 1985; Tindal, Wesson, Deno, Germann & Mirkin, 1985），是以操作性潛能差異模式作為資格鑑定評量的目的。其轉介訪談會議決定中需考慮四件事：(1)是否接受特殊教育評量；(2)是否需轉介另一種學校或非學校服務；(3)是否接受非特教諮商服務；(4)是否接受其他服務。以下分兩部分說明之。

㈠資料蒐集程序和決斷分數

　　單步驟篩選模式轉介的學生，是與其同年級水準之同儕在年級水準課程上表現成績作比較。例如：三年級學生就是接受三年級的測驗材料，此材料即為測驗網絡的一部分。多重的課程本位評量探索最常被特教老師每天實施，並持續三至五天。重複測驗得考慮學生的行為變化，在評估期間，學生會在廣大的課程範圍中被測驗，而產生一個延伸的行為樣本。當測驗進行時，標示並記錄學生每天所得分數的中數，且可以繪製一個與適當常模樣本平均得分的相關曲線圖。

　　差異比例是以最好的（通常是普通班的學生）學業成績除以最差的（通

常是特殊教育學生）學業成績來計算（Tindal, Shinn, & Germann, 1987），
所得的結果是一個永遠大於 1 的比值，並且是帶有正負號的。如果普通班
的成績大於被轉介學生的分數，就會賦予一個負號；如果特殊班的成績大
於普通班的成績，會賦予一個正號。

　　使用課程本位評量決定的特定差異分數的研究是相當有限的，Mart-
son、Tindal 和 Deno（1984）從三個州隨機取樣的普通班學生的學業成績研
究中得出這樣的結論：「對於小學的每個年級來說，不同百分比的學生明
確地可以用一個決斷分數（cutting score）來做鑑定。」

　　Martson 等人（1984）對閱讀、拼字與作文等領域的決斷分數比較了兩
個不同的差異比值，在三到六年級中，獲得低於－2.0 決斷分數的學生平均
百分比為 7.55%。－3.0 的決斷分數的學生百分比為 3%。

　　相對地，一／二年級中，獲得低分－2.0 與－3.0 決斷分數分別占總人
數的 30%與 20%；面對這些差異，作者建議不同的差異比值應該用在低年
級，或者學區應該接受那些年級之中，有那些的學生是符合資格的。

　　第二種已經被提出來的決斷分數的型態是百分等級分數。百分等級決
斷分數避開了差異比值標準所產生的主要問題。百分位分數比差異比值要
來得容易理解，後者牽涉到正負值的計算與理解。

　　此外，百分位決斷分數可以鑑識合法學生，而不管轉介學生的年級。
因此，不同年級的不同標準就避免掉了。或許最重要的是，百分位決斷分
數讓學校人員容易理解，以及可以討論誰應該在特殊班級接受服務的標準。

　　超過 3/4 的學生獲得低於第 10 個百分位數的分數。就結果而言，建立
了一個初步的資格標準，轉介學生的表現必須低於第 10 個百分位數，才能
被考慮為障礙的。

(二)資格決定

　　在完成資格決定測驗及適當的摘要分數之後，專業團隊成員首先要排
定轉介學生的順序。

　　法定資格決定於學業差異的嚴重性，團隊建立優先等級，以及排除可
以解釋轉介學生的表現與重要他人的期望之間差異的可能因素。

二 多步驟鑑定模式

面對特殊教育學生轉介不同評量需求，部分學區之特殊教育學生資格認定過程，只是多步驟中的一項而已。通常在法定資格的認定評量，在轉介前先決定該生是否足以與其他普通班學生有所差異。緊接著進行篩選決策過程，為特殊教育做決定，必須通過一系列的門檻。首先是由普通班老師或家長進行轉介；其次是特教學生的學習表現落於同儕表現之外；第三，轉介學生的學習技能表現「明顯」落於正常範圍之外，而且在普通教育環境中能真實描述其特徵。

(一)轉介

基本上，學校每年平均提出普通教育人口的 5%接受特殊教育，決定每位學生的資格所花費的人員時間和資源是龐大的，因此有必要對教師初步轉介做「質」的控制。另一方面，如果轉介者為了決定資格而只接受非系統程序的檢測，將增加做決策偏差的可能性。教師在特殊教育轉介中所扮演的角色經常被討論（Gerber & Semmel, 1984），然而，有系統地評估教師轉介的準確性的研究卻很少。

使用課程本位評量對所有轉介接受特殊教育的閱讀困難學生進行為期一年的研究（Shinn, Tindal, & Spira, 1987）。大多數被普通教育教師視為障礙的學生，其特徵是具有非常低的閱讀成就。3/4 的轉介學生所獲得的閱讀分數低於一般人口的第 15 百分位數。所有年級中，轉介接受特殊教育的學生，成就水準的表現明顯低於未轉介的學生。然而，在某些實例中，證明教師潛在的偏見受轉介學生的性別和種族所影響。Shinn、Tindal 和 Spira（1987）提出結論，除了後勤支援的考量，適時和有系統的方法評估所有的轉介者，以排除轉介過程中因教師容忍度（耐受性）和偏見所造成的角色差異，有其必要。

(二)篩選

多步驟資格篩選模式與單步驟資格篩選模式相同，首先比較轉介學生在年級水準課程中與同儕年級水準的常模表現。特教教師在短時間內重複蒐集轉介學生的技能樣本。通常是在三天中每日實施技能施測，取代在多天探測（probe）方式；再者，在進行測驗時，記錄轉介學生每天中位數分數，並以圖表表示其與年級水準平均分數的關係。同樣使用兩種決斷分數類型（差距比值和百分等級）的得分來決定是否應該評估學生接受特殊教育的合法性。

使用 2.0 的決斷分數作為學生進入法定資格決定階段的標準；使用第 10 百分位數為決斷分數。除了決斷分數的類型和水準之外，透過多步驟模式，在決策過程中使用的常模樣本類型呈現多樣化。

某些地區使用教室本位常模，某些地區使用學校本位常模，而其他使用區域範圍常模，在篩選的水準，每一組常模都有自己的優點和缺點；在觀念上，教室本位常模能為最少限制環境的期望提供最好的基礎。因為發展班級常模所需的時間和資源成本相對較少，所以成為評估「學生需求」與「轉介適當性」的第一步。

跟一般學生成績相較沒有太大差距的被轉介學生，可想而知應該留在原班級，因此，他們不適合進一步的資格評估。在普通班中那些技能突出的學生，檢視其需求與環境的過程則需更深入。特別是最少限制環境的評估，可以瞭解障礙狀況的影響力。

班級常模還有其他潛在缺點。除非獲得大量的樣本，否則只提供技能水準的評估而無法評估班級內的差異性。而且，以班級常模為本位的決定需用「差距比值」來做摘要分數，因為百分等級需要更大的樣本數。

學校本位常模也需要對最少限制環境評估。因為兩者的聚合是在同一建築內以跨年級的方式呈現，如此做法很少與轉介生之班級同儕產生直接關係。此外，透過代表性的抽樣計畫，運用學校本位常模可以適當評估出普通班學生成績的範圍與水準。而且，當學區內各校間有明顯差異時，計算普通班級的期望值（expectations）尤為重要。雖然「學校本位常模」具

有評估成績差異的優點,其缺點卻與教室本位常模相同。一般而言,他們跟差距分數的使用是有關聯的,而逐步評估的決斷分數可能因學校的功能而有所不同。雖然學區常模在最少限制環境「平均」值上有很強的評估功能,但在任何特殊學生最少限制環境的直接評估卻是少有。透過學校之間採用一致的標準作制定決策以及增進百分等級決斷分數的運用優勢,有助於最少限制環境評估的對抗平衡。

在篩選評估完成之後,實際決策與「單步驟資格決定模式」的過程是類似的。接受轉介的學生其分數以圖表型式呈現。學生是否應接受進一步特殊教育的決策,是藉由檢視學校及醫療紀錄並結合其他參與者的投入所做出之決定。當一個學生的分數超過切截點且沒有顯著的理由足以說明其得分跟表現水準一致時,該名學生應該接受進一步的評估。當學生得分沒有超過決斷分數,即可終止轉介流程、安排變通方案或安排其他服務(例如:教室諮詢服務)。該團隊也可以選擇推翻資料而重新評估學生的資格。

有系統檢視篩選過程效果時,Marston 和 Magnusson(1988)的報告指出,大約有 50%的學生可進行合法程序(due process)的第二步。這個比例在各個年級之間是相當一致的。因此,節省評量時間是需要考慮的。再者,Marston 和 Magnusson 推斷轉介篩選過程的客觀性標準在過去三年中,只覆蓋掉轉介者的 10%至 15%的標準。為了進一步證實在鑑定合適轉介者的篩選過程是有效的,未被評估為合法的轉介學生之表現跟已經安置在文化不利教學方案內學生的典型表現,已證實是很相似的(Deno, Marston & Tindal, 1985)。

(三)決定資格

在課程本位評量多重步驟鑑定模式中,那些通過篩選並且在沒有明顯解釋下,成績超過同儕預期的轉介學生,會被置入第二段更大規模的評量過程中。當轉介生的成就與其他人的期望之間有嚴重差異時,就會出現「障礙」的觀念。在多步驟模式中,差異的嚴重程度透過在適當的學年課程內,學生的常模水準與現在的年級之間差異程度的決定來予以量化操作。這個常模水準的要點就在於,在普通班的課程中,被轉介學生在課程本位評量

的成績跟其他典型的學生是相似的。這個主要的評量工作就是要做合法資格決定，當被轉介的學生表現符合相同課程下較低年級的期望值時，他們應該被視為可以合法地接受特殊教育。在所有多重步驟模式中，合法資格的標準是基於百分等級分數與學校區域常模。

　　這個評量過程要求特教老師對被轉介的學生施以從明顯較低年級的評量網絡之中取樣題材而來的測驗，所屬同年級表現的資料可以從篩選的過程中得到；一個四年級的學生首先接受從三年級的課程中抽出來的課程本位評量材料的測驗，以及二年級的課程等等。

　　多數的學生樣本是從典型的年級水準的材料中獲得，正確的表現分數被轉換成百分等級，轉介生在閱讀的原始分數與百分等級，被拿來跟其他同年級的同儕做比較；表 7-6 所表示的是在冬季常模期間的資料。

　　經過篩選程序所做出的決定後，被轉介的四年級生正確地讀出 43 個字的成績是落在第 1 個百分位數之下，遠超過普通班同儕的範圍；在三年級的教材中，學生獲得 54 個正確的字的原始分數是落在第 4 個百分等級中；在一、二年級的教材中，學生分別獲得 37 與 93 的百分等級分數，詳如表 7-6 所列。

　　也就是說，轉介生對應到低年級常模的分數，若他們的常模分數低於目前的安置年級兩年或兩年以下時，可能判定可接受特殊教育的合法資格。在實務上，將這轉換成一個落後標準，就是比小一個年級課程本位評量教

表 7-6　轉介學生在不同年級水準教材的閱讀成績的中數與地方常模相較

年級水準教材	轉介學生的原始分數	轉介學生的百分位數的等級
4	43	< 1
3	54	4
2	58	37
1	70	93

資料來源：Shinn, M. R. (1989b). Identifying and defining academic problems: CBM screening and eligibility procedures. In M. R. Shinn (Ed.), *Curriculum-based measurement: Assessing special children* (p. 122). New York: The Guilford Press.

材的第 16 個百分位還要低。在使用課程本位評量的學區中，它明確的操作性定義是「課程上顯著落後」，可提供一年級特殊教育學生決定法定資格。

首先，最重要的是釐清低一個年級百分位數分數的標準和常模水準。合法資格的標準是根據決斷分數的百分位數。

常模分數看起來很吸引人，像成績年級平均分數（grade-equivalent）得分，它不是量化的而是用來表示差異。一位四年級只具有一年級常模分數的學生，暗示這學生與一位四年級只獲得二年級常模分數的學生相較，有較低的閱讀技能。

在上例中，轉介的四年級生分數落在普通班四年級、三年級和二年級學生的範圍之外；第一個分數落在普通班範圍，有一年級的程度，這個程度就變成常模分數了。這位學生能像普通班一年級正常學生一樣地閱讀一年級的教材。

不管怎樣，這兩位學生都被認為可以合法地接受特殊教育，因為他們的分數低於三年級常模樣本的第 16 個百分位數。

特定年級水準教材錯誤分析（analysis of errors）是課程本位評量的第二個要素，它有助於合法資格的決定。測驗過程中主要的重點放在確定學生正確行為的數量，但錯誤分析有助於確定學生是否轉介，因為錯誤分析的樣本對教學規劃有潛在的貢獻。雖然，很多標準參照測驗可以用來對學生的教學需求做工作分析，但教師們經常拙於使用它，因為難以確定眾多組成要素之中何者需要處理。

在課程本位評量測驗中所獲得課程的錯誤分析可以作為測量水準測驗之用（Howell & Kaplan, 1980），它可用來鑑定潛能區域，潛能區域需要進一步用效標參照或非正式或教師設計的方法來評估，透過專業團隊使用多樣類型的資料來決定合法的資格。其討論焦點集中於：(1)學生達到資格標準的程度；(2)常模學業水準分數差異的顯著性；(3)團隊所建立的優先順序與等級；(4)排除能解釋轉介學生的表現和重要他人期望之間差異之可能因素。

雖然蒐集不同類型的分數以及學生表現的訊息是很廣泛的，但團隊的會議與決策過程比較像單步驟模式（single-step models）；多步驟的模式

（multiple-step models）成效的研究在這個時期是有限的。這些程序結果是從轉介到安置的比率在25%與40%之間，此比率低於全國的75%至90%比率（Algozzine et al., 1982）。

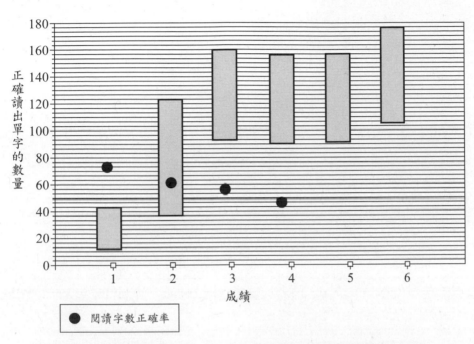

圖 7-2　透過課程的連續程度，學生測驗的結果決定潛在的資格

資料來源：Shinn, M. R. (1989b). Identifying and defining academic problems: CBM screening and eligibility procedures. In M. R. Shinn (Ed.), *Curriculum-based measurement: Assessing special children* (p. 123). New York: The Guilford Press.

特殊教育學生評量

第八章

課程本位評量決定IEP目標

陳政見、沈朝銘

第一節 概述

在美國聯邦立法單位要求下，IEP 的目標與評量間必須緊密的連接，1975 年殘障兒童教育法案要求各州在中央經費補助下提供「免費與適當的教育」，法案的關鍵在於要求 IEP 所提供的兩個功能：(1)以長期目標（goal）和短期目標（objectives）界定學生獨特的需求；(2)界定義適當的標準和評估的程序以確定向目標前進。在詳述個別目標與進程之間，可採課程本位評量的方式讓其密切的共存。

在課程本位評量理論架構下所界定的課程效度（curricular validity）代表測驗與課程目標的一致性，課程本位評量串連了用來描述學校課程有關測驗目標的各種特徵；因此，在特殊教育當中，學生的課程被詳細列入IEP；課程本位評量可用來測量學生在 IEP 目標中的進步情形。

當運用課程本位評量時，詳盡說明測量 IEP 的目標；並優先使用課程本位評量說明與界定各項目標，以用來監控學生的進步情形以及評鑑有效的教學；也就是說，目標界定了：(1)可能出現的測驗之材料；(2)要測量的

行為；(3)判斷達成的標準。例如：如果目標明確指定學生要能在年度複習的時間內熟讀三年級的教材，課程本位評量可以用以下幾種方法來監控進步情形：(1)是以三年級課文組織的章節作為評估學生進步的刺激材料；(2)在測驗中觀察和計分均必須經由口頭讀取後（例如：每分鐘正確讀出的字數）；精熟判斷的標準應符合通順的水準（例如：每分鐘正確讀出 70 個字）。因為在 IEP 目標與進步程度測量間的連接，所以目標的選擇對有效的課程本位評量來說是既實際又有效。

以課程本位評量來撰寫 IEP 目標的程序：(1)首先，檢視典型特殊教育書面目標的策略；(2)其次，課程本位評量為監控而詳細列出 IEP 目標的基本考量；(3)第三，檢視 IEP 目標的要素；(4)最後，探討在已具備或尚未具備地方常模的兩種情形下撰寫目標的特定策略。

第二節　運用課程本位評量撰寫 IEP 目標

評估學生在 IEP 目標的進展已經付諸行動，然而對於障礙學生服務方案的相關措施仍有待努力。

教師對於撰寫IEP均感到相當大的困難，特別是如何列出目標的任務。傳統上目標可概分成兩種類別：(1) IEP 的目標是模糊或範圍太大，缺少可測量的結果；模糊目標的例子，如「能在閱讀上增進一年」，欠缺清楚可測量的結果呈現。(2) IEP 的目標說明遮蓋了一些描繪教學方案的小細節，而有太多的特定目標讓監控進度變成了累贅；因有過多的目標要去追蹤，教師必須面對多重目標設計和管理評量程序的艱難任務。這種情形導致教師較少去順應監控的需求。透過教師在界定目標說明的困難，產生了法律上所要求評量的架構，這需要一種既不會太模糊也不會太特殊的規劃目標的方法學，課程本位評量的研究以及檔案基礎的實作已經試圖去澄清這個問題。

一 IEP 的長、短期目標

在 IEP 目標與有效的課程本位評量監測間賦予必要的聯結下，就如文獻中典型 IEP 的目標並不符所需，在設計課程本位評量系統的一大任務就是勾勒出有效的目標擬定策略；在擬定 IEP 目標的基本考量是該採用長期或短期目標來進行監測？採用長期目標，學年的目標就必須加以界定，而且有關評量的要項均需詳細列出。例如：500 個拼字代表二年級的程度，可被選為長期目標並可能被描述成意義重大的評量單位；在這個評量範圍之下，次要的要件（subsets of items）或監控探測（monitoring probes）應是追蹤二年級的目標材料中邁向精熟表現的進展，並隨機地描繪出來。監控探測的困難可能會在整個學年中都一直存在。

相反地，以短期目標的方式，在階層課程之內有一系列相符合的目的會被詳細列為目標；為達每一個目的，小單位的範圍可能因應評量而產生，例如：某人可以 12 類拼字規則所組成的目標作為二年級文字的學習目標，而且，某人也可創造一組題庫以符合每一類別，以用來測量學生朝向目標的進步情形；因此，在短期目標的方法中，測量的材料可轉換成一連串課程的進度。

兩種方法都與連續的監控以及參照標準關係密切，並與計畫性的目標一致。然而，這些評量系統在觀念上和技術上有所差別；使用短期目標的方法，其測量的材料較能與教學符合，因為監控檢測是由現行教學材料勾勒出來；假使有一個教學介入是以介紹 r 開頭的拼字規則，監控的方法應由該拼字規則的表格所組成。

另一種選擇，若以長期目標的方法，監控調查就不是和教學材料那麼地切合；儘管教學介入可能是介紹 r 開頭的拼字規則，監控方法可能由二年級 500 字的字彙中隨機列出，而只有部分具有 r 開頭的拼字規則的型態。

反之，短期目標的方法與現行教學焦點有較多的相關。長期目標的方法也有許多優點，測量也較能代表最終所想要表現的成分；例如：拼出所有二年級的字相對於特定類別的字，其重點在於歸納出特定課程的成就。

另外，長期目標在測量與整體成就測驗的相關性高於短期目標；這個關係在 Fuchs 和 Fuchs（1987c）的事後分析中獲得證實，他們鎖定十八個學生，以長期（至少十五週以上）和短期測驗，以及相互依附的方法——整體成就測驗（如 Stanford 成就測驗）或類似探測的方法（如拼出有 r 的字表），結果顯示這些變項中有互動的關聯。當使用長期目標的監控程序時，對整體成就測驗的效果估計比較大；當監控聚焦於短期目標時，對類似探測的成效估計比較大。另外，長期目標的監控策略有助於資料的分析，教師可蒐集學生在學習教材的表現，來分析不同時間不同程度的難度。相反地，在短期目標的監控方法中，不能分析長時距的資料，因為測驗材料會持續改變；當目的精熟時，測驗材料在難度上同時也會有所改變。

在實用水準上，這些擬定目標的程序同時對課程本位評量有著不同的意涵；短期目標的測量比較容易瞭解，因為它類似非正式的監控進度。進一步來說，有報告指出，比起專家或家長們，教師較喜歡短期方法來表達進步情形；然而這也需要時間以確保教師能在學生循序漸進時，可以創造出新的監控方法。另一方面，長期目標的方法來自具有時間效率的監控，一旦確認評量的材料，教師僅花很少的時間來產生探測，相對地，時間可用在資料蒐集與分析；重要的是，可以更容易闡述產出的資料。

總之，課程本位評量監控的目標建議採用長期目標，使用長期目標時，需說明測量的終極或真實期待的行為結果；使用結果評量的方式所產生的成長，對學生的類化功能來說格外重要。除此之外，因為學生具有非常低的技能水準（例如：在最低課程水準的學生），一系列的短期目標說明可以更有效率地代表課程本位評量架構；在測量抽象行為時，一系列的短期目標更能靈敏地反映成長幅度，而使用長期目標測量，初始水準的學生可能會在極長的時間裡表現出階段 0 的水準。

二 課程本位評量 IEP 目標的構成要件

課程本位評量 IEP 目標的撰寫是以 1962 年 Mager 為範本的行為目標模式為基礎，也就是說，每一目標包含有三要項：(1)目標達到的狀況；(2)測

量到的行為；(3)成功的標準。

「狀況」的要素包括所測量出來的學生表現當中的材料及測量發生時的情形（例如：當以隨機選取的章節之表現），以及達到目標的時間。以閱讀為例，狀況可以是「在一年內，當以隨機方式從四年級讀本（程度10）選取章節……」。

「測量到的行為」就是那些經由這本書所界定明確的、顯著的以及可測的行為。以閱讀來說，學生的口語流暢程度是最常被拿來測量的；拼字時，字母順序的校正會被拿來計算；在數學時，正確數字的寫法會被追蹤；在書寫表達的部分，寫出的字會被計算，這些行為的某些變項都被使用到。然而，以閱讀來說，某些 IEP 的目標包括默寫，相對地，某些在拼字 IEP 的目標同時也計算正確拼出的字數。

最後，在這個行為水準上，「成功的標準」可由目標期限加以預測，所以學生正確讀出五十個字可以被預期在一學年之後能正確讀出九十個字；通常成功的標準是極為合理的水準，同時也包含極大的錯誤容許程度。典型 IEP 目標類似表 8-1 中所顯示的。

Deno（1986）描述撰寫 IEP 目標的三個步驟：

*1.*蒐集現有表現的資料：學生在課程中所要評量的表現，以及對照以相同方法評量對同儕的表現。

*2.*界定評量的情境：為求評量必須界定課程的水準，描述評量的情境，建立達成目標的日期以求被正式地檢視。

*3.*定義成功的標準：根植於標準水準的或是趨勢性的資料，或其他目標設定的方法，判斷學生在目標期限內可能達到的合理水準。

(一)蒐集現有表現資料

課程本位評量中 IEP 的目標根植於現有表現的訊息，一旦評量的行為被界定，IEP 的條件和標準要件就必須確定。普遍的做法像是出版一份常模參照測驗以提供與年級相等的分數，然而這並不符合教學的水準或在任何特定的課程中的反映表現水準；相反地，課程本位評量可使用現行課程的表現，直接評量以確認學生特殊教育的資格，因此這種篩選／資格的評

表 8-1　閱讀、數學、作文、拼音 IEP 目標的基本編排

學科	狀況	行為	標準
閱讀	在（年度複習前的週數），給予從（程度及閱讀系列的名稱）隨機選出的章節	學生能大聲讀出	在（每分鐘正確／錯誤字數）
數學	在（年度複習前的週數），給予從（程度及數學系列的名稱）隨機選出的問題，2 分鐘內解出	學生會寫	（正確數字的數目）
作文	在（年度複習前的週數），給予提示故事或標題句子，3 分鐘的書寫時間	學生會寫	總數（字數或字母順序）
拼音	在（年度複習前的週數），從（程度及拼字系列的名稱）隨機指定的問題，2 分鐘內完成	學生會寫	（正確字母順序的數量）

資料來源：Fuchs, L. S., & Shinn, M. R. (1989). Writing CBM IEP Objectives. In M. R. Shinn (Ed.), *Curriculum-based measurement: Assessing special children* (p. 136). New York: The Guilford Press.

估可以連結到書面的目標。

　　在不同水準的課程中，關鍵的資料就是學生的分數，如果學生使用更多傳統的評量來確認其接受特殊教育的資格，那麼學生必須接受課程本位評量程序中，連續水準的課程之測驗；學生表現的多重樣本（通常至少三個）在每一水準的課程中被蒐集，因為有許多課程，特別是閱讀，在低年級有多重的水準，為彌補課程在傳統年級水準教材中的缺口，就要進行額外的評估。學生在不同程度課程的測驗結果詳列於表 8-2。

　　在這個例子中，學生接受連續四個年級的閱讀題材的測驗。在四年級中，學生接受兩種程度課程的測驗；在二年級和三年級部分的課程，學生以兩個不同的水準施測；最後在一年級教材中，學生以三種水準施測。表 8-2 中，可看出於每一個表列的年級中，典型年級水準教材中的基準表現；在四年級的教材中，學生的分數遠低於基準程度；當學生受測於較低水準的課程時，因為教材比較簡易，這些年輕學生的閱讀表現相對地獲得改善，

表 8-2　學生在不同程度課程的測驗結果

年級程度的教材	正確讀出的字數	落後同儕的中位數
4B	18 個字	108 個字
4A	29 個字	-
3C	31 個字	-
3B	39 個字	85 個字
3A	-	-
2D	45 個字	-
2C	53 個字	-
2B	65 個字	53 個字
2A	71 個字	-
1C	82 個字	-
1B	79 個字	2 個字
1A	-	-

資料來源：Fuchs, F. S., & Shinn, M. R. (1989). Writing CBM IEP Objectives. In M. R. Shinn (Ed.), *Curriculum-based measurement: Assessing special children* (p. 137). New York: The Guilford Press.

學生的基準分數符合二年級的同儕，並據此書寫 IEP 的目標。

(二)界定 IEP 情境的考量

在界定評量行為以及蒐集現有資料之後，必須決定要以什麼來組成 IEP 目標、評量的情境，以及預期 IEP 的使用期限；大部分 IEP 的目標都配合年度複習的時間，因此週數與目標期限的學年應相符合，在一些特別的例子中（安置措施中特教學生程度的改變），評量的時間組合可能更短一些。

當要決定構成 IEP 評量材料時，有兩個相關的因素必須加以考慮：(1)領域的大小（亦即教材準備之數量）；(2)目標的遠景（Deno & Fuchs,

1987）。決定評量領域規模時，必須考慮學生表現的潛在變項，當要評量的領域很大時（一冊讀本表示整學年的水準），在隨機選取評量材料的困難度上存在著大量的變異；因此，學生的表現可能有高度的可變性，而且要做出有效的決定有其困難。例如：當教師觀察到多變的表現時，可能誤認為一些無效的教學方案是有效的，如同研究顯示，教師描述這些高變化性的表現是正向的（Tindal, 1982a），由造成穩定的資料區間中選出的材料是令人期待的。

出自於狹小領域的地區以較穩定性來組成資料；然而，當使用狹小領域時，亦即持續地很簡單或困難，就必須考慮表現的幅度（也就是地板或天花板效應）。當評量材料太困難時，會產生較低或是微不足道的改善幅度，儘管學生變化將會降低，材料對學生進步會不夠敏感，而且因為人為的評量問題，連續的方案會顯得沒有效率；此外，錯誤率可能很高，學生的動機可能隨之降低。另一方面，當評量材料太簡單時，因學生的進步深受學習效果的影響，進步曲線會形成陡峭的型態。進一步說，就好像將到達學生已經努力改善也無法獲得更高分數的頂端；評量的頂端必須在 IEP 目標材料上有所改變，因此 IEP 目標本身也會改變，為維持在課程本位評量中的實用性和邏輯優點，在整個評量期間，評量材料應維持可接受的難度（Tindal & Marston, 1986）。

在表 8-2 所列四年級學生的閱讀分數的案例中，學生的基準表現符合典型二年級學生，可看出在四年級教材（4B）下，擬定 IEP 目標的邏輯會有問題，因為這個領域至少超越學生常模水準兩年以上，可能太廣泛也太困難。表現可能受到地板效應影響而有高度的變異性；評量本身可能讓學生厭煩並且降低學生的動機；更重要的是，測驗材料對學生表現的改變，反應不夠敏感。相對地，在基準程度材料（2B）下擬定 IEP 目標可能因其他理由而產生問題，測驗材料可能很快地變成太容易，學生的進步曲線可能因學生對教材的部分作練習而受到影響。所以若是證明有成長，進步就能反映短期練習的效果，在可見未來的某些部分，學生可能出現天花板效應，而 IEP 目標與材料將需要更動。

㈢界定 IEP 標準的考慮

　　一旦目標行為和目標材料已經選取，擬定目標仍然還有一個重要的任務，那就是教師必須選擇精熟程度的標準，即在特定水準的參與該有多少的成長才足以讓方案被認為有效？例如 IEP 目標材料設定為 3B 程度，這程度裡學生可以正確讀出三十九個樣本字；其中的問題是：如果方案成功，那麼學生在一年內（三十六週）的表現會到達哪裡？因欠缺可用的資訊來澄清到底是什麼建構對特殊教育介入的合理期待，所以要選擇適當的表現標準程度有其困難。雖然在選擇適當的目標表現標準缺乏明確的指引，研究確實指出界定目標標準的特點，那就是同時表現出前瞻性與可行性。

　　有關說明可行目標的重要性，Brown（1970）就建議為達有效的學習，目標不應太艱難；這樣的定義有其邏輯性，因為太難的目標將會導致學生感到不適，而且無法影響學生或教師的行為。Farnham-Diggory（1972）發展出下列思考方向，她聲明個人追求目標的強度受到個人自知如何到達的類型所影響；在相同的議題上，Prentice（1961）說：目標受到依成就分級的機會之影響。因此，在個體能力範圍內的目標，對目標獲得以及學習是有幫助的。從這個討論中，Fuchs 和 Deno（1982）總結認為目標應該與學生目前表現的水準有緊密的關係。

　　研究也指出愈難的目標反映出更大的成就，Locke、Shaw、Saari 和 Latham（1981）彙整相關的文章，首先在工作場所與成人洽談，歸結出其中一個最具說服力的發現，就是困難的目標產生較佳的表現；事實上，這項在工作場合對成人表現的發現可以推論到學齡的階段群體中，也包括身心障礙群體在內，困難的目標研究指出對一般學生的表現產生較好的成果。Masters、Furman 和 Barden（1977）對身心障礙孩童的調查也有類似的建議；例如：在一項對大規模、長期的課程本位評量的事後分析研究，Fuchs、Fuchs 和 Deno（1985）發現：具有前瞻性的課程本位評量目標傳達了學生成就的成果，愈具遠景的目標愈能與較佳的成長相呼應。當然研究也凸顯了定義實用又具前瞻性的「目標標準」之重要性。

　　在水準或趨勢的常模性資料可幫助建立標準，表 8-2 為典型學生在一

年內之特定時間所表現的常模性閱讀資料，這些資料通常只能從典型年級程度的課程中取得，例如：在 3B 程度，學生與典型表現的落差是讀出八十五個正確的字數，如果多專業團隊決定這樣的表現與三年級中使用三年級的教材是相符合的，而且在特殊教育介入是可以讓人接受的成果，那麼八十五個正確讀出的字數將是 IEP 目標成功的標準。

趨勢性的資料可表示學生隨著時間平均成長，這些資料源自於長期的研究，而且在無法取得當地常模時，可用於課程程度的研究。Marston、Lowry、Deno 和 Mirkin（1981）公布普通教育學生在課程本位評量閱讀教材上每週進步二到三個字；Marston 和 Magnusson（1985）證實在特殊教育方案中的輕度障礙學生，在課程本位評量閱讀教材上每週進步了一到二個字，為成功地使用趨勢性資料建立了標準；預期的每週成長將隨著教學週數而倍增，同時也增加到學生目前的表現。如果選取了普通班學生的進步趨勢（每週 2.5 字），然後在這個案例中以 3B 程度組成 IEP 目標教材，在一年（36 週）內，學生將被期望能每分鐘正確讀出大約 129 個字〔（2.5 × 36）＋ 39〕。

目標的前瞻性會反映在程度或趨勢標準的選取，如果可取得當地常模資料，那麼多專業團隊能從三種常模時距（例如：秋、冬、春季）中針對任何程度的課程做出選擇；在現有表現資料與選取常模標準間的時間愈長，目標就愈寬廣。例如：當現有表現的資料在秋季蒐集時，選取冬季 3B 程度的當地常模標準分數，比選擇秋季的常模分數更為寬廣；當無法獲得常模資料時，可使用趨勢性的標準建立常模，趨勢所代表的程度取決於那些成長受到規範以及成長比率落在特定群體的上下限，例如：普通教育學生的成長比率比特殊教育學生更為寬廣；同樣地，選擇成長上限來預估普通教育學生（每週三個字）比使用下限（每週二個字）更為寬廣。

(四)小結

在理想的環境下，IEP 目標的領域應更為寬廣，使：(1)學生的表現在整年中都能精準地被評估；(2)避免評量的天花板和地板效應；(3)表現能造成符合學生真實進步的趨勢；(4)困難程度同時挑戰學生和教師。選擇標準

最重要的因素就是達到成功的信心。

對「合適的」、「不合適的」以及「有企圖的」、「不具企圖的」IEP 目標，明確建議參數的資料甚少。不過，極端容易或是極端困難的 IEP 目標除外，特定的評量向度（課程的材料和標準）也許不受評論批判，只要有系統化的評量出現而且有一種客觀標準則將接受評鑑。未來的研究應該朝向提供更具系統基礎以界定 IEP 目標的要素而努力。

第三節　編寫課程本位評量 IEP 目標的策略

當地常模在選取更精確的評估材料以及編寫更清晰的成功標準時極具價值，但沒有地方常模也可寫出課程本位評量的 IEP 目標；有三個在學校情境中使用的主要方法：專家判斷、教學安置標準、規定的標準。

一　專家判斷

用專家判斷編寫 IEP 目標有兩個方針，第一是評量的材料必須在學生目前教學安置以外至少一個課程水準以上；第二是，在那樣的評量材料下，成功的標準必須高於學生目前的表現水準。多專業團隊必須依賴他們對其他更客觀資料的判斷，這個過程被稱為「專家判斷」；雖然這個過程過於簡化，但一些擬定 IEP 目標更先進的方法純粹來自於這些方針之中。假定學生在教學上被定位在 2A 的水準，使用第一方針，團隊選擇 2D 程度作為 IEP 目標的材料，這樣在學生教學程度至少一個標準以上；並使用第二個方針，成功的標準建立在每分鐘正確讀出八十五個字，比學生現有每分鐘四十五個字的表現還高。指導原則原有的優點就是簡單化；缺點是在界定 IEP 時欠缺特定的學理支持，而且目標可能不夠寬廣或是太過困難。

一種詳細寬廣可行的 IEP 目標之編寫方法，就是使用專家判斷的內在經驗法則。用這種策略，教師開始需先定義他們「最佳的猜測」以估計學生在學年期末可能到達的成功標準，然後經常動態調整 IEP 目標。也就是在普通的基礎上，學生真實的進步比率相較 IEP 目標所期待的比率。然而，

學生 IEP 目標標準的向上調整應視進步的比率而定。

　　擬好 IEP 目標後，第一步就是將目標描述成預測的目標線，目標線的連接從學生現有表現（四十五個正確的字）到目標期限及標準（八十五個正確字數），目標線符合預期的進步比率（亦即所產生的目標獲得之改善比率），然後教師使用課程本位評量審視學生的表現。以此例來說，學生的閱讀程度從 2B 開始，教師至少每週兩次以 2D 程度評量學生的表現，在蒐集將近十個資料點後，代表了大約五週的教學介入，曲線貫穿這十個點的成績（White & Haring, 1980）。陡峭的進步曲線可以和目標曲線相比，每當曲線高於目標曲線，教師可歸結出學生有能力做出比初期定義目標時更大的進步，並向上調整 IEP 目標的標準；每當曲線低於目標曲線，教師應思考教學方案是否無效並加以調整。

　　Fuchs、Fuchs 和 Hamlett（1987）對照內在經驗法則，建議教師每當真實表現超出先前預期時，以一種更便利的程序提升目標，在此情況下，教師可以自由地提升其 IEP 目標標準；在十五週的實驗中，結果指出，教師使用內在經驗法則：(1)提升更高目標的頻率；(2)在學生完成前使用更寬廣的目標；(3)產生較佳的努力成果。因此，使用內在經驗法則擬定 IEP 目標似乎是高度可行的策略。

二　教學安置標準

　　前述兩個專家判斷的方針，其前提是確認學生教學安置需要在一年內建立多少成長的課程。IEP 評量教材符合學生被預期在一年內所表現的課程水準；成功的標準就是口語閱讀的教學安置標準，以讓學生在這個課程水準中被妥善安置，這個過程最能符合現行多專業團隊建立 IEP 目標的方法，他們將眼前的學生操作為一年後可能的樣子，而不管對成就和學年成績不精確的依賴（例如：不確定的內在效度），多專業團隊使用此種課程和教學安置的標準擬定 IEP 目標。

　　編擬目標的要件是：(1)熟知課程的順序和時程；(2)決定教學安置的標準。大部分教師比較熟悉前者，為促進團隊運作而渴望獲取的資料，目前

只有在閱讀部分有建立課程本位評量的教學安置標準。Fuchs 和 Deno（1982）定義低年級（一、二年級）的最高程度的教學安置標準為每分鐘正確讀出 40 至 60 個字，其中錯誤少於 4 個字；中年級（三、四年級）每分鐘正確讀出 70 至 100 個字並少於 6 個錯誤的字數。在本章例子中，使用這些教學安置的標準，學生在教學上被安置在 2D 的程度上；二年級教科書的後段，也就是最高程度的學生能正確讀出 40 至 60 個字，安置在更高課程水準（3B）的學生，根據 Fuchs 和 Deno 的標準，他們必須能正確讀出至少 70 個字。

　　第二步就是決定一年內在課程中要有多少的成長，如果多專業團隊決定課程上一年的成長是必須的，那麼三年級後期的課程可以代表 IEP 目標的教材，在這個例子中將會選擇 3C 的程度，成功的標準將會是三年級教材（每分鐘 70 至 100 字）的教學安置標準。常模的上限轉換成將近每週進步兩個字〔（100 − 31）／36÷1.9〕的平均成長比率，極接近普通班的學生；多專業團隊選擇 100 個正確字數，是因為對其教學方案的效率目標有信心和遠景。

　　此一策略的優點是，教育者可適當地、有效地評量學生在教學安置上的表現與標準；這種策略促進團體公開討論，他們認為在一年內能幫特教學生實現什麼。缺點就是在知識基礎上的限制，目前教學安置標準已限定於閱讀部分；另外，根據閱讀專家引證，在這領域內的標準仍相當地分歧（Fuchs & Deno, 1982）。另一個值得關注的是在傳統教育目標中「一年時間裡的成長」，會出現沒有遠景的目標，也不會期待達成趕上比率（catch-up rate）；也就是說，對落後課程三年的輕度障礙學生，如果要他們達到一年時間裡一年的成長，他們仍舊落後三年。

三　規定的標準

　　規定的標準屬於非常模性擬定 IEP 目標的策略，前提是選取 IEP 評量材料以組成評估學生最合適的進步資料，評量材料之選擇依據學生目前表現的水準。目前已建立有閱讀、寫作、拼字的指引，尚欠缺數學的指引；

成功的常模與先前提到的進步趨勢有關。

在閱讀方面，多專業團隊選擇在後續所獲得的最高程度的結果作為 IEP 目標的材料，如果材料在一或二年級程度，那麼評量的材料將會在學生現在每分鐘正確讀出 10 至 30 個字的最高水準；如果材料是在三到六年級，最高的材料會選擇每分鐘正確讀出 30 至 60 個字（Tindal & Marston, 1986）。在本章範例中，符合這些方針的課程材料是 3C 的程度，雖然 4A 很接近這個標準，團隊必須思考目標和教學領域的範圍；Deno、Mirkin 和 Wesson（1984）建議當使用這個方法時，採用每分鐘正確讀出 90 至 150 個字的標準，換句話說，成功的標準能以教學安置或先前所提到的趨勢標準來編寫。

在拼字部分，當材料在一或二年級的程度時，多專業團隊會選擇學生目前 20 至 39 個正確字母順序的最高程度，或是在三到六年級選擇 40 至 56 個正確字母（words of correct, W/C）順序；Deno、Mirkin 和 Wesson（1984）針對低年級和中年級推薦 60 至 80 以及 80 至 140 個 W/C 順序作為基準。相反地，在設定拼字的替代目標時，並沒有教學安置或趨勢的標準。

在寫作表達部分，選擇評量課程的水準並不恰當，因為課程本位評量的評量並不能界定課程水準，重要的是界定成功的基準，這個過程可透過使用在具有當地常模下的趨勢資料來完成。Deno、Mirkin 和 Wesson（1984）以 500 個學生所蒐集的長期研究資料為基礎，這些資料詳列於表 8-3。在表中，學生回應故事起頭平均寫出的字數，代表了每一個年級程度，增加的幅度是同學年的平均進步比率。為了幫每個學生建立 IEP 目標的基準，學生在寫作中目前的表現分數隨著年級增加而倍增，分數加在學生適當學年平均分數上，總分除以二，如果持續的數字比學年平均還大，Deno 等人（1984）依舊認為年級平均分數應該作為基準標準；在一個二年級目前表現是寫出總數五個字，IEP 目標基準應是〔（5 × 1.6 ＋ 27.8）／2 ＝ 17.9〕，或在三分鐘內寫出 17 個字。若有當地常模資料，表 8-3 的資料將可獲得取代。

規定標準的 IEP 編寫方法的優點之一是：能具體描述以及可以迫使多

表 8-3　從 500 個學生在寫作中的平均成長界定出成功標準的成長比率

年級	增加量	普通生的平均數
一	2.6	14.7
二	1.6	27.8
三	1.2	36.6
四	1.1	40.9
五	1.1	49.1
六	1.1	53.3

資料來源：引自 Fucls, L. S., & Shinn, M. R. (1989). Writing CBM IEP Objectives. In M. R. Shinn (Ed.), *Curriculum-based measurement: Assessing special children* (p. 147). New York: The Guilford Press.

專業團隊在 IEP 目標上更具企圖心；在感覺上，因為過程具體，所以這是個編寫 IEP 目標簡易的方法。但其潛在的缺點是，這樣編寫 IEP 目標會淪為武斷並且尚未有充分討論的理論，採用的數字可能存在著風險。規定標準程序尚需要在標準本身適用性作進一步研究，從這個觀點，對於減少地板和天花板效應過度的變異所做的研究實在有限。

第四節　應用當地常模編擬 IEP 目標之策略

IEP 的編寫可藉助於使用當地在普通教育課程中表現的常模，也就是說，藉由當地常模，多專業團隊能對其學生在他們的課程中的程度和趨勢有更完整的體認，經由特定學生精確的表現或是同儕常模，都可以用來選擇 IEP 材料和成功的標準。

一　使用同儕或同年級常模

同年級同儕常模一般都用在幫融合教室的學童編擬 IEP 目標，因此，

這個過程在學生接受補救教學時會最常用到。在所使用的常模期間，最壞情況下預期特教學生能在一年內達到落後同儕一年的常模分數；而最好的情形下，學生將於一年內表現達到只剩些微的落後，這個程序和先前討論的針對在普通班的同儕所使用的 IEP 評量材料並不相同。如果以同儕常模擬定好 IEP 目標，不論學生的常模或教學程度為何，教材將會是 4B 程度。

　　成功標準的選擇是以學生同儕的基準期的成績為依據，界定成功的標準需依賴常模時期的選擇。如果使用落後常模成功的標準將是每分鐘正確讀出 108 個字，若一位四年級的學生在一年內達到他的目標，目標的基準將把他設定在落後課程一年；如果他們相信和同儕的落差可進一步降低，多專業團隊將可選擇其他可用的常模時期，如冬天或春天的常模。

　　使用同儕常模的優點就是會產生企圖心，如果這些目標達成，教室外額外的服務就不再需要；另外，因為使用常模，界定成功的標準就不用依賴現有的教學標準了，而且在普通班真實的表現可視為成功的表現。

二　使用跨年級常模

　　在許多例子中，同儕常模可能因無法達成而不切實際。如果學生預期能在較難的教材中每週進步每分鐘 2.5 個 W/C，學生閱讀材料鎖定在二年級教材則將目標擬定在一年內有兩年的進步空間。當多專業團隊認為學生落後普通班學生太多時，同儕常模就太空泛了；團隊可以選擇較低的年級常模以擬定 IEP 目標，因為評量的材料和成功的標準能與學區內其他學生連結，而非與不知是否合適的特定課程相結合，此為其優點。

　　就程序上來說，擬定目標的第一步是以現有表現的資料來確認學生的常模分數。在本章範例中，學生分數在最佳典型表現是 2B 程度，然後，以其他擬定目標的方法，團隊必須確定如果教學方案有效時，學生在一年內要預期多少的成長，此決定有助於評量材料的選擇；最後，成功的標準將會與評量材料的期中基準表現相連結。例如：多專業團隊預期學生在一年內能有 3B 程度的表現；使用落後基準時期資料，成功的標準將是正確讀出八十五個字；從冬季或春季的常模時期所選出的基準分數將能擬出較

有遠景的目標，如果學生達到目標，團隊就能斷論學生於普通教育課程中在一年內和同年級同儕的進步是一樣的。

　　使用跨年級常模最大的缺點是 IEP 目標的擬定可能會採用欠缺企圖的目標，當檢視障礙學生現有表現的資料時，很難去避免選擇太簡單的評量材料，透過對此可能性廣泛的討論，可杜絕低落的期待並產生更寬廣的目標。

第五節　結論

　　適當的評量 IEP 的目標相當重要，此觀點在大約三十年前已被 Popham 和 Baker（1970）所強調過，他們討論到目標的品質影響與教學的效果宜相符應。在學校所使用典型的 IEP 目標編擬過程會一再被檢視，相關的問題也時時討論，而後，選擇課程本位評量目標擬定程序隨之產生。首先，討論長短期評量的基本差異，以所提供的長期目標評量方法加以評論；其次檢視三階段編擬 IEP 目標的基本要件，符合這些要件和過程的考慮；第三，以相對的優缺點來討論有或無當地常模時所用的編擬 IEP 目標的策略。

第九章

課程本位評量的執行與監控

陳政見、王櫻瑾、石筱郁

　　課程本位評量的優點在於能監控特殊教育學生與普通學生的進步情形，並且加以評估及發展教學課程。藉由評估課程本位評量的程序，以及發展教學方案，教師能在不同課程所呈現的目標難度中，定期測量學生的進步情形（即教師預期學生在期末應達到精熟的教材水準）。若測量結果顯示，學生在教材精熟部分，其進步並不理想時，教師必須修改課程計畫，以提升學生的學業成就。本章目的在說明課程本位評量的概念，並能應用在學生學業進步情形的監控及發展教學方案。以下首先討論課程本位評量監控方式的理由；其次說明如何設計課程本位評量有效的監控方法，並從傳統的課程本位評量監控方式研究中做簡要概覽；緊接著提供一個相關的應用實例。最後，討論課程本位評量監控方式的未來趨勢。

第一節　課程本位評量監控的層面

　　課程本位評量的監控方式可從法源層面、邏輯層面及相關研究層面等三個基本理由來探討，分別說明如下。

一　法源層面

採用課程本位評量監控方式的原由，至少可以從三項論點得到支持。首先在法源層面方面。美國 94-142 公法，規定個別化教育計畫（Individualized Educational plan, IEP）必須詳細描述長短期目標、適當標準與評估程序（Section 121a.316e），並藉此監控學生的學習目標是否達成。而 IEP 內亦有一部分的規定需要不斷地以課程本位目標為導向，來持續評估學生的進步情形。因此，使用課程本位評量來監控學生的進步情形與發展方案，在美國聯邦法律的聲明中已獲得支持。我國特殊教育法第 27 條及特殊教育法實行細則第 18 條，將個別化教育計畫（IEP）作了詳細的規定（教育部，2003，2004）。

二　邏輯層面

特殊教育的基本假定在於以個別化教學改善學生的成就表現（Fuchs L. S. & Fuchs, 1986a）。一般而言，發展個別化課程計畫的方法多採用「性向與處遇交互作用」（aptitude-treatment interaction, ATI）的概念與方法論。其倡導者假定藉由學習者的個別特質來調整教學的方式，以配合學生需求，才能達到最佳成效；因此，透過性向與處遇交互作用的過程，課程計畫的發展著重在課前的評估，亦即，透過前測來剖析學習者的特質。以上所述是用推理的方法以清楚表達教育計畫，也因此延伸出許多不同層面的研究，諸如：學習者特質（Snow & Lohman, 1984）、課程模式（Lloyd, 1984）及兩者之間的相互影響。進一步來說，課程計畫實施的基礎與診斷模式正是來自 ATI 的架構。而診斷學家亦實施一系列的性向成就測驗，以便詳述符合學生學習特質、認知能力及成就表現等階段的課程計畫。

姑且不論這些評估是否包含：(1)理解能力測驗：闡述使用的策略；或(2)大量的工作分析與成就測量：確定運用的技能（Deno, 1986）；此典範仍維持一貫可推理的、一致的與可預測的形式。

此外，ATI 導向的絕對假定，在於釐清哪些策略及技能對於學生的需

求評估有所限制，若能得到實際符合學生學習類型的處遇方式，便可以知道此假定是正確的。因此，並沒有適合所有學生且放諸四海皆準的單一教學法。然而，雖然特殊教育實務中採用的 ATI 相當常見，但有幾個重要問題必須澄清。首先，對於學生認知能力的具體概念並不完整，而心理測量學上符合學生能力的測驗多具有爭議（Ysseldyke, 1979）；第二，相關研究證明，通常實施測驗的方式會影響實際結果，舉例來說，進行測驗時，若安排陌生的主試人員進行監考，該主試人員有可能會刻意地對身心障礙學生有特殊的看待（Fuchs & Fuchs, 1986b; Fuchs, Fuchs, Power, & Dailey, 1985）；第三，師生如何在教學及環境中產生良性互動等知識的建構並不甚完備（Ysseldyke, 1979）。這些問題顯示 ATI 在教學方案的成效並不如預期顯著（Lloyd, 1984）。因此，另一個應用單一受試（single-subject）以及時間序列（time-series）的方法論，來作為評估教學介入成效的替代策略，便因應而生。而課程本位評量便是基於此種替代策略來進行監控的程序。此外，ATI 強調具體描述的學習者特質及能力的重要性，而課程本位評量則著重方案的持續執行、直接評估與修正，並且涵蓋在例行生活中有系統地蒐集課程目標的評量資料。

　　基於以上理由，課程本位評量在邏輯上是一個合適的選擇。當性向與處遇間的概念並不完整時，課程本位評量的誘發本質可以讓教學者避免過度依賴學習者特質的最初診斷，並傾向採用更彈性且合適的資料來增進教學決定，因此具備較優勢的特質。最後，最重要的是，課程本位評量將最初的方案視為教學假定，執行者視實際學生的進步情形隨時做出修正。此過程似乎可以假設，課程本位評量的監控方式能夠提高學生的成就。

三　相關研究層面

　　一般而言，有計畫地監控學生的進步情形，對於普通教育和特殊教育之間的實施有極大的關聯性。Fuchs L.S. 和 Fuchs（1986a）的一項後設分析研究中，發現透過持續監控的影響相關係數達 .70，結果指出：持續使用監控方式應用在平均數為 100、標準差為 15 的標準成就測驗量表時，有效預

測將提升到 100.0 到 110.5 的傳統成就分數，或提升到 50 到 76 的百分比。

此外，課程本位評量的監控方式與改善教育結果有關。例如：在教師決策部分，Fuchs、Deno 和 Mirkin（1984）研究發現，紐約市的教師使用課程本位評量來監控學生閱讀情況時，結果顯示該方式較能適當地真正回應學生的進步情形。而 Fuchs（1989）亦指出，透過課程本位評量來監控學生的閱讀成長，教師變得更能使用精確及適當的成就目標，而非理想化且不切實際的陳述；此外，教師也較能引述更多客觀且經常性的資料來源，來決定實際可行的進步程度，並且對修改計畫的必要性做出判斷。

在教室直接觀察方面，有效的教學變項相較於傳統特殊教育模式，教師以課程本位評量來執行計畫的成效較好（Fuchs, Deno, & Mirkin, 1984）。在學生成就方面，Fuchs、Deno 和 Mirkin（1984）證明透過課程本位評量監控，可以造就較好的學生學習成果，不只是具有探測性質的指標，而且可以當作解碼和閱讀理解的完整成就測驗。之後，Fuchs 和 Fuchs（1987a）發現教師使用課程本位評量來監控數學、拼字和閱讀結果，比起控制組教師更能有效提升學業成長，並且更能清楚知道學生本身的進步情形。是故，上述資料的佐證支持教師使用課程本位評量的監控方式，以瞭解班上輕度到中度身心障礙學生正向教育之結果。

第二節　課程本位評量監控的方式

雖然研究指出課程本位評量監控能提升身心障礙者的教育成果，但亦應有具體的監控方式來調整這些結果（例如：繪製圖表、持續的時間測量、資料分析方法）。因此，有效的課程本位評量監控方式需要與某些顯著的特徵連結。

建議使用問題－決策雙向細目表（Deno & Fuchs, 1987）來檢視必要的因素，執行者可使用此細目表來檢視課程本位評量監控之成效。如表 9-1 具體說明課程本位評量監控方案的特點及呈現的方式。此外，從技巧、教學、成效三個層次，共產生九個項目以作為選擇。表 9-1 中可見每個項目的問題敘述，包括以下三個問題：

1.「測量什麼行為」：選擇某種行為作為學生表現的指標，並以更多時間監測。

　　2.「如何執行測量」：從測量的方法論著手，包含施測的持續時間、頻率、監督及計分。

　　3.「如何分析資料」：呈現資料及評估程序等相關議題。

表 9-1　問題－決策雙向細目表

一、技巧
T-1　測量什麼行為：什麼樣的行為能明確表現學生的進步並且能呈現教學結果？
T-2　如何執行測量：何種測量程序能產生可靠及有根據的資料，且能敏銳地察覺學生短期及長期目標的成長？
T-3　如何分析資料：資料如何擷取、呈現、分析與解釋，以確保決策的信效度？
二、教學
I-1　測量什麼行為：何種行為與增進教師決策及學生成就有關？
I-2　如何執行測量：何種測量程序的結果會影響教師決定學生成就的進步情形？
I-3　如何分析資料：何種資料的擷取、分析與解釋方法對增進教師決策及學生成就有關？
三、成效
E-1　測量什麼行為：何種測量行為會讓教師方便使用，且以最簡單、最不費時的方式進行？
E-2　如何執行測量：何種測量程序最有效果且最不具侵害性？
E-3　如何分析資料：何種資料的擷取、分析與解釋方法最有效果且最符合成本效益？

資料來源：Fuchs, L. S. (1989). Evaluating solutions monitoring progress and revising intervention plans. In M. R. Shinn (Ed.), *Curriculum-based measurement: Assessing special children* (p. 158). New York: The Guilford Press.

　　該表明確說明選擇課程本位評量監控程序之考量。首先,有關技術性的問題應列入考慮,包含:(1)考慮學生的分數與教學決策間的信度或一致性;(2)測量方法及評量方式能否反映真實的構念;(3)測量方法的敏感度能否呼應學生成就表現中的變化情形。第二部分,則是關於課程本位評量監控特點的有效性,或該過程能否確實增進學生進步,藉以改善教師決策。第三部分,則提出教師對於改善課程本位評量監控實施的可行性。

第三節　課程本位評量監控的類型

　　為了說明發展課程本位評量監控的類型,以下從閱讀領域切入,以作舉例。選擇閱讀作為本節的重點之因,在於相關研究指出閱讀為今日學校最普遍的領域。因此將前節所述之三個問題作為主要題幹,讀者可以直接從中得到在拼音、數學及書寫表現上監控方式的資訊。

一　測量什麼行為

　　為了設計課程本位評量的監控方式,第一,必須先考慮測量法的核心,或者思索到底要「測量什麼」?因為課程本位評量之監控係在一個比傳統評量更頻繁的基礎上完成,需要教學者從一個有意義的時間點涉入。因此,測量的行為必須符合某些實施標準。Deno、Mirkin 和 Chiang(1982)提到一些重要的實施考量,諸如:(1)採取多樣的替代形式在花費與時間的效果上較容易達成,且測量的行為必須確實反映學生的實際閱讀成長,及教師對此行為的監控過程;(2)標準測量形式應比沒有系統化監控的傳統特殊教育有較佳的學業成就;(3)此正式測量的效度必須是良好的。第二,在閱讀理解部分,有效的課程本位評量包含「問答測驗」(question answering test)、「再認測驗」(recall test)、「克漏字測驗」(cloze test)及「口語閱讀流暢測驗」(oral reading fluency test),以下分述說明之。

(一)問答測驗

　　問答是最普遍應用在課程本位閱讀理解評量上的策略（Fuchs, Fuchs, & Maxwell, 1988）。然而，問答的形式較傾向於評判。首先，問答題目的選擇是依據專家從廣泛的教材內挑選出來（Hansen, 1979）。其次，問答題的正確答案來自文章的段落，或者直接從問題中推論答案（Hansen, 1979）。第三，問答的產生方式須針對個別學生發展有系統的閱讀程序（Peterson, Greenlaw, & Tierney, 1978）。然而，Fuchs、Fuchs和Maxwell（1988）發現透過有系統呈現段落的重要內容時，問答為課程本位閱讀理解評量中一種可實行的形式。當然，教師若使用如此費時的程序來獲得閱讀理解評量問題時，似乎必須重新思索其可行性。

(二)再認測驗

　　除了問答測驗外，當學生從他們的教科書中閱讀段落，並且用他們自己的文字重述段落時，便不需要回頭去參考教科書的內容。「再認測驗」在最初的準備中被視為一個簡易可行的方法，並且僅需要挑選適當的閱讀教材。然而，用再認測驗來評分可能很麻煩，並且相當耗時（Johnston, 1982）。

　　此外，標準評量中書寫部分的分數會比口語更具有高相關，因為書寫部分可以加以追蹤。因此若全部用書寫文字方式得到的再認測驗分數，較能呈現具體可行且有根據的評量結果。為了監控程序的適當性，Fuchs、Fuchs和Maxwell（1988）建議教師也要定期地對再認測驗的內容文字打分數，並必須留意教科書中經過相關程序得到的名詞、動詞、形容詞與副詞等。

(三)克漏字測驗

　　克漏字是另一種可採行的課程本位評量類型。在一般的克漏字測驗過程中，需挖出 n 個字母，並且以空白代替，要求學生有意義地填答被刪除掉的字詞。同樣地，設計克漏字的方式亦會相當耗時，並需負擔較多的費

用（例如：必須事先準備教材，並影印校正後的文章）。

另一方面，為了調查採用克漏字過程的接受度，Fuchs、Fuchs 和 Maxwell（1988）研究證實，書寫式的克漏字具有足夠的標準和同時效度，而相對另一種類型的閱讀理解評量，克漏字測驗與閱讀理解的關聯性則較差。因此，可反映以下事實：

1. 克漏字僅是重複評量文章的字詞，非深入理解（Tuinman, Blanton, & Gray, 1975）。

2. 克漏字較重視句子而非全文的整體脈絡。

3. 克漏字無法評量推理理解，及較高層次的閱讀技巧（Alderson, 1978）。

㈣口語閱讀流暢測驗

第四種的閱讀理解是口語閱讀流暢。學生在限定時間內大聲朗讀，同時測量人員記錄正確讀出字數的分數。口語閱讀流暢測驗（亦即，每分鐘正確讀出的字數）優點是：(1)容易準備，只需選擇適當的文章段落；(2)容易評分。

傳統上口語閱讀流暢不被認為是一項閱讀理解評量，但仍可作為閱讀理解的指標。若自難度類似的段落中，採用閱讀流暢和理解標準評量兩種評量方法（Deno, Mirkin & Chiang, 1982; Fuchs, 1982a; Gates, 1927），並以高中以下程度的閱讀者為主要對象時（Sassenrath, 1972），此二者間的關聯相當一致。

附帶一提，從「問答」、「再認」、「克漏字」及「口語閱讀流暢」中比較四者之間的效度，發現統計上口語閱讀流暢測驗和標準化閱讀之間的相關比其他測驗高。此外，由於口語閱讀流暢測驗的有關評量不斷地持續成長，顯示其與全國性的閱讀理解測驗有關（Fuchs, Deno, & Mirkin, 1984）。因此，在一般的課程本位評量閱讀監控類型中，口語閱讀流暢常被用來評量學生的閱讀行為。也就是說，老師可以定期地從目標水準教材中評量學生的口語閱讀流暢度，並使用資料結果來判斷學生課程的進步情形是否適切，最後針對閱讀目標的教學成效進行審視。

二 如何執行測量

一旦選定監控行為和教材內容，第二步要做的就是具體說明測量技巧。在決策模式中，諸如方法論的議題，即歸入「如何測量」的問題，其中包括測量持續時間、頻率，和管理與計分的方法。

(一)持續時間

持續時間是指每一次課程本位測驗的時間長短。考慮持續時間在測量技巧方面的影響，Fuchs、Tindal 和 Deno（1984）證明三十秒和六十秒課程本位閱讀測驗之間的相互關係是可以比較的。此外，Fuchs、Tindal 和 Deno（1984）比較兩班二年級閱讀障礙學生在多基線倒返設計中，三十秒到三分鐘樣本長度；比較每個學生每分鐘正確字數的中數值，發現三十秒的測驗表現一致高於三分鐘。儘管學生閱讀技巧層次在三十秒階段比較高，但是，從時間相對應的趨勢來看，其變化較平緩。相反地，三分鐘階段的趨勢表現則愈趨增加。此外，變項在時間序列的指數中可以看出，「較少的個體內變異」以及「較長時間的樣本」可使信度增加。關於抽樣的持續時間對於學生成就表現的影響，證明了「積極地適當練習」與「學生學習成就」間有強烈的相關性。

如此，可證實課程本位評量監控具有「獲知學生成就情況」之功能，至少可增加與測量活動相關之閱讀時間。承上所述，當測量樣本的時間變得較長時，學生成就可能有所進步。然而，卻造成「表現程度和進步幅度」與「抽樣持續時間」兩者間並不一致，使得教學上抽樣持續的時間變得較為困難。關於樣本之間的邏輯考量，也就是說樣本持續的時間愈短，可供教師使用的評量系統就愈可行。在先前的描述分析中，樣本持續的時間在評量上似乎有不一致的影響，但較長的樣本持續時間的確會降低變化。至於工作時間，可以假設教學的優先性有較長的樣本，然而並沒有實際的工作支持這項推測。邏輯上，清楚且較短的持續時間是較好的。然而，三十秒或六十秒的樣本實際上可能在老師的時間表上是不重要的。

雖然無法從資料中提供有關樣本持續時間的具體建議，傳統的情況似乎是一個折衷辦法。因此設計傳統的測量系統，口語流暢閱讀樣本建議以一分鐘的持續時間較適宜。

(二)評量頻率

評量頻率是指教師每星期測量學生學習表現的次數；就技術考量而論，從 White（1972）所建立的七份最小量資料指出，闡述可信賴的表現趨勢是必要的。為確保有足夠資料庫支持學生計畫功效的教學選擇，並且避免長時間使用不當教學策略，教師應該以每天為基礎，經常蒐集理想的資料。此外，Fuchs、Deno、Marston（1983）證實，因為一開始在測量單一學業精熟度較不準確的情況下，在可接受層次裡其預估表現總計會增加成就估計的穩定性。

雖然技術上的考量似乎支持每天做測量，但是實際上的考量，則建議使用學習者資料蒐集時間表。雖然在準備評量、測驗、評分、記分和保存工具上很耗費時間，但如同邏輯上的研究所示，課程本位評量監控程序實施之後，教師每次投入個別閱讀評量的時間超過二分鐘（Fuchs, Fuchs, Hamlett, & Hasselbring, 1987; Wesson, Fuchs, Tindal, Mirkin, & Deno, 1986）。將15 位到 25 位學生相乘，如果每個學生都測量額外的課程領域，那麼老師投入測量的時間將會是非常可觀的。

除了少於每日安排測量的實際需求之外，研究指出增加測量頻率（每週超過兩次），對學生成就並無額外的好處。Fuchs 和 Fuchs（1986a）在相關控制研究的量化綜合報告中發現，每週兩次、每週三次、每日測量，平均效應大小（effect magnitude）分別為 .85、.41、.69，其測量頻率間無顯著的差異存在。

因此當前的證據建議每日測量可能產生最具技術性又足夠的資料庫。然而，由於教師時間上的限制減少了每日的測量。從每日和每週兩次測量所得的學生成就效果似乎可相比較。所以 Fuchs（1989）提出建立典型的課程本位評量監控系統的建議：特殊教育執行者測量學童的口語朗讀流暢度每週兩次，每次一分鐘。大約一個月的時間，每週測量兩次，讓老師能

蒐集到七點的資料點，對於：(1)證明教學成效；(2)調整無效的計畫方案；時間上是足夠的。

(三)實施和評分的方法

Deno 和其研究夥伴（Deno, 1985）多年來與合作教師進行課程本位評量監控系統和替代性測驗實施的試驗和評分程序，簡短敘述口語朗讀流暢測驗的實施和展現，其優良技巧、適當評分方法，都與實際上學生的成就結果有關，老師也易於使用。

三　如何分析資料

研究指出，教師測量學生表現資料並非一定要利用資訊評估教學上的影響（Baldwin, 1976; White, 1974）。因此，採系統性方法來分析這些資料對於有效的課程本位評量監控系統有決定性的影響。Fuchs 和 Fuchs（1986a）在一後設分析裡，發現當老師使用系統性的策略，課程本位評量監控是有效的。因為這個原因，更需小心注意使用課程本位評量監控資料紀錄和評量。

(一)評分

課程本位評量監控資料紀錄的方法有決定性的影響，尤其關於學生正向結果方面，圖表比起只是單純地記錄學生分數，學生成就進步大約.50個標準差以上（Fuchs & Fuchs, 1986a）。要表達學生正面的學習成果，與其用簡單的評分紀錄格式，不如用圖形表示更好。其中一種圖表記錄的方式就是比率，可以看出學生行為方面改變的比率（White & Haring, 1980）。技術上，建議使用比率評定量表紙較好（White & Haring, 1980），因為比率評定量表可以反映原本的方法在自然發生改變方面比等距格紙更精確。比率評定量表紙也可能比等距格紙更可行，因為它顯示較大的行為範圍。

此外，第二種用紙的方法，依照等距量表，可能讓資料分析更好（Tawney & Gast, 1984）且教師和家長也能夠瞭解。另外，Marston（1982）研究

兩種表格紙的預測能力，發現當課程本位評量資料用表格線的時候，曲線在等距格紙上的趨勢比評定量表紙更精確地預測未來表現（引自 Shinn, 1989）。Fuchs 和 Fuchs（1987b）發現用圖表比較而不用統計即可瞭解學生得分變化顯著性。

原本在課程本位評量監控系統中，我們都使用傳統的等距格紙，是合標準的。典型上，圖表顯示 36 至 38 禮拜的資料以反映一學年的學習狀況，容易理解和閱讀；在教室內提供課程本位評量監控程序更能實行和使用。

(二)資料評鑑

與其用沒有系統的教師檢查，不如用資料評鑑規則作為課程本位評量決定教學方案正確性的依據。例如：Fuchs 和 Fuchs（1986a）發現，平均來說，課程本位評量監控利用規則合併資料增加學生的成就大約為.50 個標準差，超過無系統規則課程本位評量監控結果。在規則下，平均影響量為.91。

資料評估規則在 Haring、White 和 Liberty（1979）的著作曾提到。這些規則要求老師在學生相關目標線表現資料的形式（或進步的預期比率），和評估學生進步用目標日期與表現標準來呈現基線資料（White & Haring, 1980）。

Deno、Marston 和 Tindal（1985）使用「目標導向」和「對待導向」資料評估規則。目標導向的方法是參考目標線，當學生表現趨勢比目標基線較不陡峭，且低於進步的預期比率，提出計畫性的修改。因為它深植於傳統的、教育的和目標－導向的派典，所以這方法概念上對老師似乎是容易的（Fuchs, 1988）。

處理導向方法中，目前教學方案的有效性是透過之前的教學階段表現做比較評估而來的。教學改變是依固定間隔來導入。在不同的期間中最符合真實資料點的線被拿來做比較，以評估其他教學階段的相對有效性。有效方案隨時間的累積保留有用的部分，並排除比較沒有效果的教學向度。

比較不同資料的評估原則的研究是少見的，Fuchs（1988）的實驗性研究發現，目標導向評估可能與較佳的老師、遵從規則和較佳的學生成就表

現有關。然而,在這項研究中,電腦的使用影響決策規則的效果。雖然使用資料評估規則,比非正式地觀察學生表現資料產生較佳的結果,但仍未建立明確的支持評估系統的資料庫。課程本位評量監控系統,在下列情況下建議使用目標導向規則:(1)教師顯得比較瞭解目標導向資料評估規則,並且只需較少訓練和練習時(Fuchs, Fuchs & Warren, 1982);(2)目標導向規則顯示出能夠產生比使用處理導向資料評估程序更可靠的決定時(Fuchs, 1982a)。目標導向規則的使用,就像是上面所講的應用一樣,是透過使用圖表來表示個案的情況。在課程本位評量的現場中,兩種的資料評估方式都被使用到。

第四節 未來的研究趨勢

　　課程本位評量不斷地研究任何發展中的系統、新的應用及多變的因素。例如:目前研究強調同儕測量的潛力,替代性方法的正確性與合適歸屬,以及監控學生方案的困難處。在這一段,將討論三個課程本位評量監控發展的方向:(1)電腦應用;(2)變通性課程本位評量系統;(3)修訂決策規則;詳述如下。

㈠電腦應用

　　Fuchs、Hamlett 和 Fuchs(1987)以及 Germann(1987a)已經發展出監控課程本位評量的應用軟體。Fuchs 與同事結合過去的研究,評估軟體應用的效能。發展此軟體的基本理由有下列三點:(1)針對課程本位評量的監控標準進行確認;(2)提升監控系統的可行性;(3)拓展資訊讓教師能跟隨使用軟體系統。

　　Fuchs、Hamlett 和 Fuchs(1987)提出課程本位評量的電腦應用應包含三個組成成分:(1)檢驗每一代軟體;(2)自動蒐集資料的軟體;(3)資料處理軟體。首先,發明軟體以生產課程本位評量材料,並將數學、拼字和閱讀監控過程的探測儲存在磁碟中。此外,關鍵答案也存在磁碟中,以便自動計算學生表現的得分。就數學而言,一組八十一個計算題類型,由田納西

州一年級基本技能的課程目標（TBSF）選出代表性的問題。其特色為：(1)掌握所有國小學生的主要程度；(2)藉由年度標準參照測驗來評量。然後，發展一個方案，此方案讓教師具體說明調查研究中的二十五種問題類型、問題的數量和調查研究的頁數。對於每種形式的問題、每頁的探測活動、問題的次序以及問題中的數字透過電腦都能任意產生。

軟體設計出二十個字彙清單，此清單由主要拼字檔案中隨機抽取而建立，再針對適當的年級水準進行拼字課程。閱讀方面，軟體會從適合閱讀的課程水準段落中，找出每段 400 字的段落來進行檢視與探測。這些段落將使用在「字彙處理」方案的標準中。一旦適合的閱讀段落水準資料輸入電腦後，軟體將會在小學生尚未檢視資料前，從適當水準的段落中隨機選出範例段落。

第二種軟體的類型被稱為核對的磁碟，這是一種自動蒐集學生行為資料的軟體。核對磁碟包含自動化的資料蒐集軟體，以及可建立八位學生學習表現的資料檔。磁碟也探索數學、拼字、閱讀等領域，儲存自動瀏覽學生行為的關鍵答案。每位學生也都給予其一個閱讀段落的硬碟（被稱為儲存硬碟），且檔案中包含了五十個印刷拼字的列表，以及五十個數學探索。藉由資料蒐集磁碟，當學生與電腦互動的時候，課程本位評量觀察資料會被自動蒐集。行為方面以電腦計分，行為的回饋以學生的圖表來呈現，提供給小學生。學生得分和反應自動地儲存於電腦中。讓教師在方便的時間檢查資料管理的磁碟。

第三個型態的軟體包括了教師的資料管理。回收資料管理磁碟（DMD），製成圖表，並分析學生學習表現資料，將其儲存在磁碟中。然後電腦為每個被選擇的學生和學習科目呈現出一張圖表。這些圖表顯示：(1)資料點；(2)目標線；(3)垂直介入的線，去標示實施方案後的改變情形；(4)趨勢線，顯示學生在很多新的教學方案下的進步，並藉教學目標的資料來顯現方案的熟練水準；(5)透過圖表及文字的資訊，讓老師知道應該改變哪些教學內容，使學生產生更好的學習成長或提升學生的學習目標。老師能選擇列印每個圖表。此外，老師能取得學生在探索以及接受質性回饋上的學習表現錯誤類型摘要。舉例來說，在拼字的區域中，提供教師拼字項

目的列表、正確拼字的列表和學生的反應錯誤列表。然後，透過軟體為每類型的教學，提供個別指導策略與規則。

　　教學軟體能使教師從耗費時間的工作準備中得到空閒，實施測驗和評分，畫圖表和分析資料。除此之外，經過每一天的一致性測量，強化了資料總數和品質，老師所獲得的訊息也增加了。Fuchs 和 Fuchs（1987a）最初的研究指出自動化蒐集資料在蒐集、儲存、繪圖和分析學生表現資料上，讓教師節省許多重要且可觀的時間。教師的角色從資料協調人和蒐集者，改變成教導的專家，能夠審查資料庫和修正教學決定。研究指出：學生成效相關自動化，經過教師蒐集學生表現資料庫沒有負面的影響（Fuchs & Fuchs, 1987a）。目前的研究多樣，包括可選擇電腦回饋方式，目標格式化和使用專業的系統化教學；建議：教師應多用電腦化課程本位評量監控教學方案的執行成果。

　　課程本位評量變通性方案，包括擴大閱讀流暢性口語評量，應用學校電腦軟體收集教學與評量資料，鼓勵特殊教育老師使用電腦化「克漏字」評量方式，藉由同儕協助而完成閱讀成長的監控作業。

㈡修正決策規則

　　原來課程本位評量系統的資料評估規則稱作目標導向。使用這種方法，教師比較學生進步和計畫在 IEP 基礎目標達成的實際比例。修正目標導向規則在標準的目標導向方法上增加一個特點：如果學生實際進步比例，超過了計畫的即時目標日期，顯示學生對目標是精熟的或者是超越的，教師便需要增加目標。從那時開始，教師分析達到新目標所需的實際進步的適當比例。教師使用這個修正的決定規則增加平均每個學生大約.60 次的目標，然而教師在標準的目標導向規則團體裡面採用每個學生增加.05 的目標平均數；而且，修正決定規則的最後目標比起標準決定規則還要高很多。此外，學生在修正目標導向的團體比控制組達到的還要多，然而，學生在標準目標導向的團體並沒有如此。這些發現是試探性的，而且需要被複製在其他學業的範圍以及另外的同儕和教師們。結果建議：修正目標導向的潛能效能，鼓勵教師們對於身障生的期望增加目標和抱負（Fuchs, 1989）。

第十章

課程本位評量效果的檢視

陳政見、劉冠妏

本章主要說明課程本位評量定期及年度檢閱的實施過程，以決定特殊教育計畫。此外，詳述常模參照及介入前後比較圖的程序來決定教學的實質效益。

使用課程本位評量評估特教學生時，是以普通學生作為常模，對篩選的決定提供有價值的參考資料。基於同儕資料來比較特教學生在同儕中的表現程度，評定特教學生程度是否遠落後於其他人，進一步確認特殊學生在學業評估的需求。從最早的轉介過程中，使用課程本位評量建立學生連續性資料，應儘可能先評估有關轉介前的教學效果。當我們認為每一次的轉介適合進行特殊教育計畫時，便可蒐集學生平時的資料，如此一來，有利於學生是否接受特殊教育的決定。如果要蒐集有關矯正技能的訊息，就進行跨年級程度教材的施測。教師密集審視學生在特殊教學策略的反應，蒐集教學及安置需求的重要資訊，透過形成性評量，運用直接而有效的評量評估學生進步情形，以確認有效的教學策略。

有關特殊學生的決策，其中一個決策重點是強調定期和年度的檢視，以確認特殊學生的需求；因此個別化教育計畫（IEP）結束時會進行全年度

的檢視,這些檢視活動的目的有二:(1)在 IEP 中,特殊教育各項活動是否
充足或需要調整;(2)根據結果決定再進行教學計畫或是需求服務的調整。
然而,教學介入方案的改變較為單純,但是在服務層面的改變較為複雜,
其問題所在與多專業團隊的決定有關。這些決定包括終止(exit)學生的特
殊教育服務,回到普通教育班級進行全時教育。美國將學校心理專家視為
特殊教育資格認定的重要角色(Reschly, 1982; Shinn, 1986),但是定期和
年度檢視所做的決定,通常不包括心理測驗,因為他們討論的是服務層面
改變的主題和終止特殊教育服務與否的問題(Marston & Magnusson, 1988;
Shinn, 1986)。

第一節 課程本位評量定期及年度檢視

　　根據美國 94-142 公法規定:「公設監護人(public agency)應確保:
(1)每位障礙兒童的教育安置;(2)教育安置至少每年進行一次。」

　　而我國特殊教育法施行細則(2003)亦規定應定期重新討論學生安置
問題。

　　這些構成了每年檢視教育安置的合法規定。然而,過去決定特殊教育
方案是否有效的特殊程序(或是否改變服務層級)並未特別重視。Chalfant
(1984)觀察特殊教育鑑定及決策過程的相關研究,美國各州雖然提供特
殊教育學生的鑑定、評估,以及學生安置的程序,但只有少部分法規提及
應降低學生接受轉銜服務的層級,或提及如何終止學生特殊教育服務項目。
McNutt(1986)研究報告指出:美國僅有少數州提供終止特殊教育服務的
標準,而 Gartner 和 Lipsky(1987)欲從聯邦政府取得相關訊息卻遇到相當
大的挫折,僅獲得美國教育部簡單應付的回覆。

　　學生終止特殊教育服務並不常見,所以較不會蒐集此類的相關資料。
Gartner 和 Lipsky(1987)研究報告指出:二十六個城市樣本中,每年僅有
低於 5%的學生從特殊教育回歸到普通教育。此一結論造成服務層級上的
改變,也就是說,評估特殊教育的有效性時,從較多限制的安置環境到終
止特殊教育服務不應忽略這些重要的判斷依據。從另一角度來看,即使有

系統地蒐集、建立資料，仍不足以認定這些決定都是確實可靠的。

第二節　定期及年度檢視與回顧

眾人皆知，「在商場上，欲結新友，需知解盟之道」，其意為建立夥伴關係之初，應洞悉解散夥伴關係之道乃為上策。此概念提供特殊教育工作者很好的決策啟示，終止特殊教育決策應和學生法定資格相互結合。

當學生需要特殊教育服務時，應先決定學生接受特殊教育的資格和需求（Bateman & Herr, 1981）。換句話說，即使學生已接受特殊教育計畫的安置，仍須考慮其法定資格和需求。學生需求是一個基本而重要的因素，因此必須事先深思熟慮學生是否仍需特殊教育服務。例如：輕度障礙學習困難者的需求和合法資格，明顯不同於其他障礙學生或普通班的低成就學生。同年級的障礙學生和同儕雖在相同環境學習，但其學習成就卻有所不同，這種學習差異的說明詳見圖 10-1。

改變服務層面的決策過程（包含終止特殊教育）對需要額外教學需求的學生而言有其必要性。但其前提是：特殊教育服務是對障礙學生提供特殊教學活動，以縮減普通學生與特殊學生之間的差異。如圖 10-1 所示，當普通學生的成就逐漸提升時，教師對普通學生期望逐漸在改變。在普通教育下，教師對學生課業習得的期望將決定有效和適合的特殊教育協助。當特殊教育學生和同儕縮短其成就差異（如 A 線），在定期或每年的回顧中可能可以終止特殊教育服務，或將學生安置在較低限制的特殊教育環境。當兩類學生成就表現仍有差異時（如 B 線），其安置可能決定維持現狀、轉換不同的介入方式或是進行服務層面的改變。若特殊教育學生和同儕間的差異持續擴大（如 C 線），則可能需要考慮改變服務層面或型態。因此，接受特殊教育服務的資格在初期安置中是一個難題，假使具有較少限制的合適方案，學生就不再需要特殊教育服務。假使提供介入並無效果，則學生就需要不同的特殊教育方案（Allen, 1989）。

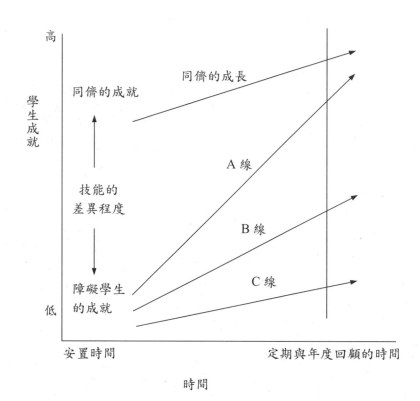

圖 10-1　障礙學生和同儕的成長與成就改變評估比較圖

資料來源：Allen, D. (1989). Periodic and annual reviews and decisions to terminate special education services. In M. R. Shinn (Ed.). *Curriculum-based measurement: Assessing special children* (p. 186). New York: The Guilford Press.

第三節　課程本位評量的終止機制

　　在每個階段裡中止（terminate）學生特殊教育服務之決定，是一種改變特殊教育層級的形式，此決定會在定期或每年的回顧中進行。終止特殊教育是一項重要的決定，因此需進行特殊評估，由專業團隊提出學生不適合特殊教育服務之理由。學生安置在特殊教育環境時，可能出現兩種特殊的情況：(1)學生可能不再是障礙者；(2)學生可能不再需要特殊服務。舉例來說，在以下兩種情況中可能會遇到具有學習困難的學生：第一，學生已

經學過的內容和老師已經教過的內容並不一致；換句話說，若真正已學會內容和應學過的內容沒有差別，就不會產生學習方面的問題（Federal Register, 1977b），亦即教學內容就是學生已學習的內容。第二，除了學習障礙之外，此學生沒有其他學習不一致的情況。意指輕度學習障礙是個體本身欠缺某些能力，此外並無其他理由來解釋孩子學習失敗的原因。

　　當以上兩種特殊教育安置的情況不再存在時，如何為學生終止特殊教育服務？多專業團隊須先評估障礙學生在普通班的計畫來決定安置是否合適（例如：是否有效且適合學生的教學計畫）。但這僅能表示透過監控與評估來決定學生是否仍具有障礙，而確實需要特殊教育服務的階段。以下將說明一些校正程序。

第四節　課程本位評量的校正程序

　　Chalfant（1984）發現以下三個問題是特殊教育安置服務評估常提及的：

　　1.對學生的教學期待是什麼？特殊教育教學安置和普通教學的安置是否有通盤考慮？

　　2.是否衡量學生的學業、社交、情緒或生理需求的優勢與劣勢之處？

　　3.學生是否能從教學介入中受益？他能持續受益嗎？

　　以上三個問題，是從理論的基礎來評估個別特殊教育計畫的有效性，並進行特殊教育決策。不論服務層面的改變為何，應透過特殊程序和標準引導定期的檢視。而年度檢視過程和完整的理論基礎賦予其合法性，並著重在合適評量的議題。為什麼在決策過程中年度檢視只受到少部分關注呢？原因是所蒐集的評量資料不夠充分來說明特殊評估的三個問題。亦即，年度及定期性檢視並不適切，或是沒有蒐集足夠的評量次數以回應先前的問題。

一　決定教學期望值

在教學情境中需考慮兩個關鍵要素：(1)教學介入的目標知識；(2)所有安置情境的目標知識。前者的目標將顯示於 IEP 長、短期目標裡，而後者的目標將以教學成就來表現。

過去敘寫 IEP 目標不是過於空泛，就是過於繁複。如果僅寫出少數 IEP 的目標，只有少數有效的決定能與特殊教育計畫的期待產生關聯。對於其他環境所期待的客觀評量也有問題，例如量化的資料時常無法取得。

少數資料反映出此領域只注重評量少數學生本身而不評量環境。多數資料顯示，與其透過智力測驗瞭解學生潛能，進而決定對他的期待，不如評量環境來決定期待。對於學習成就高與學習成就較低的學生，我們常期待得分較高的學生在教學介入中完成較多工作（Reschly, Kicklighter, & McKee, 1988c）；課程本位評量的優勢是從 IEP 和環境評估中決定對學生的期望。藉由課程本位評量模式撰寫 IEP 的內容，反映出具體課程程度中學生預期的表現，就像是考慮 IEP 是否成功的期待標準。例如：撰寫 IEP 閱讀課程的學年目標，「在三十六週中，任意從 D 級的閱讀程度選擇段落，學生將能大聲而正確讀出 100 個字彙，其中唸錯的字將少於 5 個字彙」，這種期望就寫得很具體明確。

二　決定學生需求

學生需求的操作性概念，在於學生當前的表現能力和期望水準會有所差異，而多使用智力測驗來決定學生需求，並考量智力與學習成就間的差距。其差異程度將決定特殊學生該安置在何種情境中。

不過學生需求之操作性概念已受質疑（Reschly, Kicklighter, & McKee, 1988a, 1988b, 1988c），在一連串的決定中，學生的分組隨著教育措施而改變學習場所。能力測驗只能評估和學業表現之間的相關，而這些評量會受到許多與教育無關的因素影響。因此特殊教育方案的安置是根據這些評量，但卻無法反映出實際的教育需求。有趣的是，當學生安置在特殊教育環境

中，如何評估需求的轉變？一般而言，每三年所使用的方案會重新評估是否符合障礙學生的「需求」。在新的特殊教育方案下，「需求轉變的評估」會使用已出版的成就測驗進行前－後測的評量。但這種策略最多只能用來決定介入的成效。如此一來，年度檢視的初始目標將會受到質疑，因為學生需求的檢視被忽略了。課程本位評量則能直接評量策略，且持續評估學生的需求，以排解爭議。

　　起初特殊教育安置是從課程中持續教學後的學生成就來進行直接評估，其安置結果反映了教育的需求。Reschly 等人（1988a）回顧幾個決定教學場所的重要案例，最後結論：「分組計畫是根據大家認同的課程進行技能的直接評估，因此需要提早防範。」接著是任何直接貢獻的介入方案有效性的評量和立即對特殊教育障礙學生目前需求做出結論。Reschly 等人（1988a）特別強調此重點，並建議：「……課程本位評量因結果與介入的益處有關，與其他功能性的直接評估影響更為可取。」

三　決定有益的教學

　　最後要探討定期和年度檢視的最後一個問題是：「特殊教育學生受益的程度」，其中一部分與學生需求評量有關。而學生預計學習的目標則依據先前評估能力的水準而定。

　　特殊教育方案的成效多寡，需依個別差異而定。一般而言，用已出版的前後測測驗、常模參照成就測驗（通常在學年開始和結束時進行）來評估學生成長的程度。然而，許多測驗的使用目的並不適合評估學生的學習成就（Good & Salvia, 1987; Jenkins & Pany, 1978），不宜用來確認教學的成效，且評量比較無法評估學生在課程教材的特殊主題和短期目標的成長情形。但是若使用課程本位評量，可以評估學生在 IEP 之下老師所期待的改變，課程本位評量內容的準確性和敏銳性可以充分顯示出短期介入的影響（Deno, 1985, 1986; Marston & Magnusson, 1985, 1988）。

四 定期與年度檢視的決策過程

首先預知課程本位評量資料蒐集歷程及討論決策資料之特殊注意事項，定期與年度的檢視可分兩大主軸：

1. IEP 教學活動是否依據教學期望來進行？或依據需求調整？
2. 教學方案或相關服務水準需要改變嗎？

就程序上而言，定期及年度檢視的評估活動大同小異，兩者不同的地方在於年度評估活動屬全面性，且需要正式的書面報告。

(一)評估學生獲益情形

特殊教育方案中對於障礙學生的獲益評估，是定期與年度檢視的基本要項。其過程根據以下兩種方法完成：理想圖示與常模參照。

理想上，使用理想圖示（idiographic）策略來決定獲益程度，可比較學生有無特殊教育服務介入的學習進步比例。為了完成此工作，需要比較學生安置在特殊教育服務之前以及接受特殊教育安置後的進步趨勢。在特教環境中，如果學生進步的趨勢大於接受普通教育時，可考慮特殊教育介入比較有利。雖然接受特殊教育之後學生有快速進步的現象，但是使用常模參照測驗進行評量，可能出現該生在特殊教育和普通教育環境的學習並無差異的現象。

這種情形可用圖 10-2 說明：在此案例中，由於小莉的作文顯著低於同儕年級水準，因此小莉被安置在特殊教育中。從課程本位評量資料來觀察，普通教育介入並不適合小莉，因為她的進步程度明顯低於其他同儕，並已經嚴重落後了；後來安置在特殊教育環境，其進步的比例有顯著提升。小莉在她的特殊教育方案中進步很快，即使她不擅於描繪此技巧，也與同儕的方法不同，不過特殊教育服務的確有助於小莉的學習，其介入方案也應持續進行。

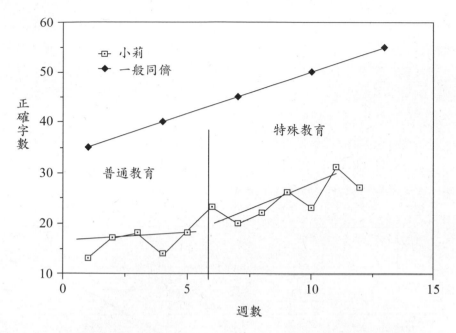

圖 10-2　在普通教育和特殊教育介入方案之下，小莉和同儕的書寫表現之比較
資料來源：Allen, D. (1989). Periodic and annual reviews and decisions to terminate special
　　　　　education services. In M. R. Shinn (Ed.), *Curriculum-based measurement: Assess-*
　　　　　ing special children (p. 193). New York: The Guilford Press.

　　此案例顯示：評估特殊學生的特殊教育方案時，通常沒有利用合適資料進行評估。此情況常見於 IEP 中，針對學生正式測驗得分進行學習目標的訂定。起先使用目標導向處遇方法進行描述（goal-oriented treatment approach），進而比較學生成就的坡度及水準與學生 IEP 目標的期望比。在定期檢視時，成功標示學生表現的水準，並繪製一條成長線，呈現在回顧的圖表及資料上（以圖 10-3 為例）。

　　第一次定期檢視（1/1）中，小安的預期表現比例是每分鐘正確讀出 38 個字，而他實際的表現是每分鐘 45 個字，由此可知當時對他的特殊教育教學方案是有助益的。此外實施年度檢視時，學生的進步水準需要接近 IEP 目標的標準，例如圖 10-3，小安的預期期望是在年度檢視中（5/1）能正確唸出的字數應達 75 個字。然而他只能正確唸出 50 個字，根據目標導向的

處遇方法，可推論他的教育方案並不像預期計畫一樣有效。第二個評量特殊教育益處的策略是使用處遇導向的方法，詳細說明於第九章。比較現今教學方案之下學生進步的幅度與特殊教育介入的幅度，後者在學年中似乎比較早。第一次介入後，若學生的傾向沒有顯著進步，則特殊教育服務可能不再具有幫助。以圖 10-3 為例，年度檢視的時間（5/1），其結論可能是小安並沒有達到 IEP 的長期目標，其長期目標是每分鐘正確讀出 75 個字。針對 B、C 兩段趨向而言，小安在 C 線比 B 線的介入獲益更多。常模性的課程本位評量資料在判定獲益狀況是很有用的，而課程本位評量是以自我

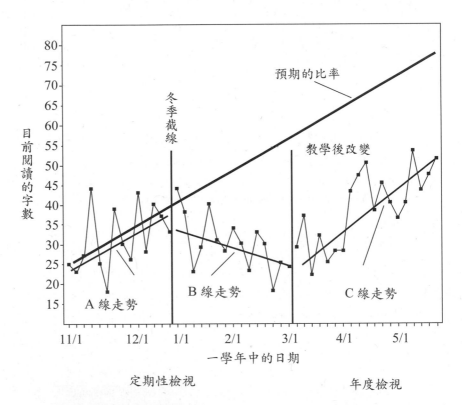

圖 10-3　使用目標導向的處遇方式來評估特教方案的效果

資料來源：Allen, D. (1989). Periodic and annual reviews and decisions to terminate special education services. In M. R. Shinn (Ed.), *Curriculum-based measurement: Assessing special children* (p. 194). New York: The Guilford Press.

比較取代了學生間的相互比較。自我比較是以實際表現和期望表現水準進行內在比較，從定期檢視中，可重複實施課程本位篩選評量的過程。學生接受測驗的年級水準的教材，同時發展未來的常模，再從他們所得的分數與常模樣本進行比較。不同標準可用來決定多數學生的學習是否充足，藉此指出特殊教育服務的益處。首先，標準可使用前後測評估模式，此一評量的量尺，例如：差異分數、標準分數對評量學生成長狀況會有不同的影響（Tindal, Shinn, & Germann, 1987）。

　　因為他們沒有同等間距的資料，因此若僅使用差異分數來表示個體的改變是有問題的，使用差異分數較適合用以決定整體的改變（例如：正相關成長、負相關成長）。至於更確切的成長評估，則可使用標準分數進行。這些分數能轉換成百分等級以利溝通瞭解。假設學生從同儕年級水準中縮短技能水準的差異，代表介入的決定可能具有益處。

　　年度檢視的過程，特別重視學生的法定資格的判定。學生不僅接受 IEP 所列課程範圍之年級水準教材的測驗，也接受普通班的課程教材的測驗。

　　專業團隊可從定期檢視策略解釋常模性的資料，並從年度檢視判斷特殊教育服務是否對學生有益。

　　專業團隊可從統整理想圖示與常模取向所獲得的資料，評估特殊教育對於個體的影響。根據每個方法所整合的結果具有不同的含意，這兩種評量的取向中，不合適的學習成效將會建議修正其教學方案。換句話說，若學生在年度檢視中達成 IEP 目標，但是低於專業團隊要求的常模成長標準，會建議此 IEP 目標並不合適，教學方案需要考慮進行修正或改變。

㈡評估學生需求

　　使用課程本位評量過程來決定障礙學生特殊教育的有利程度。很顯然，對於獲益的內容及需求之間是緊緊相扣的。如果介入方案對學生無益，學生需求的議題會變得毫無意義。假設教師已提供一個課程本位評量系統來監控學生的學習過程，在年度檢視時，乃有可能接受其他更合適的建議、改變服務水準和考慮任何變通性的方案之環境要求。

　　若能指出學生獲益的情形（例如：若學生的學習趨向逐漸進步，相關

學習也有正向改變），則決定學生的需求將會變得更複雜。就需求而言，可能會思考學生需要較少的服務或是需要提供相同的服務？在這些情況之下，應給予有力的建議，使教師能在最少限制環境中進行教學。在這些實例中，注意力較少集中在學生表現的相關程度，而較注意學生所有技能的表現水準。也就是說障礙學生是否能表現出相同程度的技能，讓他保持在可替代的環境。

(三)決定何時終止特殊教育

考慮終止特殊教育服務，需視學生表現的程度，以決定學生安置在普通教室的適當性。以同儕的技能界定最少限制環境（LRE）的概念，就讓學生回到目前的教室上課。當學生回原班上課時可以與同儕進行比較，最常見的是：他們的表現低於同儕平均值。例如：在年級平均水準中，學生程度在一個標準誤差以內，就需考慮學生是否適合回歸主流。然而，此觀點卻有爭議（Marston, 1988b），因為「在年級表現水準的平均範圍」可能對回歸主流的標準太過嚴格。Marston（1988b）提供另一個比較的標準是學生回歸主流時，並不期待他們能媲美同儕的水準，相反地，可能要接受並期待他們的表現可以像班上其他低成就學生一樣好（Gerber & Semmel, 1984）。對於特殊教育學生的要求只希望他們能比得上班級中課業方面最低成就的群體。因此一個變通性的理論主張特殊教育學生的表現水準，和課業較低成就學生平均表現水準進行比較。課程本位評量評估的執行簡易，對教師而言他們容易蒐集到較低課程群體每月的常模，將此作為合適的學習水準。當學生表現高於較低教學群體（low instructional group）的平均表現時，學生就能從較低教學組回到一般的教學群體。

舉例來說，透過課程本位評量來測量小強的數學水準，以及決定在較少限制環境和普通教育環境的期待表現。每週小強透過課程本位評量進行數學學習的表現。如圖 10-4 可知，他的數學成績逐漸進步。因此在普通教育環境下評估學生樣本後，小強的專業團隊可從學習表現建立期望表現。首先平均這兩種年級水準表現，再決定學校普通教育中最低數學教學群體的表現水準。圖中較高的直線代表學校中與小強同年級學生的數學平均表

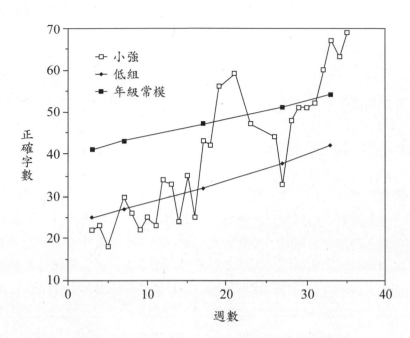

圖 10-4　小強在低組年級常模數學表現比較圖

資料來源：Allen, D. (1989). Periodic and annual reviews and decisions to terminate special education services. In M. R. Shinn (Ed.), *Curriculum-based measurement: Assessing special children* (p. 198). New York: The Guilford Press.

現，而較低的直線則代表學校中與小強同年級學生，數學較差群體的平均表現；從圖中可知，小強接受特殊教育服務之後，其平均優於低下的數學同儕組。小強可能可以離開特殊教育的環境，低組教學的群體提供第一優先的機會讓小強回到主流環境，並提供合適水準的服務。在此例子中，經過三十週之後小強被安置在較低的普通教育課程，他的數學表現持續進步，直到超過此群體的平均值。過去經驗中並無嘗試困難和快速的規則運用在較少限制環境或較低水平的服務。如同對任何普通學生而言，何者最適合學生，應該透過專業團隊進行決定，透過他們共同意見的表達來改變最初服務水準的決定。有關合適服務的最終決定是透過有系統的資料蒐集，運用事後比較方式進行決定。自從接受特殊教育後，學生進步的趨勢能提高或維持，就是最合適的決定。

第五節 結論

　　沒有任何理由假定學生的需求或合適的介入改變只能在一年的週期循環中進行。特殊教育安置或服務水準的項目，應需考量最初安置的時間到終止的時間，甚至更長的未來。而課程本位評量的過程富有彈性，將特殊教育和持續的需求視為有效的決定，包含服務水準、學生定期及年度的檢視。特殊教育介入有效性之決定是比較學生 IEP 目標和實際學業的習得與常模樣本的關係。而考慮終止特殊教育環境的決定，則需視學生所需的技能程度是否符合普通班級受教團體的程度。當考慮終止學生特殊教育服務時，將會評量他們在普通班級的課程水準進步比率，並與其他學生教學水準的技能進行比較。當障礙學生的表現和其他學生表現一致時，則表示學生應該終止特殊教育的服務。

　　我們需仔細監控學生進步情形，以判斷終止特殊教育的決定是否正確。課程本位評量的確提供決定終止或改變教學的水準；透過一種獨特的評量理論，終止和加入特殊教育是相互連結的，二者皆需要監控教學策略是否具有效用。一般量尺和決定模式常被使用，而這些議題在學生接受服務時予以敘述，因此，服務的改變或計畫的擬定是根據學生需求，而不是根據武斷的評量來進行。

第十一章

課程本位評量方案的評鑑

陳政見、李英豪

第一節 釐清教學方案評估意涵

本章旨在討論課程本位評量的評量計畫之應用，並以 Borich 和 Nance（1987）所定義的評量過程當作基本原則。Borich 和 Nance 認為評量過程是一個「有關計畫、結果或歷程的成效資訊」，而實施特殊教育時必須考量到以下因素：

1. 順應各級政府的指導方針與政策。

2. 協調、維持一個完整的組織和服務模式。

3. 適當地調整評量計畫並將評量結果轉變成檔案模式。

後面所稱的「調整和轉變」，指的是能明確指出學生和成員在教學計畫中有成長或成效的議題（Borich & Nance, 1987）。Borich 和 Nance 的模式，有兩個重點：

1. 決定教學方案的價值或優點。

2. 考驗教學方案的成效。

並利用許多評量原則，強調當前教學方案的結果分析。把重點集中在

現有計畫介入結果之評量，而不是對計畫內容探討（Stake, 1976; Stufflebeam et al., 1971），或更有系統和更科學的評量設計（Fitz-Gibbons & Morris, 1978）。就如同 Gersten 和 Hauser（1984）所提到的，評量的目的是「評估學生改變的結果是否因為系統中特定變數（例如：一個教育計畫或其他未知的因素）所造成」。教學方案被認為是根據規劃的內容和多項介入因素所匯成，並由多位專業人士為促進學生表現而實施。

教學計畫是一個有組織結構的成員（例如：學校心理學家、語言治療師）從事計畫性的活動（例如：諮商、語言發展），使用特定資源（例如：金錢、材料），在時段內（例如：每日、每週）協助一個或更多的孩童達到特定的計畫目標（例如：改善自我的認識、增加口語溝通技術）。Borich 和 Nance（1987）指出教學計畫服務範圍，包含自足式方案、諮詢服務、支援服務、相關的服務和契約服務，但在課程本位評量程序的資料中，無法在上述的範圍中廣泛取得。因此，文字、表格、數字只是描述服務傳遞的一種方式，例如：僅以資源教室和部分自足式服務來說明服務的方式，並無法提供更深入的資訊。一般而言，「資源教室教學計畫」其定義為：「透過個別或多位的專家，長期對個別或多位的學生實施教學，所得到改善學業或社交表現的成效。」

第二節　推動教學方案評鑑

教學方案是針對個別學生實施，而本節所探討的是對每位學生設計發展和評估的教學計畫。推動教學方案評鑑的主要需求來自以下三項：(1)報告教學介入成果；(2)以實證基礎來發展評鑑方案；(3)建立建全方案的特色。以下分別敘述之。

一　報告教學介入成果

就系統分類而言，蒐集資料是為了說明學生在教學介入後的成效。當教學結果的資料產生時，資料蒐集就成了一項直接的工作，只是利用資料

來判斷方案的成效是一個盤根錯節的過程，但其資料以能理解為佳。對於 IEP 進行監控，使用分類水準資料去評估，必須思考幾項重要議題：

1. 評鑑的目的或類型。
2. 所呈現的觀察資料。
3. 資料蒐集和描述的型態。

在分類層面中，資料有許多來源，所有的資料必須有系統地分析並以可理解的方式來呈現。

二　以實證基礎來發展評鑑方案

另一個實施評鑑方案的理由是想證明計畫的正當性。分類層級的資料最具敏感性及實證性，以此基礎可發展出具有正向教育效果的教育方案。一般而言，分數的蒐集可反映出教師為學生所設計的教學方案之教學成果，並可視為該生與其他學生共同參與教學方案的依據。因此以 A 和 B 兩個方案來舉例，當我們在考慮 A 和 B 兩個方案時，可以比較群體中學生成績分布的情形。假如發現方案 A 帶來的進步比方案 B 多（由較高的總結性評量成績可茲證明），則可以發現對於多數學生而言，應該執行方案 A。然而，這結果並非意味著 A 方案對所有的學生都是最理想的。對某些人而言，方案 B 或許更有效，只是從蒐集到的成績來看，實施方案 A 比方案 B 能夠讓更多的學生進步。

三　建立健全方案的特色

評鑑方案的最後一個理由是為了檢視外在效度。所謂外在效度，就是教育方案不僅可用於受教的學生，亦可推廣到程度類似的學生身上。所以當教學程序符合「不同學生在不同安置中，接受不同老師的教學卻有相同結果」時，即可建立外在效度。而由於方案實施方式可能不同於「一段時間內跨師生所蒐集資料之普及性（generalized）及總結性（summative）的觀點」。所以非但沒有著重於教育方案對個體的影響，分類層級的評鑑方案反而會概括了時間與個體。將「正面的方案效果」與「未達正面效果」

兩者加以平均,而「每天最佳表現」與「每天最差表現」分開計算,藉由所有變項所得資料來源予以平均,則任何效果在跨情境及個體的區間都將更為穩定、適用。如果學校制度使用一種特別的教育轉銜制度,則可將所有教學者所蒐集的資料彙整,以判定全面性的效果。所以評鑑計畫可能會跨個體及情境而有不同的實施方式,因此,評鑑方案介入的範圍將更為廣泛。如果個體可以在現存的變項間獲得顯著效果,這樣的結果將會更值得信賴。

第三節 課程本位評量教學方案評鑑的立論

一 評鑑程序的假設

實施教育方案評鑑的首要前提,在於學生表現的資料是具有信效度的。其次是評量的目的在為個別學生或一群學生做教育決策。第三,資料必須確實反映每單位的分析和方案成效的程度(個人或小組的大小)。第四,資料一定要能敏銳地反映受試者的表現,這包括由誰來評鑑評量結果或者誰來執行決策。上述四項假設在建立和實施評鑑方面是互有關聯的。

二 評鑑歷程的理論

任何教育方案的評鑑設計應考慮到資料蒐集的目的、讀者及類型,最重要的資料類型有三種:常模參照的、效標參照的和個別參照的。這三種不同的資料類型就會有不同的抽樣方式和不同的評量設計。

在傳統的常模參照評量(NRA)中,會用同一個測驗來比較受教學生之測驗得分與常模群組學生的得分;較大的群組是可以運用的,該測驗經常由項目的難度構成,且以此作為主要測驗項目的選擇標準。一般都會直接考量測驗與教學內容是否一致,因此,內容效度也會受到質疑。

在效標參照的評量(CRA)中須考慮三件事:(1)題目抽樣來自教學領域;(2)抽樣題目須顧及系統程序;(3)決定精熟的標準。

在個別參照的評量（IRA）中，項目選擇主要的標準，著重於與教學有關的交替測驗，進而造成一個常用的測驗系統，這讓測驗的管理者擴大了施測時間的區段。在這取向中，學生的表現和先前的程度作連續性的比較，重點在於學生經過一段時間的表現。

在前述三種評鑑教育方案的理論中，無論如何，都應該考慮到評鑑的目的、決定的型態和關聯者（audience）。因此，常模參照的樣本來自大範圍的學習領域，效標參照和個別參照則與教學內容有關，所以後兩者更強調測驗的內容效度。效標參照的方法與直接的教學成果有高度相關，而個別參照理論也呈現類似情況。

三　結論和願景

總之，方案評鑑必須混合多種參照（常模、效標以及個別參照），評鑑是一種具有大量系統化學習成果的多元資料庫。這樣的區別將提供一個更多元的資料庫來進行更有效的詮釋。然而，在這程序中，我們不能忽略教育介入的觀察測量或分組變項。因此評鑑方案必須做一個有意義的界定。

一份完整的方案評鑑必須說明方案的相關事件。例如：學習環境的物理配置、課程與教材的內容和互動的教學形式；沒有做到上述的三件事則評鑑的結果都是空洞的。將焦點放在系統教學和實施成果上，若沒有一個有效的評鑑，我們便無法做出實證歸納。所以藉由教學和共同測量的結果，教師能發展並實行最佳的評鑑方案。然而，這一章所追求的終極目標是測驗的結果。

以下分別就常模參照測驗、標準參照測驗和個別參照測驗，在課程本位評量中應用的情形予以敘述。首先描述評鑑策略，接著量尺出現，然後檢視實證性資料的產生，最後，在真實評鑑中能積極安排。

第四節　課程本位評量實施方式

一　常模參照評鑑方法

　　根據 Horst、Tallmadge 和 Wood（1975）的描述，所謂的常模參照評鑑方式，就是將一群學生和另一類型相似的群組進行比較，而這樣的類似群組在較早的時間前便接受過標準化測驗。尤其普通教育的學生群體在接受課程本位評量的測驗時更是如此，當然在特殊教育的學生群體也會如此；透過這樣兩種群體的比較，可看出潛在差異，而這些差異都會以多元化的方式呈現。習慣上，在評鑑方案中會使用時下已經出版的測驗，但相同的方法學也會被課程本位評量所採用。其必備內容分述如後。

㈠摘述量尺與運用方式

　　要在一個常模參照的領域中使用課程本位測量，其必須包含四個要素：(1)決定施測的次數；(2)建立施測及計分系統；(3)分析測量分數分配情形；(4)發展報告格式。

1. 決定施測的次數

　　很多已出版的成就測驗測量的時間多半在秋天或春天，但在美國主要學區卻在秋天、冬天和春天三個時間使用課程本位評量，甚至還產生常模資料。通常秋天進行測驗的時間是在九月下旬或十月初進行；冬天則在一月中下旬完成；而春天則在五月下旬或六月初進行。所以建立施測次數的事前準備，應避免在假期結束後進行（例如：暑假或聖誕假期之後），因為學生的表現可能會在無意間，受到課程時間表改變、學校作業的預習、注意力等影響。

　　此外，將一學年平均分為三個相等的時距，以便於比較不同季節的成長情形。這裡指出：成功的常模中，有些許的成長差異會令人質疑，通常秋冬之際所達到的成效總是比冬季到春季間的表現還好。

最後，所有學生必須保有相同的測驗時間。對於一個真實的常模參照設計而言，課程本位評量一定要同時對原始的常模團體及特殊教育學生進行施測。在不同的時間進行測驗，容易產生資料的誤差，致使失去效果解釋效力。例如：普通教育的常模在初秋完成，而特殊教育學生在暮秋接受測驗，就有可能會低估群體間的表現差異；接著，在學年結束前進行測驗（冬天和春天）也許就無法真實地反映特殊學生與一般學生間的改變差異。

2.建立施測及計分系統

以常模參照的課程本位評量而言，其常模參照的設計會改變測驗的敏感度。Deno 和他的夥伴就發展了一個以比率為基礎的測驗而非正確度測驗（Deno, Mirkin, Chiang, & Lowry, 1980; Deno, Mirkin, Lowry, & Kuehnie, 1980; Deno, Mirkin, & Marston, 1980）。有時間性的學習任務較無考慮到天花板效應，這使常態分配得以建立。此外，得分的計算方式對測驗敏銳性而言是一個很大的衝擊。根據 Tindal、Germann 和 Deno（1983）指出：在國小四年級學生的拼字分析中，正確的文字順序比起正確拼字率而言，其分配的型態更為低闊且更接近常態分配。同樣地，在閱讀方面，得分的分配狀態以字彙表和段落上的分數分配有很大的不同，先前的測驗結果往往會比後測的結果受到更多的限制。

3.分析測量分數分配情形

使用課程本位評量建立區域性常模，也可以在不同區域對普通學生建立常模。產生的資料將作為常模參照測驗的比較基礎。然而，在這過程中，常模的適當性就是比較的標準，必須要靠實驗去證實，例如：特殊教育。常模資料的分析應包含：(1)常模的型態為接近常態分配的曲線；(2)兼容統計趨中和分散兩種取向的評量。

如果常模資料的曲線圖呈現非常態的分配時，則在結果評鑑中，稍後就會產生問題。在多數的例證中，課程本位評量常模呈常態分配。有時，正偏態會發生在多數學生低得分的情況，只能藉由中數和眾數的得分來作為標示。

當施測者在第一學年的秋天過後對學生進行測驗，往往會在閱讀和其

他學習領域出現多數學生得分較低的現象,因為大多數的學生在第一個學年時會用較低水準的閱讀技能開始他們的學校教育。相反地,當許多學生獲得高分時,只有一些分數會顯現在較低的目標行為,這往往是學年即將結束時,大多數的學生已經習得所有字彙,對學生而言測驗的內容過於簡單,如此一來,學生所獲得拼字結果的類型將呈現負偏態的分配情形。

4.發展報告格式

在常模參照的範圍內使用課程本位評量就是在呈現資料的本質。通常使用兩種系統,去合併原始分數和百分等級或使用曲線圖(次數折線圖)。

在常態分配中,應該計算兩種總結性評量的數據:(1)集中量數(平均數或中位數);(2)變異量數(標準差)。在某些學區中,中位數會被當作代表常模群體的整體性數據,其優點是極端分數並不會被計算進去,因為它是分配中段的分數;有一半的分數會在中位數之上,也有一半的分數在中位數之下,因此當我們知道其數值為中位數時,便不必考慮該數在分配中的實際大小或得分。在其他學區,若是常模群體的平均數已經被算出來,則可以在建立信賴區間時,進一步提供可能分數的運算公式;雖然標準差看來複雜,但在代表常模總數的變異量時卻很有用,而且在評量一般變項改變時會特別管用。另外,次數折線圖可視為不同年級常模間的連續性資料,應善加應用。

(二)使用常模參照的議題

任何常模參照評量進行計算時,是極其複雜的,Glass(1978)比較兩組學生,一個是實驗組(特殊教育),一個是常模組(普通教育),在特教評量中較明顯的議題是:(1)常模群體包含哪些對象?(2)該如何界定樣本的範疇?(3)群體間要用什麼量尺來比較?以下將針對上述三個問題分別說明之。

1.決定適當的比較標準

在課程本位評量中,種族與人口統計學的樣本群體並非問題,因為使用的是地方常模;但將團體的表現當成為評量成效的參照標準,則會有爭

議。Fuchs、Fuchs、Benowitz 和 Berringer（1987）針對障礙學生的標準參照測驗效度提出質疑。他們注意到這樣的測驗通常缺乏標準化樣本的描述，並且無法提供適合障礙者測驗工具的資訊。雖然有相當多的文獻，支持可以將它廣泛地使用，但這些議題在課程本位評量的程序上卻相當重要。傳統上參照的樣本包含了所有學生，但卻排除了特教學生。不過，將普通班學生的表現當成評量標準，確實令人存疑。普通班學生的平均數也許代表著比特教學生更高的表現水準，但是真正較適合進行比較的對象也許是普通班中的學習低成就學生，因為這樣的學生能維持最低限度的成就水準。所以這個團體應該包含普通班中低於全班平均的學生。所以普通班文化不利學生或是普通班低成就學生的團體表現，較適合當作特教學生學習表現評量的對照組。

2. 構成測量的要素

　　如果將融合教育中的常模參照測驗作為項目取樣的方法，會影響資料的取樣。通常：(1)在學年間維持可以比較的抽樣計畫；(2)產生一個常態分配。這兩個議題關注在測驗的難度或試題取樣的廣度。至今，最常使用的取樣模式乃是從整體的不同層次中去取得樣本，因為不同抽樣計畫會在部分標準參照測驗上顯現出來。

3. 總結資料的做法

　　評鑑教育方案的最後一個議題是彙整資料，因為在發展區域常模時，會呈現普通班學生的平均表現，囊括許多轉換後的分數。有的研究報告，利用特教學生在每個常模間的平均數或中數，去比較後測、前測的樣本平均數或中數，並進行結果總結。

　　替代性方案是指使用轉換分數（例如：T 分數、Z 分數、差異指數，或百分等級）再一次比較這兩個團體的常模。

　　計算每個時間常模對特教學生和普通班同儕的轉換分數進行比較，例如：差異指數和 T 分數。計算差異指數對常模團體中每位學生所表現的中數較為適當；T 分數僅僅只是平均數為 50 而標準差為 10 的一個 Z 分數。以特教學生的數據低於普通班的學生為例，差異指數顯示特教學生一整年

的進步情形。T 分數能指出特教學生大約比普通班常模團體的平均數低了
1.5 個標準差（Tindal, 1982b, pp. 215-216）。

㈢學生成就的實證結果

　　有三項研究應用常模參照測驗去評鑑課程本位評量在特殊教育方案的
使用效果。Tindal、Germann、Marston 和 Deno（1983）分析資源班學生在
一年中經過四種基本技能領域學習所得到的資料，其基本領域包含閱讀、
算術、拼字和寫作。在一整年中（前、中、後期），所有的課程本位評量
測量都需要進行，而在成果評量時，必須使年級水準的作業表現合乎標準。
在特殊教育的安置決定中便提到，學生與一個年級水準的常模群體進行比
較，如果表現達到兩個或以上的差距（Deno & Mirkin, 1977），則多數學
生會安置在資源班。更重要的是這些學生之後會定期進行教學檢討與檢視
（年中和歲末）。特殊教育能有效降低特教學生在秋季和春季的拼字、閱
讀、寫作和數學的平均差異。Shinn（1986）進行評鑑，他在秋天、冬天和
春天對特教學生實施測驗，而且分析了他們的 Z 分數表現。他發現如果教
學的目的是為了增進特教學生的表現，使其達到普通班同儕的層級，則在
特教學生方面是不顯著的。事實上，某些學生在那一年當中，彼此之間的
關係持續改善。多數的特教學生在課程上、實際的行為表現上比起一般同
儕而言，還是嚴重落後的。所以在課程本位評量使用常模參照的方法（相
同的抽樣方式、管理程序、測驗時間和計分策略），則鄉村與都會區的教
育方案是有顯著差異的。

㈣運用常模參照的描述

　　完成的特殊教育方案，包含四項主題：⑴資料蒐集的形式；⑵資料蒐
集的策略；⑶報告結果的程序；⑷總結方案評鑑摘要。

1. 蒐集什麼資料

　　透過特定的或是跨層次的隨機抽樣調查，根據一些量尺去選擇事物。
舉例來說，教科書的取樣、文字拼音或數學教學的題目，或任何其他題目

的範圍都要透過評估而呈現。並建立一個測量的網絡（或稱為多元的測量），在不同的測量中，資料必須透過交叉檢核。

2.如何蒐集資料

包含測量材料的組織與測量的實施兩部分。蒐集資料最有效的策略是藉由受過訓練的志工、父母，或是學校專家，像是資源教室的老師等。用半天就可以輕易地將這些人訓練成功，所有的材料可以送到每所學校，分成兩人一組，每所學校約一到兩個小組。不管誰對學生施測，常模參照課程本位評量特徵就是：做計分稿和摘要資料是一項耗時的工作。

3.如何呈現報告資料

常模參照理論的基本前提是：從一些學生中建立可比較的表現水準。一般而言，有兩種立即可行的策略是百分等級和原始分數次數分配圖。透過圖示，瞭解來自常模資料的分配情形。其他如標準誤或百分位數，或許也可以更進一步供作安置普通班或主流群組的決定。

4.總結方案評鑑摘要

用常模參照法去比較兩個群體學生的教育方案，一個實驗組（特殊教育），一個對照組（普通教育）。要執行這個程序，要先確認是否為常態分配，才能看出成效的顯著性。這個方法可用於一系列的教學方案上，不管是評估特殊教育、閱讀課程、行為表現的水準或是其他任何個體和內容中都適用。

二　標準參照評鑑方法

使用常模參照評量時可以在大範圍的區域進行抽樣調查，但沒有辦法和教學內容對焦，此時，標準參照評鑑策略就成為更優良的評量策略。標準參照評量策略是從一個指定的教學領域中取出某一項目，用一個有系統的抽查計畫和一個標準特徵去決定學生們是否已熟悉。這個策略已經廣泛應用於特定的基礎課程上，也用在建立 IEP 目標之中。

應用一個抽樣調查格式在這些教學中抽取的樣本，可以確實測量到學

習技巧的成熟度。基本上，一位學生在一系列的分測驗（總分在 6 到 10 之間）的表現中，如果超過 80%的準確度，那麼，這位學生就可以進行下一個階段的教學；如果失敗的話，必須提供補救教學，然後這位學生再做一次測驗，直到達成為止。這樣的評估模式在很多特殊教育模式的 IEP 中出現，像 IEP 的目標可能是「辨識舌尖音和塞擦音的單字」，可以告訴他們先說出兩個單字，然後說出兩個音是否相同。此時，這位學生需以 100%的精確度來完成。由上面這個例子可知，標準參照測驗需包含三個元件：

    *1.*一個特定的抽樣項目領域。

    *2.*一個清楚的題目抽取程序。

    *3.*一個建立精熟表現的標準。

    課程本位評量程序用在工作分析並不普及，因為工作分析是將一個大動作分成一系列的動作技能。然而，IEP 裡建立長程目標和短期目標，代表項目可以在一個特定區域抽取，一個抽樣方式和一個行為標準也可以在測驗中建立。一般而言，個別學生的學習需要評估，但偶爾才會要用到標準參照來評估整體系統層次的表現結果。當使用系統層次時，陳述方式為：「當學生的閱讀成就大於90%或等於90%的準確度，已超過原訂的80%的測試標準時，其閱讀能力即算通過。」

㈠摘述量尺和應用

    標準參照的缺點在於項目選取困難和測試標準不易建立。如果測試題目過於簡單或困難，會有可以通過測試項目的學生數過多或過少的現象，這樣都是不適當的。用標準參照評鑑方法來做難度適中的題目抽樣調查，題目選擇是依據題目難度而定。課程本位評量的題目難度、鑑別度及精熟標準的研究已有著墨，課程本位評量的題目不能太容易，否則很容易造成天花板效應；但也不可以太困難，否則容易造成地板效應。Mirkin 等人（1981）以此觀點建立 IEP 的長期目標，並且在書寫、閱讀的表現標準給了下列建議：「一、二年級的學生每分鐘應該能閱讀 50 個字而出現兩個或是更低的錯誤率。在三到六年級的學生中，在閱讀方面應該至少有每分鐘 100 個字中有四個或是更低的錯誤率。」要達到精熟的長期目標，不應該

過於簡單就達到精熟，而是需在每個學年逐漸改變標準。但是，如果個案所表現的標的行為能力太低，則無法產生預期的效果；也可能是量表對於微幅的改變或進步反應較不靈敏所致。以下針對決定題目領域及建立精熟水準分別說明之。

1. 決定題目領域

Tindal 和 Deno（1981）研究拼字三題目類比法（three-item generation methods）不同靈敏度，其中包含三個向度：⑴詞彙由教學內容抽樣而來；⑵詞彙由年級水準的教學中進行抽樣；⑶詞彙是由跨年級水準抽樣而來。他們發現：反應最靈敏的領域是年級教學領域。然而，這個領域也產生了相當多的變異。由年級水準教學內容進行抽樣的領域，其靈敏度雖然較不明顯，產生的變異也比較少，但是，此一領域抽取的題目與 IEP 目標產生頗大的關聯性。Fuchs、Tindal 和 Deno（1981）也發現相似的結果。更多測量的靈敏度是由教學內容的領域反應產生，而且，變異也增多了。Fuchs、Tindal 和 Deno 發現抽樣持續時間長短也會影響學生表現：「較長時間的測量產生了較穩定的表現。」Fuchs 和 Fuchs（1986a）比較兩種抽樣型態的效果：長期和短期目標。前者的特色是期望學生能夠在往後的 15 週（或更多週後）可以精通學習材料。短期目標的特性是教師將學習材料，依難易程度之順序所切割成的小部分，而這樣的切割是期望學生能夠成功地精通學習內容。Fuchs 和 Fuchs 發現抽樣方式（長期或短期）與成效的強度並無相關，但確實發現取樣時間的長短與測量形式會產生交互影響：採短期測量時，試探性測量所估計的平均值結果比整體性測量來得高；長期測量時，試探性測量的平均效果比整體性測量低。基本上，在 IEP 中，抽樣題目的學習領域與測量形式及獲得最後結果的過程，息息相關。

2. 建立精熟水準

課程本位評量標準參照的精熟目標評量方式，Fuchs、Fuchs 和 Deno（1985）分析了教師所設定長期目標的精熟水準分類，如「極需努力」、「不太需要努力」，通常教師們會把重心集中在「極需努力」的目標上，與後測成就上所獲得的結果，兩者之間有著密不可分的關係。Fuchs、Fuchs

和 Deno（1985）發現教師建立了更高的 IEP 目標後，在後測上就會有較高的成就表現。自從標準參照測量成為口語閱讀評量的一種方式之後，明顯改善的現象是可以預期的，因為每週段落閱讀的評量條件是一致的。

(二)標準參照評量實證結果

Fuchs、Deno 和 Mirkin（1984）在紐約以 39 位老師所執行的一項研究，蒐集了三個有關閱讀成就評量的結果。半數的教師接受敘寫課程本位評量長期目標的訓練，而半數教師只在需要的時候監控 IEP 的目標；結果發現：當老師使用持續的評量及評估系統的學生，成就高於那些只使用傳統監控方法的學生。Tindal 和 Shinn（1983）發現：IEP 的「目標精熟（goal mastery）」與每年進行三次閱讀與拼字的課程本位測量的改進有關。所有三次測驗階段（秋天、冬天、春天）所得到的各階段與年度檢視的資料，其中包括特殊教育學生在內。這項分析以秋季和春季蒐集的評量資料為主，把他們的分數表現和他們在 IEP 記載的長程目標作比較。結果發現：在課程本位評量常模參照中，學生精熟 IEP 長期目標，其進步空間較大。在課程本位評量的評鑑上，特教學生在閱讀及拼字方面，最終精熟的目標，其成就和同儕比較下，可以明顯達到較高的表現水準。雖然相關達統計上顯著水準，但效度上是低度相關。一般而言，明確的 IEP 目標精熟度和整體的成長是相關的：精熟 IEP 目標的學生比不精熟的學生有較大的進步；因而，使用「目標精熟」的標準參照方式鑑定，對方案評鑑是一個可行的方法。

(三)使用標準參照評量之考量

使用標準參照評量方式來評鑑特殊教育計畫時，需考量：

1. 領域定義能否反映學習改變的靈敏度。

2. 決定精熟的錯誤。

3. 受評鑑群體的界定明確與否。

4. 資料的分析與組織健全與否。

而此四項是相互依存的，牽一髮而動全身，以下將就此四件事情分別

說明之。

1. 學習改變的靈敏度

　　使用標準參照評量方式設計評鑑時，學習領域必須界定清楚，如此用以測量教學結果的精熟靈敏度。如果無法呈現可能的評量標準，則驗證學習領域的適切性和解釋教學計畫方案的成效必然有困難。標準參照評量學習是否精熟，無論在領域的選擇和標準或是切截點，都是不客觀的判定歷程，因為，這種評鑑的形式是值得懷疑且需要澄清（Glass, 1980）。故，建議應逐年追蹤個別學生較為合適。

2. 決定精熟的錯誤

　　使用標準參照評量方式評鑑的另一個重要爭議點是：「精熟」缺乏明確的定義，而且在特定的領域中缺乏參考資料。精熟的定義：是否一個在期待水準上的資料點就足以被認為達到精熟，或是需要更多達到期待水準的資料點呢？精熟的決定，是指精熟分數達到穩定，在學生被確認對教材精熟可得高分之前，其表現必須在幾天內達到 IEP 目標的參照水準之上。在標準參照測驗的所有形式中，精熟的定義最難理解，又有多重的解釋，通過精熟的分數的真實性鮮少得知。標準參照評量評鑑精熟決定方式出現兩種錯誤型式：一為過度自信，二為過度否定。「過度自信」是發生在為學生作摘述時，誤認學生已精熟此目標，而事實上，學生並沒有精熟目標。「過度否定」是發生在學生被分類在未精熟目標的一類時，而實際上，他已精熟此目標。老師比較常犯的錯誤是過度自信，誤以為學生對教材精熟，事實上，學生並未精熟。過度自信的錯誤會導致潛在學習技能發展不健全，而過度否定的錯誤則會阻礙學生的進步幅度。

3. 參照組的設定

　　特教學生能達到 IEP 目標，即顯示出教學方案成效；但其參照組學生也必須描述清楚，只有全學年接受特殊教育的學生才做 IEP 精熟摘述。雖然，這種報告方法只限定在有接受特教服務的學童，但那些整學年接受融合教育的學生，其結果亦可解釋。

4.資料的組織和分析

　　所有的特教老師在期末完成的一份電腦研究中的資料顯示：他們教導的學習領域和教學方案實施成果與 IEP 目標精熟有關。資料形式（例如：合格測驗、定期及年度檢視等）針對每位學生 IEP 目標的進步，由資料編碼表單中計算取得的結果摘要，呈現在圖 11-1 中。在這份資料中，評估精熟目標的人數遠超過沒達到 IEP 目標的人數，這些資料概述每位老師以及有特教合作學校的學區。

㈣描述與歸納

　　標準參照評估策略有賴於檢視學生對個別 IEP 目標的進步，所以必須注意這些目標的特性及檢視學生進步的真實性。

　　教師評量學生在長期目標上的表現時，評量過程，持續收集目標精熟與否的相關資料。同時在年底，老師們須指出學習目標是否達到時，兩個列入考慮的因素是：(1)用來計算資料學生團體的組成（全年受教的學生或不同類學生）；(2)族群團體的層次（例如：透過 IEP 目標、老師、校舍、學區等）。

三　個別參照評鑑方法

　　在個別參照評鑑方法中，會針對每位學生在表現方面的改變作摘要敘述，而這些改變不是為常模參照評量而是和其他學生相比，也無法與那些已建立的或預期的目標或標準相比（在標準參照測驗中，是在表現上隨著時間所得到的表現水準相互比較）。

　　個別參照評量（IRA）類似標準參照評量，IRA 對於精熟或非精熟的單一敘述，是針對個別教育方案的最終結果做摘要說明。時間系列的資料是很多層面都必須概述的。以下是 IRA 重複評量的前提：(1)進步的幅度；(2)表現的變化性；(3)中間程度的改變；(4)步驟的改變；(5)重複性。

　　Fuchs 在 1986、1987 年運用兩個系統來評量學生的表現：(1)過程監控系統，材料從連續的教育層面抽樣；(2)表現監控系統，從長程目標擷取資

料。大致說來，個別參照評量對後者的策略較適合，也就是說在這個策略中的表現是持續被一個不變的領域所監控，而非被一連串持續的領域所監控。

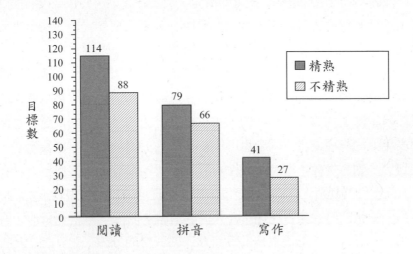

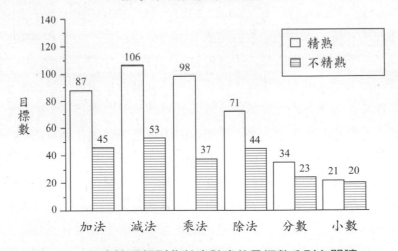

圖 11-1　年度檢視個別化教育計畫的目標數分別在閱讀、拼音、寫作、數學基本技能領域的精熟與不精熟

(一)進步的幅度

進步的幅度、易變性及重疊性，這三項建立資料是評估過程中最重要的三個面向。幅度意味著學生成就的改變，反應在正向、負向或沒有成長。而易變性代表學生表現的連貫性（一致性），而「高易變性」指學生表現不穩定、不規則，反之，「低易變性」指的是學生表現穩定。

重疊性指的是包含一般資料的價值和連續階段的範疇。高重疊性指的是缺乏改變（Parsonson & Baer, 1978），可能表示進步幅度和易變性的功能與任何步驟上的改變是一樣的。如在幅度上的改變是正向，意味著隨著時間表現上的一種進步。同時也可能在易變性上隨著增加；也表示從一個評量到另一個評量較不會有全面性的影響。假如沒有嚴謹的指導方針和依循的方向，作為判斷「真實進步」的依據，這種進度結果將很難讓人認同。

單一受試的研究報告在任一介入期的資料，其平均數是很低的，介於3至10分。基本上，計算需要計算到介入期資料的分數，也就是在基線期之前資料最高位。這個數字隨後在介入期的總和數目中被區分出來，而變成以百分比數字來表示。

Scruggs、Mastropieri 和 Castro（1987）引用四個明確的例子指出：(1)當基準線的幅度改變時，治療階段的方向也會變相反；(2)當基準線的資料在方向上反應一個預期的趨向，這種情形只會發生在有干擾的時候；(3)當發生天花板效應或地板效應時，所有的資料分數會呈現最大值或最小值；(4)在十等級分數對非常複雜的統計數目資料進行統整描述是有限制的，用這些評估資料來取代教學方案最合理的做法是把焦點放在進步的幅度上。因為它是時間因素之外，可以看到表現水準的最終資料。重複性評量是在鮮少資料可取得或在缺乏資料的情況下，若資料統計是廣泛而完整時，可以使用表現幅度的平均數予以表示。

從時間系列資料或從它們的統計圖表中取得學生的 IEP 成效是有困難的。原因有二：其一，典型資料檔案太大，又電腦容量太小，無法儲存這些資料；其二，缺乏相關的軟體去統計以上所提的資料，如重疊、幅度、易變性。這些軟體資料在大部分的軟體是無法取得的。個別學生表現的重

疊性和易變性，也很少涵蓋在大部分微軟程式選擇題的模式裡。學生在 IEP
範圍內所實施的進步幅度和易變性的一連串程式是值得開發的領域。

　　學習成效分析是建立在目標導向或治療導向。在治療導向的分析中，
一連串處理方案的進步幅度可彼此拿來做比較；而目標導向分析容許進步
的幅度與老師在方案一開始所設立的目標做比較，並用目標成就的百分比
來判斷方案的效能。老師也可用個人年齡、年級或 IEP 類型，直接統計分
析進步的幅度。

(二)個別參照評量之議題

　　運用個別參照評鑑方法來評估特殊教育之議題為：(1)界定概括的統計
資料，提供有根據的解釋；(2)建立報導與解釋資料的程序。

1.概括統計資料

　　教育研究範疇常鎖定在時間序列的概括資料。真實的時間序列分析顯
現出其並不適合使用在班級上，原因在於它必須提供大量的資料點與複雜
的電腦計算技巧需求（Box & Jenkins, 1976; Edgington, 1982; Gentile, Roden,
& Klein, 1974; Huitema, 1985; McCain & McCleary, 1979），故其他人使用此
一系列資料應相當謹慎。

　　另一個主要的議題是決定穩定陡坡的資料點數量。如同 White（1971）
所言，預測表現的陡坡之正確性，在某個程度上，具備用來概括資料點數
量之功能。他建議用十一個資料點將可產生一個短程目標表現（接近兩週）
的實際預測。Stein（1987）的研究中，則以二十四個資料點的 1/4 作為基
線期決斷坡度，只要超過八週時間蒐集資料點，將能完全精準預測第十二
週的表現。

2.建立適當的比較標準

　　概括介入時間序列資料的根本問題是：(1)缺乏決定特教方案是否有效
的適當標準；(2)使用一個薄弱的設計來決定特殊教育方案的效力。除非產
生一個特殊教育方案的評鑑標準，否則相當難以檢驗或解釋方案結果。對
任何學生而言，必須產生更多得自普通教育結果的參照資料，來促使這概

括的程序更加合情合理。然而,一些潛在的威脅因素會影響介入的效果,如臨時事故、成熟度及多重介入等(Cook & Campbell, 1979)。

㈢學生進步情況的實驗結果

Brown、Magnusson 和 Marston(1986)所完成的研究和 Marston(1988)所發表的研究,以普通班四、五、六年級具有荒業行為(off-task),且標準參照測驗百分等級低於 15 的學生中,選出大約二十五個有閱讀問題,並且有高度可能被安置於特殊教育系統的學生,實施超過六週的系統化測驗並且計算進步的幅度。最後,以超過六週的進步幅度實際安置在特殊教育閱讀障礙學生有十一位。研究所使用的單一受試實驗設計為 AB 設計,A 代表普通教育,B 代表特殊教育,比較兩種安置在六週不同幅度上的評估結果。在普通教育組中,每週幅度平均進步.60 個字,然而在特殊教育組中每一週的資料其幅度平均進步 1.15 個字。使用變異數重複量數分析,發現在這兩種環境中的平均幅度皆有顯著的差異。

使用個別參照理論評估個別學生在特殊教育方案的學習水準有些限制,如無法全面做系統水準評估。因此需要蒐集更多系統化資料及系統化監控,否則將難以準確完成方案評鑑。

㈣個別參照評量程序

個別參照評量程序的第一步驟是:儘可能確信產生數據資料的完整性,並將遺漏資料的可能性降到最低,那麼蒐集的過程就是從教師得到資料。第二步驟是用電腦程式處理資料,可以透過 excell 來建立檔案與分析。第三步驟,是將這些資料有系統地按步驟合計後,產生一個全面性的進步幅度。同時要考慮到不同情境,一個是在普通教育,而另一個在特殊教育。第四步驟是用「平均幅度」摘要報告,數據資料包括:前幾年的主要幅度或在普通教育的幅度。前者的評量主軸為使用學生自我比較,來推論出學生是否比以前的標準來得進步;後者評量的主軸,是以普通班後段學生當作參照水準。

第五節　總結

　　本章撰寫重點在於，檢視與評估教育過程的課程，同時強調用三種不同的評量方法：常模參照評量、標準參照評量、個別參照評量。這三種評量之間最大差異點是要用何種數據資料才可得到最佳解釋。在常模參照評量中，將兩組學生做比較，典型的是分為普通教育和特殊教育。在標準參照評量中，是以來自不同方式的標準或基準作為比較的主軸。而個別參照評量，是隨著時間以學生的自我表現做比較。

　　每個評量策略都以不同的數據資料為論點，通常教學者都是同時蒐集三種資料。明顯地，常模參照測驗所牽涉的範圍最廣，評量的尺規也最少。美國大部分的學區，每年會有三次以年級為常模來蒐集資料。其餘兩種測驗資料的蒐集都是以 IEP 長程目標來評量，這樣比較適合學生的 IEP，蒐集頻率與方法都很規律，通常每週至少一次即可；然而，在系統標準中，總結難免草率，因此，也會在每年年底，同時用三種不同的評量方法來完成方案評鑑工作。

第十二章

課程本位評量的實證研究

陳政見　等 15 人

　　本章由本書所有共同作者，於網路資料庫搜尋所得文獻，加以譯述及整理，依文獻內容的性質概分為三類：第一類為語文類；第二類為數學類；以及其他類。以下將研究結果以摘要方式呈現並加以評析。

第一節　課程本位評量語文類之研究

一　在閱讀方面的研究

　　(一) Brown-Chidsey 和 Fernstrom（2005）以隨機取樣的方式選取十二位閱讀水準程度為三年級之五年級學生，研究在進行迷津作業時的默讀能力。研究工具上使用兩套資源，首先取自 AIMS 網站課程本位評量的閱讀段落評量。第二套則從「美國圖書館協會」取得五年級水準的兒童文學讀本。研究程序為：

　　1. 採三個時間點實施：學生在學年的九月底、一月初、五月初，實施

兩種測驗,共完成六份測驗。

2.在正式會議室進行測驗,而學生能以自己的語言表達。

3.時限僅二分鐘,老師使用標準化程序與指導語,學生將最適合的文字填答在段落中(克漏字)。

研究結果發現兩種段落類型中的迷津分數水準有高相關,且控制組的段落分數比文學讀本段落分數高,顯示經控制的段落分數相關性更大。從該研究發現:採用迷津語文學書籍作為課程本位評量測驗評估工具,能檢測學生默讀的能力;因此未來應多發展不同的形式以獲得更適當的評量方法。其次,課程本位評量的真正精神在於及時評量學生現存的學習能力,並隨時提供老師修正合適教材;因此實施課程本位評量時必須實際反映學生學習領域的教材而非單純為評量而評量。此外,課程本位評量應妥善實施在閱讀能力薄弱學生身上,並可在迷津測驗加強文學能力,延伸廣度及閱讀技巧,讓學生能多方涉獵。目前科技發達且電腦頻繁使用,課程本位評量系統需要的大量資料可藉由電腦資料庫或統計軟體來自動化整理。

由於我國教育上普遍的中學、小學的閱讀能力節節滑落、大不如前,而教育部亦研擬許多提升學童的閱讀指導方針,透過一連串的閱讀列車推廣、舉辦好書閱讀活動、說故事等系列活動,無不在宣告政府已相當重視目前基測的閱讀能力。目前各學校正推廣閱讀能力,若能善用適當的閱讀程序,建立有系統的監控系統,必能提升學生的閱讀能力,並協助學生及家長瞭解課程本位評量實際功效。因此,教師若能順勢而為將課程本位評量的閱讀與語文水準結合,發展適合學生能力的教材,活潑素材俾能提供閱讀有困難的學童或學習障礙的學生一個敞開大門的機會,達到「讓每個孩子皆能帶起來」的願景。

(二)Wesson、Deno、Mirkin、Maruyama、Skiba、King 和 Sevcik(1986)在美國明尼蘇達州找尋 117 位小學資源班學生,進行準實驗前、中、後測設計,使用 Accuracy of Implementation Rating Scale、Structure of Instruction Rating Scale 和 SDRT 當後測工具,進行持續的測量、評估及教學結構和學生成就的歸因分析。117 位具有特殊教育資源在資源班接受閱讀教學的小學生,80%有學習障礙,15%智能障礙,5%情緒障礙或行為異常。一至七

年級，年齡 6 至 13 歲，平均年齡 9.5 歲。94 位男生，23 位女生。31 位資源班教師參與，使用歸因模式考驗：課程本位評量與評估、教學結構及學生成就三者之間的相關性。教師準確實施學生表現測驗及默讀，經因素分析與結構方程式分析，發現與成就有正相關存在。

㈢Fewster 和 Macmillan（2002）為了證明課程本位評量在篩選和安置的效度，選擇 639 位六和七年級的學生接受閱讀及書寫測驗，並追蹤與記錄英文與社會成績間的關係，這些學生排除以英語為第二語言的學生、智能障礙的學生和其他「困難標記」的學生（例如：聽力障礙、視覺障礙、自閉症、多重障礙）。研究結果顯示英文和社會成績的得分從 68.4 到 73.1，標準差從 12.5 到 15.7，呈現課程內在關聯的高度一致性。即使持續了一段時間，小學閱讀及書寫表達的課程本位評量得分和中學英文及社會成績得分有絕對顯著相關。在每個年級水準中，比起社會課程得分，單字閱讀正確率（WRC）及單字拼字正確率（WSC）和英文得分更有高度的交互作用。雖然在八年級成績有減少的情形，經調適後 WRC 在八年級英文是.21，在八年級社會課程是.15；WSC 在八年級英文是.03，在八年級社會課程是.01；WRC 和 WSC 是適中的，WRC 仍對課程成績有高度的預測作用，因此，我們可以從小學閱讀及書寫表達的課程本位評量得分預測中學英文和社會課程的成績。

㈣McGlinchey 和 Hixson（2004）調查研究課程本位評量程序在密西根教育評估計畫（Michigan Educational Assessment Program, MEAP）的四年級閱讀評估之相關與預測價值之表現。

研究時間共八年，且在第四年研究所有四年級學生，八年的研究對象共計 1,362 人。八年期間的研究包含六年級，每年人數在 450 至 520 之間。四年級普通和特教學生每年有 55 至 139 人。若學生在研究期間離開學校則將被排除在研究樣本之外；八年共有 115 個學生沒有完整的資料。研究工具有二，一為課程本位評量探測：閱讀段落從 Macmillan Connections Reading Program 隨機抽樣。另一工具為 MEAP：為一測驗計畫，測驗四、七、十一年級的閱讀、數學、寫作、自然和社交技巧。介入的程序如下：⑴再測－重測信度：MEAP 之前得到閱讀流暢度兩週的分數，與三個其他課程

本位評量閱讀流暢分數求相關，並提供測量的穩定性資料；(2)效標關聯效度：每年計算 MEAP 和閱讀比率分數的平均數和標準差；(3)閱讀比率和 MEAP 的相關：閱讀比率和達到 MEAP 的一致性；(4)八年的診斷效能統計結果。研究的結果如下：(1)口語閱讀和 MEAP 表現為中度相關；(2)口語閱讀流暢性進步與四年級閱讀測量預測表現，相關係數穩定；(3)課程本位評量閱讀探測為複雜領域技巧評量的引導者。研究之結果支持使用課程本位評量監控閱讀過程和建立低閱讀技巧及沒通過州考試的荒業學生（off-task students）。

　　㈤ Fiala 和 Sheridan（2003）經由配對閱讀（paired reading）的家長參與式閱讀策略來瞭解閱讀能力（流暢性和正確性）。此研究採用單一受試跨受試多試探實驗設計，研究對象是一位四年級和兩位三年級閱讀能力在平均值以下的學生。研究工具使用三種：第一，樣本篩選工具是 Social Skills Rating System（SSRS）小學階段教師版、魏氏智測第三版（簡易版）（WISC-III）；第二，前後測測驗工具：Woodcock-Johnson Tests of Achievement-Revised；第三，意見調查：處遇接受度調查問卷。其實驗過程為：(1)透過課程本位評量探測學生閱讀的困難；(2)篩選學生（WISC-III、SSRS）；(3)尋找同意加入之家長；(4)使用課程本位評量探測（每週兩次，每次 1 分鐘）；(5)訓練家長配對閱讀的技巧；(6)家長教學程序（每週四次，每次 10 分鐘）；(7)教學過程如有良好反應即給予正增強。研究結果發現：使用課程本位評量探測，在每分鐘正確讀出字數部分，有兩位受試閱讀表現有所改善，其中一位則退步。此外，在 Woodcock-Johnson Tests of Achievement-Revised 前、後測中，辨字及段落理解部分，三位受試均有進步。最後，意見調查顯示學生和家長對家長參與的配對閱讀策略均感受到有其成效且樂於接受這種教學方式。

　　㈥ Powell-Smith 和 Brahley-Klug（2001）使用不同材料組成課程本位評量閱讀探測，特別是用兩種閱讀探測材料作為監控學生的口語閱讀流暢度，及用來評估學生在課程本位評量上真實閱讀能力的信度公式（reliability formulas）。此實驗採用準實驗設計，自變項為不同的課程本位評量閱讀探測材料，依變項是口語閱讀能力〔程度（level）和進步斜率（slope）兩個

向度〕，控制變項是閱讀材料、學生閱讀能力低成就、教學時數一致。研究對象是 36 位三年級學生，在閱讀上均為低成就表現（low performance）但未接受特殊教育服務，其中 81%學生有接受每天 20 到 30 分鐘的文化不利教學方案閱讀服務。研究結果發現：⑴學生在 TORF 探測中閱讀正確字數比 BASAL probes 還多；⑵兩種探測在監控學生閱讀的進步情形無明顯差異，或對學生閱讀能力的進步有同樣的敏感度；⑶學生在經由兩種探測下測得的閱讀能力都有進步；⑷實驗或教學的時間與學生的進步有直接關聯性。

㈦ Shinn、Gleason 和 Tindal（1989）的研究主要在探討課程的難度水準對學生進步情形的評估，對象為 30 位輕度障礙的特教學生，並將學生隨機分派至兩組（B-A'組：測驗學生本身程度上下各一水準的課程；A-A"組：測驗學生本身程度上兩個及上四個水準的課程），主要使用不同水準的閱讀課程透過 CBM 來同時監控，比較學生進步情況及表現的變化。研究結果顯示 B-A'組學生閱讀較低水準課程的速度顯著快於閱讀較高水準的課程（p<.001），且兩個水準唸字正確率有高度相關（r =.80）。A-A"組學生閱讀高兩個水準的課程的速度顯著快於高四個水準的課程（p<.001），且與其閱讀課程困難水準有高相關存在（r =.95）。但是 B-A'組和 A-A"組他們各自進步幅度沒有達到顯著的差異。

由上述數據顯示，如果學生接受的課程水準超乎其程度或是不及其程度，對於學生閱讀進步的改善情形都無法達到顯著的效果。因此教師需要依據學生不同的程度調整教材的水準，而且只要找到適合學生水準的教材，其進步情形就可以與普通學生一樣，大概每週進步兩個字。因為使用課程本位評量系統化監控學生進步的情形，與改善學生學業成就有關。課程本位評量是使用長期目標的評量策略，學生進步的情形是使用例行課程水準的教材來評估，因此教師可以使用課程本位評量來監控學生進步的情形，隨機的測驗內容且例行地評量學生，以達到真正評量學生的進步。

㈧ Fuchs、Fuchs 和 Stecker（1989）的研究主要探索應用課程本位評量於教師教學計畫上的效應；研究對象為 30 位教師，隨機分配至有電腦輔助的課程本位評量小組、沒有電腦輔助的課程本位評量小組及控制組等三組。

使用課程本位評量的教師設定了十五週的閱讀目標來教導學生，建立課程本位評量系統來測量學生進步情形，透過系統化的評估每週至少測量兩次（使用口語讀出所閱讀的文章，計算正確與錯誤的字數）所蒐集的資料，作為教學修正的決策基礎；而控制組教師的目標依照自己的希望及需要來發展教學計畫。在實驗期間的最後三週，所有教師完成一份問卷調查。在使用課程本位評量（有電腦輔助／無電腦輔助）的教師和控制組的教師相較之下得到以下結果：(1)課程本位評量教師使用較多特定且可接受的目標；(2)課程本位評量教師對於目標的達成有較少的理想化；(3)課程本位評量教師引用平時較客觀的資料作為取決學生是否有進步的來源，也用來作為教學計畫是否需要修正的依據；(4)課程本位評量教師常常修正教學計畫。

（九）Matthew（2002）的文章提到：Gickling 的 CBM 和 CBA 的模式經常被用來作為評量和介入方法的連結。該文藉由三個案研究展示這兩種評量模式，同時應用在理解評量和介入系統。本文採個案研究（case study）方法，研究對象有三位：第一位是在普通教育環境下有閱讀困難的三年級學生（A）；第二位是在普通教育課程中，有數學學習困難的四年級學生（B）；第三位是有接受特殊教育，且有閱讀困難的二年級學生（C）。研究工具是：(1)閱讀探試（reading probes）；(2)二分鐘的班級小考：個位數乘法；(3)二年級閱讀教材。個案 A 從班級的閱讀基礎讀本中，接受三個一分鐘的閱讀探試，記錄並畫出單字閱讀正確率的中位數、流暢比率和百分比，重複這個過程直到獲得三個基準線的點值。但這些資料並不能直接應用，因在課程中建立長期目標使用的是班級、學校及地區常模，因此老師由班級中五個學生閱讀的平均值，來獲得閱讀比率作為參照。每星期實施課程本位評量，Fuch（1989）建議連結這些資料點和使用目標線的目標作比較。每天的介入內容是由決定每星期的閱讀課業和發現未識字所組成，接著由同儕指導員每天早上使用閃示卡教導個案 A 識字。個案 B 每星期和同學接受內容為個位數乘法的二分鐘班級小考，在介入前從最近的三個乘法小考成績建立基準線，計算的方式使用「數位校正法」（digit-correct approach）。個案 C 是一位缺乏基本閱讀技巧學習障礙的二年級學生，接受資源教室的服務。普通班教師每天會將二年級閱讀課程的閱讀課業交給資

源班教師，從中挑選要教的未識字，並從另一位學生第一次建立的班級常模方法，每分鐘達到五十五個字為目標，並畫出目標線；基準線認識字的範圍從 80%到 85%，但最後三個探試的百分比是 97%、99%、98%，作為能夠在進入三年級普通班時撰寫新的 IEP 預定目標。雖然三個個案研究都是成功的例子，但在實施上還是必須謹慎，因每個學生的需求、教學的環境、課程和長處都是不同的。Gickling 的 CBM 和 CBA 的模式能夠增加學生的學業成就，並且進一步作為評量和介入理解的方法。

㈩ Burns（2002）藉由三個閱讀或數學學習困難之個案，呈現出同時應用 CBA 和 CBM 兩種評量系統，在有綜合性的評量（comprehensive assessment）和介入系統之成效。介入時以強調正確性之課程本位評量為主，以及 Gickling 之 CBA 模式為基礎，進行介入並測量學生在閱讀教材中字詞正確閱讀的百分比。由 Burns（2002）的研究可知 CBM 及 Gickling 模式的 CBA 可以使評量與介入之間的連結更為緊密。雖然有些學者主張採用較為綜合取向的方式結合不同課程本位評量方法來進行，但 Burns（2002）的研究中明確支持：即使這兩種模式獨立使用仍可增進學生的學習。其研究結果顯示綜合性評量運用於個案是適切的。

(十一) Shin、Deno 和 Espin（2000）運用科技在課程本位評量以評估學生閱讀進步的情形，並檢視藉由課程本位的填字測驗（CBM maze task）獲致學生閱讀成長的信、效度及靈敏度。以加州成就測驗（California Achievement Test, CAT）為測驗工具，填字測驗之材料由學生年級水準的閱讀教材隨機選取。結果證明藉由反覆的（學年中每隔一到三個月施測一次）填字測驗確實能夠獲知學生閱讀的成長情形，且填字測驗表現能夠敏銳地反映團體顯著的進步情形，即使是低成就的國小學生；同時也可以得知個體間進步的差異。而個體間的成長差異同時也反映出每月的填字測驗得分的變異。研究結果支持課程本位評量填字測驗用於預測學生的成就差異。重複施測的填字測驗成績所建立的成長率與之後的標準化閱讀測驗表現成正相關。所以，選填測驗是一種瞭解學生閱讀成長的資料，具高信度（每個月施測成績的再測信度為.69 至.91，平均.81）、高效度且對於學生整學年下來的表現反應靈敏，並可以呈現出閱讀成長率在個體間的差異。

　　㈦ Capizzi 和 Fuch（2005）探討課程本位評量教學在普通班級資源班的教學成效，研究者將實驗分成控制組、課程本位評量組及課程本位評量加回饋組的多組實驗設計，探討課程本位評量教學在普通教育和特殊教育的教學成效。其自變項分成：控制組（不實施課程本位評量教學）、課程本位評量教學組、課程本位評量並且給予學生教學回饋。依變項為教學成效（正確閱讀的字數）。教學材料藉由電腦輔助的閱讀資料，研究設計屬於多因子實驗設計，研究對象分成兩組：(1)普通教育組，包括 19 位二年級老師、309 位普通班學生；(2)特殊教育組，包括 16 位資源班老師、127 位一到五年級輕度障礙學生。實驗結果顯示：課程本位評量教學，在普通班或資源班的教學都具有成效。不管是對高成就、中間程度或低成就的學生，課程本位評量教學都有其成效；尤其在教學中，除了實施課程本位評量教學外，教師若能加以適時的教學回饋及建議，則對學生的幫助將更大，這也驗證出老師的增強及回饋對課程本位評量教學更具有加分的效果，是值得普通教師及特殊教師多加利用的教學方式。

二　拼字方面

　　Jones（2001）介紹幾種拼字課程本位評量，包括年級拼字生字表（Spelling Graded Word Lists）和非正式拼字測驗模組（Informal Spelling Inventory）。

　　㈠年級拼字生字表，類似於年級閱讀生字表（Reading Graded Word Lists）。年級拼字生字表是蒐集一到六年級的拼字教科書，從每個年級水準的拼字單字表中任意選取二十個單字，作為該年級的拼字測驗；不管學生的年級水準為何，皆從一年級開始測起，直到學生兩個年級水準得分低於75%才停止，我們能從測驗結果知道學生的獨立水準、教學水準及評估非正式拼字測驗模組的起始水準。所謂獨立水準是指得分在 90%以上，也就是測驗非正式拼字測驗模組的起始水準；而教學水準是指得分在 75%至89%之間。

　　㈡非正式拼字測驗模組，是評估每個年級水準特定拼字技巧的一種基

本測驗，這裡介紹幾種「教師支持」的拼字方法，可用來設計非正式拼字測驗模組，分別是拼字課程法、一般拼字技巧法、範圍和序列法。

　　1.拼字課程法；在拼字的課程本位評量裡是最容易製作和最受「教師支持」的方法。首先蒐集地區內一到六年級學生和老師所採用的拼字教科書版本，為每個年級水準設計非正式拼字目錄的要點（例如：單元、技巧、單字），從每個單元中選擇三至四個單字，然後填入要點標題。第二，從拼字技巧中，整理出需要相同技巧的單字，依序列出，並在每個單字後面寫下例句。

　　2.一般拼字技巧法；在每個年級水準使用相同的特定拼字技巧表，並且從不同的年級水準選擇單字，作為技巧的代表性樣本。

　　3.範圍序列法；使用地區的拼字能力等級作為每個年級的拼字水準，並且選擇某些單字群代表特定的年級能力。

　　另外，頻繁的監控進步情形也是課程本位評量的一部分，從多方面監控學生拼字進步情形將提供我們有關學生維持和歸納拼字技巧的訊息。監控學生每週基礎拼字測驗的進步情形是相當簡單的，準備包含拼字單元的長條圖，並在圖表畫上格子，以記錄正確百分率；記錄時在每個拼字單元或拼字能力上畫上線段，在前測階段先以一種顏色畫上線段，到後測階段時，則再以另一種顏色接著畫下去。

三　讀寫方面

　　㈠Linda、Kathy、Nina和Kourtland（2002）解釋教師如何使用州級學業性標準，編製課程本位評量國小輕度障礙學生閱讀技巧和進步情形，研究對象一位是有閱讀困難的一年級學生Sarah，和有聽覺辨別困難的一年級學生Leon；採個案研究，研究工具是利用州級的學業性標準。

　　透過使用州級學業標準以建立課程本位評量的工作：課程本位評量工作建構的過程，開始於明確標準的檢驗作為評估。在閱讀方面，這些標準通常安排和閱讀相關的因素，例如：字母發音的關係、單字辨識、故事理解等。使用Indiana的學業性標準作為例子，評量的領域有三個類別：(1)單

字辨識、流暢性和字彙發展；(2)閱讀理解；(3)文章內容的反應和分析。

依據以下的步驟建立測驗的項目：(1)從哪裡開始：課程本位評量測驗項目開始的資料點的建立，是基於老師認為學生在閱讀上必須熟練的技能，老師必須在每一項領域提出問題，以取得更多學生能力的資料；(2)教材和即時的使用：課程本位評量將可改善當教師從多變的資源中選擇測驗項目的正確性；(3)發問以引導任務的建構。

小型個案研究：第一個個案 Sarah 是國中一年級學生，他對問題常沒能有正確的反應和理解；指導他對於問題以五個 W 和一個 H（who、what、when、where、why 和 how）來加以反應，並且討論在閱讀上產生的主要想法。指導 Sarah 對於問題能有人（person）、時（time）、地（location）的觀念，運用這個方法可以強化他在閱讀理解上的弱點。第二個個案是 Leon，是國中一年級學生的標準：分辨單音節單字開始、中間和最後的發音。

課程本位評量提供一個良好的可以建構適當的評量工作，並且蒐集輕度障礙學生學習資料以作為 IEP 的依據。課程本位評量因為彈性化和使用真實評量技術，適用於評估輕度障礙學生，特別是在閱讀領域。

㈡ Espin、Busch、Shin 和 Kruschwitz（2001）檢驗 CBM 評量在社會科教學的信、效度。他們採用縱貫的研究法，追蹤學生在學校的表現水準，資料呈現兩種詞彙配對（vocabulary-matching）評量的信度及效標關聯效度。研究對象為 58 位社會學科七年級的學生，32 男生，26 女生；5 位學生被診斷為學習障礙並接受特殊教育服務，包括閱讀及書寫表達，其中 1 位學生還有接受數學的特殊教育服務。本研究採取兩種方式測驗：一由學生自己讀出字彙與定義；二由施測者讀出字彙與意義讓學生回答。測驗題目來源是從三個科目中選取，每個科目選出大約 59 個詞彙，總共 147 個詞彙；而意義是從教科書或教師的教材中取得，若有需要，會將意義調整為較短的句子，大約 15 或更少的字。結果顯示：(1)在施測者讀出的部分，信度範圍從.58 到.87。學生自己讀的部分，信度範圍從.63 到.81，平均為.70；(2)研究發現兩種替代形式信度偏低；(3)字彙配對評量的效標關聯效度和其他內容的評量具有一致性。

㈢ Espin、Shin 和 Busch（2005）探討 CBM 對學習障礙學生在社會課

程學習上的學習成效。透過課程本位評量的教學方式，能有效增進學生的學習成效；尤其是對於學習障礙的學生，更具有良好的效果。自變項為課程本位評量教學，依變項為學生的成長及進步幅度，教學材料使用字詞搭配測驗（包括 22 個字詞：其中 11 個學生跟著老師唸；11 個學生閱讀。每題有十五秒的間隔，主試者唸出題目，受試者詞彙配對，全部時間持續五分鐘），研究設計屬於準實驗前後測設計，研究對象是針對 58 位七年級學生；包括 32 位男生、26 位女生，平均年齡 13.6 歲；5 位被鑑定為學障的學生。

　　研究結果顯示：實施課程本位評量的教學方式，能有效增進學生的學習成效，尤其是對於學習障礙的學生，助益更大。而且課程本位評量對於學生的成長及進步幅度，具有良好的監控效果。

第二節　課程本位評量數學類之研究

　　本節的數學課程本位評量實證研究共有三篇，計有加法與乘法、數學計算和數學概念、口語計算、數字辨認、數量辨識、遺漏的數字等，以下以各篇研究分別摘要說明。

　　(一) Evans-Hampton（2002）調查非裔美國人與高加索學生在數學課程本位評量中時間點的處遇趨勢。該研究者挑選 79 位八年級普通學生接受調查，共 42 位非裔美國人與 37 位高加索人。實驗工具為三十五個混合的數學開放性問題，包含十八個二位數乘以一位數之乘法，與十七個兩位數加一位數的加法題目。在程序上則教導學生完成數學問題閱讀時，及在不告知學生情況下計時；待學生完成一分鐘的問題解答後，教師收回試卷，並以此程序實施兩次。結果指出學生的精確水準在連續的時間條件下有增加趨勢，但在時間條件與種族地位下的每分鐘正確數字、每分鐘錯誤字數，或精確度並沒有關聯。因此將時間程序使用在CBM上並非絕對影響因素。

　　(二) 美國近年來的研究指出：學生數學技能低落，無法應付校內及校外的需求，而預防此問題的方法是針對數學荒業的學生進行介入與合作，再監控其學習過程。因此 Clarke 和 Shinn（2004）以早期數學課程本位評量

（early mathematics curriculum-based measurement）來瞭解學生的學習與發展。參與者為一年級學生共 52 人，提供參與者七種不同的數學評量，其中四種評量作為實驗組，包括口語計算（OC）、數字辨別（NI）、數量辨識（QD）、遺漏的數字（MN）。另外三種作為控制組，包含伍強二氏應用問題分測驗（Woodcock-Johnson Applied Problems Subtest, WJAP）、認數測驗（Number Knowledge Test, NKT）、數學課程本位評量（M-CBM）。研究結果顯示：實驗組四種評量的平均值都有增加，且就平均數而言，口語計算＞數字辨別＞數量辨識＞遺漏的數字；而標準差方面只有 QD 差距縮小，其餘的標準差有愈來愈大的趨勢。由此可知，每個實驗評量效果的不同處在於早期鑑定和正式評量觀點的分析。

㈢Calhoon 和 Fuchs（2003）研究針對國中數學學障學生所發展之同儕協助學習策略（PALS）／課程本位評量對數學能力上的成效。本實驗採用等組對照組實驗設計，自變項是同儕協助學習策略與課程本位評量，依變項是數學能力（包括數學計算、數學概念、數學應用等）；PALS 包括口語回覆、循序漸進、書面與口語的互動過程，以及師生交互的反應等特色。研究對象是 92 位九到十二年級之中學生，均為州政府鑑定之數學學障學生，在校內自給式資源班中接受特殊教育服務，是以數學科目為主的資源教學；CBM 至少每週進行一次，連續進行十五週。研究結果顯示：(1)實驗組數學計算能力有明顯提升；(2)實驗組與控制組在數學概念與應用上並無顯著差異（效果差不多）；(3)透過教師與學生的問卷調查，學生表示喜歡PALS 的學習方式，教師也認為 PALS 對學生學習有所助益。

第三節 課程本位評量綜合性論述

一 課程本位評量的過去、現在與未來

替代性的課程本位評量強調精熟測驗之重要性，著重於過程監控。發展課程本位評量的關鍵是「自發性地融入各式各樣的技巧當中，及期末每

個星期測驗表現的測量工作」的界定問題。界定之方法：(1)求取各式各樣因素技能所組成的學業領域工作之相關；(2)透過系統性樣本分析組成年度課程，以確保每星期課程本位評量呈現相同的課程。不管採用哪一種方法設計課程本位評量工作，需維持過程監控三階段測量：(1)調查學習技巧特徵的靜態分數，如時間點上的表現情形；(2)評估學習技巧進步幅度，藉此評估決定課程本位評量分數是否增加；(3)評鑑教學效能，決定實施者是否能夠使用課程本位評量的資料，作為教學抉擇和評估學生進步狀況的依據。

Shapiro、Angello和Eckert（2004）針對課程本位評量的計畫性研究，綜合過去、現在及未來提出總結：

1. 課程本位評量的過去是藉由過去的資料拓展特殊教育的過程監控，包括全面性的篩選、普通教育過程監控，以及學習障礙分類的資格認定架構。

2. 課程本位評量的現在是廣義定義課程本位評量和精熟測驗。控制與降低測量的錯誤，增加課程本位評量進步幅度的識別力和可靠性。

3. 課程本位評量的未來是將焦點放在學習技巧特徵的靜態分數電腦化，使資料的蒐集和管理更有效率；充實課程本位評量診斷圖表之分析，設計教師和學生的回饋系統，增強課程本位評量的教學功效，強調課程本位評量和單一技巧測量之差別。

二　教師評量觀點的改變

Hasbrouck、Woldbeck、Ihnot和Parker（1999）的研究指出：課程本位評量包括特殊服務的資格、學生進步的監控、學業介入的發展和修正，和計畫的有效評量。然而，很少證據顯示課程本位評量被絕大多數的老師或學校心理學家所使用。本文從六個個案研究資料討論課程本位評量普遍缺乏實際實施的原因。教師從課程本位評量的反對者到強烈的支持者。這六個案例是 Ihnot 特殊教育或補救計畫的學生，他們皆使用課程本位評量當作教師教學決定的工具。首先會蒐集學生的基礎線資料，接著根據他們的程度畫出適切的目標線（aimline），代表學生預期的表現趨勢，然後進行

教學；每星期評量並記錄進步曲線，當學生的進步曲線停滯或下滑時，老師便會決定介入其他教學；垂直線分隔出介入的階段。研究證實課程本位評量具有心理測量優勢，以及改善低表現（low-performing）學生的潛在價值。這篇文章希望經由這位老師的經驗和六個案例的研究，幫助老師和學校心理學家認識與運用課程本位評量，使其成為有效與專業的教學工具。

三 課程本位評量之警訊

　　Peverly 和 Kitzen（1998）認為閱讀的課程本位評量具有爭議，只有課程內容和教學根基於閱讀領域的認知技巧，才能提供教學介入的相關資訊。假如課程本位評量基於有效的認知架構，它能大大地幫助鑑別出閱讀困難的學生，以及對於持續的進步提供敏銳的測量功能。

　　Peverly 和 Kitzen（1998）主張閱讀課程本位評量必須強調構成學生閱讀技巧的個別差異，以及課程內容和教學呈現的品質。課程本位評量的測驗目的是要對於有效能和有效率的教學提供精確建議。其建議如下：(1)剛開始的閱讀教學要以解碼和釋意為基礎；(2)包含上述兩種成分的教學優於只包含其中一種成分的教學；(3)相關研究證明閱讀能力含括：識字的構念和語言的知識。課程本位評量的資料顯示，學校應該測量學生閱讀能力的處理過程，包括識字能力和語言知識；語言知識必須由閱讀和聽覺理解而測量。而學校心理學家的職前準備必須包括教導他們學術內容能力的認知過程，以及變化有效的教學方法。在前述的建議中有兩個實施的困難：第一，課程本位評量在認知過程的觀點，傾向於和智力測驗（例如：WISC-III）產生關聯，因此限制了教學的實用性。不過，學生學習特定學業能力的認知過程，當然是集中於課程，以及能增進處遇的效用。第二，班級教師和閱讀教師缺乏語音結構的訓練和編碼基礎的教學技巧，老師們相信特定技巧（例如：閱讀）的發展緊密地與課程的技巧相呼應。

　　課程本位評量必須取決於心理學的架構，這個架構必須基於特定課程的成功表現，並且必須習慣於評量課程的品質，和學習課程內容的學生能力。這些活動必須由教師的觀察和教學的環境獲得補強。

四　閱讀是課程本位評量的主軸

在課程本位評量中，很缺乏口語閱讀流暢性（oral reading fluency, ORF）的常模。過去有些研究者曾經嘗試建立口語閱讀流暢性的常模，但是這些研究在課程評量方面具有瑕疵，因為沒有在全校中持續進行評估。

Hasbrouk、Woldbeck、Ihnot 和 Parker（1999）的研究結論提出三點：

1. 近十年中，有關課程本位評量應用在閱讀的研究占了很大的比率。文獻中有愈來愈多證據顯示教學方法的特徵和課程本位評量在閱讀方面的效度。口語閱讀流暢性也持續找出更多可信和有效應用在全面閱讀熟練度的指標。此外，愈來愈多研究也支持口語閱讀流暢度和閱讀理解應該相互連結。

2. 只有少數研究將年級本位常模用於課程本位評量之中，僅有少數研究在近十年中發表。因此需要更多研究來發展年級本位常模。

3. 許多研究指出閱讀的課程本位評量對於篩選、轉介和分類具有很大的效用，而口語閱讀流暢度則是進行閱讀的篩選、轉介和分類，一種快速、可信而有效的選擇工具。

五　課程本位評量應用範圍：傳統篩選、轉介、鑑定的替代方法

Marston、Mirkin 和 Deno（1984）的文章指出：在教育心理評估，學業表現的 CBM 是傳統轉介和評量模式的替代方法。本研究的學生轉介的兩模式相比較，1,374 位三、四、五、六年級來自五個小學的學生，896 位學生來自第六個學校；採用準實驗後測設計，第一組使用課程本位評量，第二組使用傳統教師轉介過程，第三組也是使用教師轉介。篩選及轉介過程每週測量閱讀、拼字和寫作表現。轉介出的 66 位學生進行認知能力與 WJPEB 和社交行為評定量表（Social-Behavior Rating Scale）測驗。發現 WJPEB 認知能力測驗（Cognitive Ability Test）、成就測驗（Achievement Test）、性向－成就差距（Aptitude-achievement Discrepanciest）無顯著差異。第一、二組學生在社交行為評定量表分數並無顯著差異。研究結果顯

示：學業成就幾乎是老師轉介學生的唯一標準。

六　課程本位評量在篩選和安置的效度

　　Fewster 和 Macmillan（2002）排除以英語為第二語言的學生、智能障礙的學生和其他標記為困難的學生（例如：聽力障礙、視覺障礙、自閉症、多重障礙），選擇 639 位六和七年級的學生接受閱讀及書寫測驗，並追蹤、記錄英文與社會成績間的關係。結果顯示英文和社會成績的得分從 68.4 到 73.1，標準差從 12.5 到 15.7，呈現內在課程關聯的高度一致性。在相互關係中指出，即使持續了一段時間，小學閱讀及書寫表達的 CBM 得分和中學英文及社會成績得分有絕對的顯著關係。在每個年級水準中，比起社會課程得分，單字閱讀正確率（WRC）及單字拼字正確率（WSC）和英文得分有更高度的關聯性。雖然在八年級成績有減少的情形，經調整後 WRC 在八年級英文是.21，在八年級社會課程是.15；WSC 在八年級英文是.03，在八年級社會課程是.01；WRC 和 WSC 是適中的，WRC 仍對課程成績有強烈的預測，因此，可以從小學閱讀及書寫表達的 CBM 得分，預測中學英文和社會課程的成績。

七　學校心理學家對於課程本位評量的知識、使用及態度

　　Shapiro、Angello 和 Eckert（2004）研究調查報告係針對學校心理學家在每天的實務工作中，對於課程本位評量的知識（knowledge）、使用（use）及所抱持的態度（attitudes）的全國性調查的結果，並和十年前相類似的調查做比較。

　　調查對象為從全國學校心理學家協會（NASP）1990 至 2000 年的會員名冊中，在美國的五個地區（東北、東南、北部中心、西部中心和西部）中，利用隨機分層的抽樣方式，以期符合母群體的特質，隨機選擇 1,000 位作為寄發問卷的研究對象。

　　透過問卷調查法：調查的完成是將嚴謹的問卷複本，透過美國郵寄（mail）的方式或使用網路線上（on-line）蒐集資料的程序，針對 1,000 個

樣本發送問卷郵件。調查工具：利用 Shapiro 和 Eckert 於 1993 年調查學校心理學家所使用的問卷加以修正，有十四個項目內容，評估的向度為自我對於課程本位評量的知識、使用和態度。問卷內容：第一部分為請受試者提供個人的基本資料及受過課程本位評量哪一種形式的訓練；第二部分為詢問是否使用過課程本位評量及在服務個案中所占的比例；第三部分針對課程本位評量在評估時不同要素的重要性，評估學業技能問題解決過程的四個步驟：(1)學業環境的評估；(2)教學水準的評估；(3)教學設計的修正；(4)監控學業進步所花的時間。每一種要素重要的比率係透過李克特氏五點量表來做評估。

研究結果的分析如下：

1.受試者背景資料特性分析：指出 1990 至 2000 年的樣本中，從業人員的經驗增加，在統計上呈現顯著的差異；特別是在四至七年經驗的部分，1999 至 2000 年的研究對象多於 1989 至 1990 年，而 1999 至 2000 年零至三年經驗的研究對象人數則少於 1989 至 1990 年。另外，研究對象在 1999 至 2000 年的樣本中，教育水準比 1989 至 1990 年增加。

2.課程本位評量的使用：比較學校心理學家使用課程本位評量的情形，由 1989 至 1990 年的 46%增加為 1999 至 2000 年的 54%，利用統計分析，呈現顯著的差異。

3.課程本位評量重要性和使用的組成要素：有四個不同的要素代表了課程本位評量使用上的重要性：包括(1)是否經常參與教學環境的評量；(2)評估課程的安排；(3)引導教學的修正；(4)監控學生在最近五個評量中進步的情形，以瞭解學業技能的問題。基於以上比較兩次樣本，在 1990 至 2000 年樣本中，參與課程本位評量不同要素的內容，顯著高於 1989 至 1990 年的樣本。

4.對於課程本位評量所保持的態度：對於課程本位評量使用上的接受度和態度，兩次的樣本都表達出類似的看法，在統計上並無顯著的差異。

結果顯示，雖然過去十年以來，實務工作自陳報告（self-reported）在統計上有顯著的增加，但陳述使用的水準只有很小的改變。許多被調查的學校心理學家回答在他們的實務工作中有使用課程本位評量，使用的頻率

明顯地高於過去十年。雖然學校心理學家自我陳述課程本位評量的使用並沒有很大的增加,但課程本位評量顯然愈來愈成為取得資格訓練方案的一部分。

第十三章

課程本位評量舉隅

陳政見、江俊漢

　　之前描述到課程本位評量能為學生學業的成就提供有效的評量指標，並且使用這些資料來協助做教育決定。也描述到，課程本位評量的信、效度與其他公認的學業成就測驗有顯著相關。重要的是，從一些初步評量（例如：篩選）蒐集到的學生成就表現資料與其他資料（例如：IEP 計畫、監控學業進步情形）是有關聯性的。因此，相較於傳統的評量和決策的實施，課程本位評量的資料蒐集和決策是一個連續性流程。本章從呈現個案資料（化名小安）到提出個案所需的特殊教育服務措施，最後個案也接受了特殊教育服務安置。在整個個案資料蒐集的過程，包括課程本位評量的形式、決策標準與每個決定的原由，都將在本章中一一說明（本章以所舉實例改編而成，特此證明）。

第一節　個案轉介流程

　　小安是一位國小四年級學生，因為學習困難，在十一月時由普通班教師轉介到資源班。在轉介表格上，班級老師列出小安主要的問題在閱讀及

拼音方面，都有低成就的現象，數學的表現尤為嚴重。班導師對於小安這三個領域的表現非常憂心。因此，由特教教師與班導師進行訪談，以便確認轉介原因。訪談時，班級老師依序列出小安的學業問題，首先是閱讀領域，其次是數學和拼字；儘管班導師認為小安無法寫完指定作業是造成沒有進步的原因，且認為小安的能力沒有問題，與同儕和大人也有極佳的社交互動，但班導師並沒有清楚說明「潛在的問題是出在何處」？於是，特教教師開始進行初步篩選的工作，除了與普通班教師訪談外，還包括檢視學習紀錄及課程評估等資料；這些工作的主要目的在於：(1)確定小安的能力與教師期望之間的差異程度；(2)對於所造成的問題，排除任何明顯的阻礙（例如：缺乏學習機會、教學不當、聽覺或視覺問題）。在確認問題是無法明確解釋後，才進一步評估以證明小安具有接受特殊教育的資格。轉介過程分為兩階段。

一　第一階段：檢視以往學習的紀錄與資料

小安一年級時，在所有的學業和社交領域都有令人滿意的成績；但是從二年級開始，老師已經注意到小安的閱讀能力開始偏低；在三年級學習過程中，小安開始接受額外的課程，每週用 1.5 小時的閱讀訓練，來補救他在普通教育的閱讀課程。接著分析小安半年一次的團體成就測驗，結果指出小安所得到的分數普遍偏低；他在一年級測驗成績範圍在百分位數 20 到 34 之間，但是在三年級時的成績大致在百分位數 14 到 23 之間，且閱讀成績一直低於數學成績。每年的聽力與視覺檢查結果皆沒問題，並且過去的出席狀況也沒有遲到或缺席的情形。

二　第二階段：使用課程本位評量進行篩選

課程本位評量的內容，是特教老師從小安同年級普通班的課程教材中選出閱讀、拼字和數學的測驗題材，且接連三天予以評量；每一天小安以隨機選取的方式，閱讀四年級中等程度讀本內的三段文章。老師則用錄音的方式錄下小安的口語閱讀，以瞭解其流暢性並從中分析錯誤類型。小安

表 13-1　小安課程本位評量篩選結果一覽表

學科領域	第一天	第二天	第三天	中位數	同儕中位數
閱讀　段落一	33	16	40		
段落二	41	26	23		
段落三	24	31	25		
拼音	67	63	70	67 CLS	83 CLS
數學－乘法	15	22	60	20 CD	24 CD
數學－除法	6	3	2	6 CD	8 CD
四年級數學	16	18	13	16 CD	24 CD

註：CLS ＝連續讀出正確數 ； CD ＝答對的分數

資料來源：Shinn, M. R. (1989a). Case study of Ann H: From referral to annual review. In M. R. Shinn (Ed.), *Curriculum-based measurement assissing special children* (p. 81). New York: The Guilford Press.

每天進行二分鐘的聽寫，聽寫內容則由課程一些相關的拼音所挑選出來。此外，小安還必須完成三題數學測試，每題限時二分鐘，其中一題之取樣是混合計算測驗，另兩題則分別為基礎的乘法與除法。因此，每天測驗的總時間不會超過二十分鐘；三天測驗下來的結果記錄如表 13-1 所列。

　　在兩階段的決策過程中，篩選結果必須與同儕成績的中位數比較；接受轉介的學生其成績必須在同儕等級的一半或更低，才具備接受特殊教育的資格。小安的得分必須與同年級學生的中位數比較；小安的測驗顯示：他在這三個學習範疇的分數皆低於同儕的正常得分，他在閱讀、拼字、數學的乘、除法及混合問題的百分等級依序分別低於第 1、28、39、32、26 百分位數。然而，只有閱讀成就表現的得分一直低於決斷分數。如此看來，教師訪談及所蒐尋到的紀錄並不足以解釋小安在閱讀方面的嚴重缺陷。因此，經由多專業團隊的建議，應該擴大評量的範圍來找出小安學習困難的癥結所在。

第二節 決定資格

　　小安的父母同意且要求小安接受特殊教育資格的鑑定；鑑定過程的目的在確認：

　　1. 找出小安的問題是因為本身的行為抑或無效的教學策略所導致。

　　2. 改變教學方法是否可以維持他在普通班繼續學習。

　　3. 決定小安是否符合該法令所規定特殊教育資格的標準。

一　系統觀察

　　專業心理測驗學家在四個不同的場合，觀察小安在閱讀和數學方面的學習狀況，用來解釋小安在教學情境下的行為，以確認情境的因素是否可以解釋低成就的差異。根據觀察的結果，小安在數學表現高於閱讀表現。這些觀察目的是用來確認小安潛在行為或動機的不同表現。在 6 人小組學生的一個觀察場合中，每天大約三十至四十分鐘，針對 6 人小組學生做閱讀教學，而小安被安排在最低組。觀察結果指出，小安花費在認真學習的時間是大約占學習時間的 90%。因此，老師要求小安面對他，而且在老師進行閱讀教學時，要表現出傾聽的樣子；另外，他必須獨立完成練習簿作業。此外，小安在學習時間內，也會出現短暫且不專心的行為（例如：注視窗外或看其他同學）。在觀察中，雖然他表現出專心，但是老師問的十個問題中，他卻沒有答對半題。

　　同樣地，在數學方面，小安在一些已完成的作業中，只有 10% 是正確的。觀察之後的訪談，老師覺得這些觀察的結果都是小安的典型行為；雖然老師會提供小安許多回答問題的機會，並且在其他學生無法正確回答時，老師也提示一些訂正的策略，當學生答錯時，老師也會很快地提供正確的校正與回饋。針對小安的數學觀察結果，每個人說法不一。在小團體中的數學教學，是以自我定調（self-paced）來設計的，所有的學生要完成一系列數學課程，每頁練習題的頂端都有教學指導語。小安第一天在五個指定

作業中，完成不到其中的 1/3；第二天，他大約完成了六個指定練習作業的 1/2。然而，他完成的作業有 85% 是正確的。

　　另外，從觀察中發現小安的不專心行為有：在教室的周圍走動及和其他的女學生說話；雖然三位老師企圖想要重新指導他，來增加他的完成作業的數量，但是都沒有效果。

二　資格評量

　　特教教師以連續且較低的閱讀課程來評量小安的表現水準；再來，從每一個課程水準中隨機挑出至少三個段落，讓小安閱讀。假使在各水準階段內，他的成績有相當大的差異，則再增添其他閱讀段落，直到評估他的閱讀技巧有達到穩定水準。他的老師也記錄下結果，以便往後分析小安的閱讀錯誤。此課程本位評量測驗的目標有四個：(1)決定小安的學業表現基本水準，以便決定他接受特殊教育的資格；(2)確定合適的閱讀教材以符教學目標；(3)蒐集小安最近的成就表現樣本，據此寫出合適的 IEP 長期目標；(4)蒐集小安閱讀技巧的各種樣本，包含他犯的錯誤類型，進一步發展試驗性教學計畫。小安的課程本位評量測驗結果呈現在表 13-2。從篩選過程中就能獲得小安的成就表現，所以沒有必要對小安再做同一等級水準的測驗。他的閱讀成績落在他的年級和三年級正常學生的範圍（百分位數 16 到 84）之外，他的基準分數（也就是和其他學生相比之下他的閱讀程度）相當於二年級的水準。因此，他閱讀教材的等級大概和二年級下學期的教材一樣。決策過程中，把小安的閱讀成績與同年級普通班學生的範圍相對照。在小安的學區內，可接受特殊教育合格標準的基準分數是低於該年級水準二年的常模分數，或是低於百分位數 16 以下。

　　而小安的成績符合接受特殊教育的資格，也符合法律所規定的其他排除標準。圖 13-1 顯示他閱讀的年級水準落在黑色區塊之外，因為他的最高水準能每分鐘正確地讀四十至六十個字，所以決定用二年級教材作為小安的教學課程。小安的錯誤類型分析與其他讀者相較之下，證明了他在閱讀常見與不常見的字始終有困難。直接讀字時，也沒有辦法使用解碼策略來辨識字音，而且他口頭閱讀的特徵是經常出現停頓和重複的情況。因此，

表 13-2　小安在課程本位評量的閱讀資格測驗結果

年級水準教材	讀字正確的數量	向下降的同儕中數	向下降的百分位數的等級
4	26（讀字正確）	108（讀字正確）	＜百分等級1
3	35（讀字正確）	85（讀字正確）	百分等級9
2	47（讀字正確）	53（讀字正確）	百分等級45
1	64（讀字正確）	2（讀字正確）	百分等級99

資料來源：Shinn, M. R. (1989a), Case study of Ann H: From referral to annual review. In M. R. Shinn (Ed.), *Curriculum-based measurement assissing special children* (p. 84). New York: The Guilford Press.

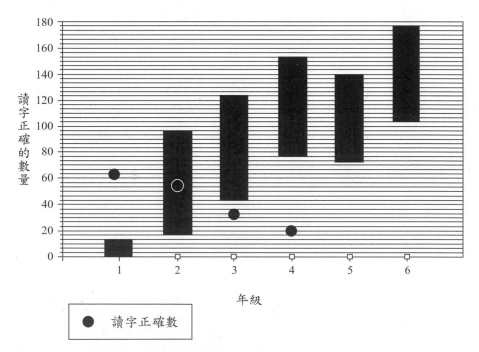

圖 13-1　小安的課程本位評量閱讀資格測驗結果

資料來源：Shinn, M. R. (1989a). Case study of Ann H: From referral to annual review. In M. R. Shinn (Ed.), *Curriculum-based measurement assissing special children* (p. 85). New York: The Guilford Press.

小安使用二年級的讀本，還是無法注意到文章中的音韻學結構。像是他經常忽略閱讀標點符號，例如：不在句子的尾端中斷，或是在問號之後沒有揚起說話的聲調。

三　資格審查結果

專業團隊認為必須考慮全面性的資料，才能決定他是否有資格接受特殊教育。因為從教室觀察並不足以證明任何的問題行為或不適當教學而造成閱讀困難。學習的性向不是關心的重點，而且小安的閱讀困難並不屬於文化的、語言困難或缺乏機會所造成的。他的閱讀分數和錯誤類型分析呈現出他的閱讀水準遠遠低於同年級的程度。這將決定小安會以學障中的閱讀障礙，作為接受特殊教育上的行政標記。雖然小安在數學的表現水準低於他的同儕，但是觀察資料顯示出他在上數學課時無法很專注。除此之外，來自他篩選過程所作答的數學答案分析，以及教室中數學練習的習作可看出，他是可以正確地完成數學題目的。因此，多專業團隊認為必須調整數學的教學。首先，與小安建立一份行為契約，主要是為了讓他完成作業而設置一個動機性計畫。其次，小安的老師為他和其他兩位也有困難的學生提供了十五分鐘的直接教學，並使用自我導向的教學計畫。最後，每週兩次使用成就監控計畫，每週皆有指定的短期目標，而且介入的成效也必須持續評估。

第三節　擬定個別化教育計畫

從審查的過程中取出小安近期表現的資料，用來作為評量的依據及 IEP 中閱讀成功的長期目標標準。主要是以口語朗讀流暢度來評量他表現的行為；多專業團隊使用了同儕常模的方法來敘寫目標，這也是為什麼他們會選擇使用四年級的教材，作為對照進步標準的原因。在接受一年的特殊教育之後，專業團隊希望小安可閱讀和同年級普通班一樣的教材（約每分鐘 105 個字），如果他達到這個目標，他的教學計畫就算成功的。因此，他

的 IEP 目標寫著：「在三十六週內，隨機從四年級的教材中任意挑選閱讀的段落，小安將可以達到每分鐘正確的大聲唸出 105 個字的比率」。IEP 的長程目標分散在短期目標中，也就是短期目標可以達到大約每週增加念出兩個新字。首先，小安的標準分數和他的教學安置兩者皆反映出他的程度落後同年級兩年。因為專業團隊對於小安的特殊教育計畫的熟悉，他們深信他可以趕得上教學計畫的進度。如果小安達到了指定的 IEP 目標，他的標準分數又會從四年級的標準開始。而它使用四年級的教材之後，他的表現與標準也會與四年級相等。藉由這兩個情況的達成，專業團隊相信在一年內，小安可以結束接受特殊教育返回到完全在普通班接受教育。

第四節　教學計畫的執行

　　根據錯誤分析和特教教師對閱讀課程內容的熟悉，決定將小安安置在矯正閱讀識字的班級中。因為它提供了系統化的音節基礎訓練與教導不規則的單字。此外，專業團隊認為以教師指導為中心的課程也是重要的要素之一。小安在資源班接受教學的時間為每天四十五分鐘，其中三十五分鐘在一個 5 人小組裡學習。每節課都包含了老師的簡短講課、小組共同朗讀和個別閱讀，教師是使用經過系統化程序調整的課程。剩下的十分鐘，小安完成練習簿上的習題。未完成的習題小安可以利用在普通班的自由時間完成，資源班教師使用代幣制度來增加他的學習動機及減少不專心的行為。

第五節　持續監控教學成效

　　特教教師利用每週兩次的時間來監控小安的閱讀技巧；小安閱讀從 IEP 目標中所挑選出來的教材，並且將正確的閱讀字數記錄在圖表上，結果呈現在圖 13-2。粗線代表 IEP 目標指定的進步比率。

　　特教教師使用目標導向，而非治療導向的評量方法，作為評量小安的表現相較於計畫中學習比率的斜率標準。第一階段的教學計畫是成功的，

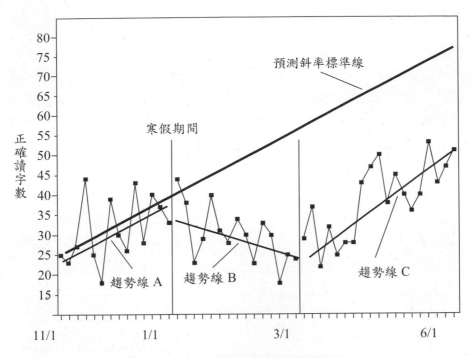

圖 13-2　小安的學年閱讀資料紀錄圖

資料來源：Shinn, M. R. (1989a). Case study of Ann H: From referral to annual review. In M. R. Shinn (Ed.), *Curriculum-based measurement assissing special children* (p. 88). New York: The Guilford Press.

他的進步比率（趨勢線 A）超過了專業團隊的預期。在寒假之前，小安進步的情形變化很大；但是在第二學期快結束時，它開始衰退（趨勢線 B）。當下特教教師決定在教學策略上做個大改變。

　　基於教學情境下的觀察，老師決定每週提供小安三次、每次十分鐘一對一的補救性閱讀教學。這個計畫的改變，造成他在進步比率上有了戲劇性的反轉（見趨勢線 C），因此教學計畫在之後的學年都這樣繼續維持著。

第六節　每季和年度的檢閱

　　在寒假、春假及暑假期間，小安接受了同年級普通班教材的測驗，以

檢視他的進步情形與同儕差異為何。而小安最初的成績，僅能每分鐘正確地讀出 26 個字（低於第 1 個百分位數）；在第一季測驗的結果，可以正確地讀出 35 個字，達到第 2 個百分位數；在第二季末的測驗，他的表現大致相同，大約是正確地讀出 36 個字，相當於第 1 個百分位數。在學年末的測驗結果，能正確地讀出 59 個字，等同於達到第 2 個百分位數。同時藉由學習表現的改善與接近 IEP 目標的進步，來決定是否在下學年繼續這個計畫。

實務篇

第十四章　語文辨音課程本位評量實例

第十五章　語文書寫課程本位評量實例

第十六章　語文詞句課程本位評量實例

第十七章　數學基本運算課程本位評量實例

第十八章　數學生活運用課程本位評量實例

本篇以語文及數學課程實例說明課程本位評量實施的情形，並細分五章說明。第十四章到第十六章為語文類；語文部分包含國語注音符號拼讀、詞彙聽寫、圖片字卡配對、識字教學、生字書寫教學與評量、照樣造句及段落閱讀口語朗讀流暢度，共計七項。第十七、十八章為數學類；數學部分包含和為 10 以內的加法、1000 以內的加法、減法教學、整數乘法（二、三位數乘以一位數）、認識時鐘整點與半點、錢幣運算及空間概念，共計七項。

　　每一個個案實例的撰寫包括學生基本資料（包括性別、家庭背景、個案能力分析、歷年測驗資料）、教學計畫、教學目標、測量方式、實施時間、錯誤類型分析、使用工具、作業單等，每一個個案皆由有經驗的國民中小學教師，依實際教學現場的案例測試，並進行資料分析及繪製教學進步曲線圖，皆是透過實際驗證的結果，與前面幾章理論之說明互相呼應，可供閱讀者應用課程本位評量之參考。

第十四章

語文辨音課程本位評量實例

陳政見、鄭郁慈、黃怡萍

本章以國語注音符號拼讀、詞彙聽寫兩個節次說明，皆與辨音有關，以下分節說明之。

第一節　國語注音符號拼讀──以正確本位評量模式為主

鄭郁慈　撰

本節係以結合聲符、聲調練習以及拼音練習為主要評量結構，並以國中輕度智能障礙學生為個案進行實務測試；以下呈現相關實證分析結果與討論。

一　個案基本資料

(一)個案基本資料

姓名：戴小容　性別：女　年齡：14歲　年級：國中二年級

㈡個案家庭背景簡述

個案之父母關係良好，家庭氣氛和諧，父母管教民主，家境小康。小容在家排行老大，下有一個妹妹。雖然學業學習不佳，但家人仍對其相當接納與關心，家長期望小容能夠繼續升學，但小容本身的升學意願並不高。

㈢個案身心特質簡述

個案身體健康但身高比同儕矮小許多，粗大或精細動作雖沒問題，但動作較慢。個性相當內向溫和，與人對談時音量甚小，若不熟悉的人跟其講話，幾乎不答話，朋友不多。此一情形經資源班教師介入輔導後已有改善。

㈣學習能力描述

小容的記憶能力較差且易忘。變通能力待加強，題目稍有變化時，個案就會很難正確反應。數理及語文能力低弱。中文識字量表之測驗結果為小二程度；閱讀理解能力約為小四程度；注音符號僅會部分聲符、韻符，不會調符部分。數學概念約為小二程度，加減運算仍有困難。小容個性懶散，作業常忘記寫，亦未能養成回家複習或預習的習慣，無法自動自發，需依賴增強物維持其正向學習行為。

㈤個案能力分析

個案在注音符號拼讀教學前無法獨立讀、寫、拼出正確的注音符號。前測結果如下：

聲符能獨立寫出14個（錯誤部分：ㄊ、ㄍ、ㄎ、ㄐ、ㄑ、ㄓ、ㄘ）。

韻符能獨立寫出 8 個（錯誤部分：ㄛ、ㄜ、ㄝ、ㄠ、ㄢ、ㄤ、ㄥ、ㄞ）。

韻符結合：看注音符號拼讀出正確發音，10題全錯（拼音）。

韻符＋調符：10題全錯（拼音）。

聲符＋韻符＋調符：10題全錯（拼音）。

二　教學計畫

　　課程本位評量之模式有三：流暢本位模式、正確本位模式、標準參照模式；本實驗採正確本位模式進行。教學領域為「國語注音符號拼讀」。之所以選擇此一範疇乃因個案對於電腦相當有興趣，想要學會注音符號以利其上網使用「即時通」跟朋友聊天，故主動要求教學者指導其注音符號拼讀。而教學者亦希望藉由學生本身學習意願高的課程以減少其對增強物的依賴，如此，教學過程才不至於因其學習意願過於低落而難有進展。

(一)教學目標

　　本教學目標包括正確拼讀結合韻符；能結合韻符和調符並正確拼讀；能結合聲符、韻符和調符等三大目標。分別詳列如下：

1. 能夠將結合韻符正確拼讀出來（即：介音＋韻符＋ 第一聲 ），正確率達 100%。
   (1)能夠將 一組 的結合韻符（共十個：一ㄚ、一ㄛ、一ㄝ、一ㄞ、一ㄠ、一ㄡ、一ㄢ、一ㄣ、一ㄤ、一ㄥ）正確拼讀出來，正確率達 100%。
   (2)能夠將 ㄨ組 的結合韻符（共八個：ㄨㄚ、ㄨㄛ、ㄨㄞ、ㄨㄟ、ㄨㄢ、ㄨㄣ、ㄨㄤ、ㄨㄥ）正確拼讀出來，正確率達 100%。
   (3)能夠將 ㄩ組 的結合韻符（共四個：ㄩㄝ、ㄩㄢ、ㄩㄣ、ㄩㄥ）正確拼讀出來，正確率達 100%。

2. 能夠將結合韻符＋調符正確拼讀出來，正確率達 100%。
   (1)能夠將（結合韻符＋ 第四聲 ）正確拼讀出來。
   (2)能夠正確區辨一聲與四聲的發音。
   (3)能夠將（結合韻符＋ 第二聲 ）正確拼讀出來。
   (4)能夠正確區辨一聲、四聲、二聲的發音。
   (5)能夠將（結合韻符＋ 第三聲 ）正確拼讀出來。
   (6)能夠正確區辨各聲調的發音。

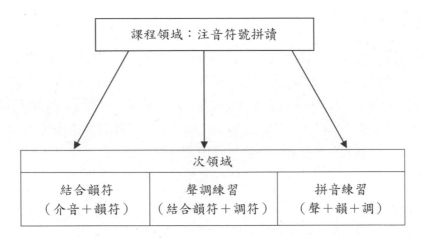

圖 14-1　注音符號拼讀課程本位評量教學架構圖

3.能夠將聲符＋韻符＋調符正確拼讀出來，正確率達 90%。

(1)能夠將 塞音聲符 （ㄅ、ㄆ、ㄉ、ㄊ、ㄍ、ㄎ）與韻符（單韻符、複韻符、聲隨韻符、結合韻符）、調符正確拼讀。

(2)能夠將 塞擦音聲符 （ㄐ、ㄑ、ㄓ、ㄔ、ㄗ、ㄘ）與韻符（單韻符、複韻符、聲隨韻符、結合韻符）、調符正確拼讀。

(3)能夠將 鼻音聲符 （ㄇ、ㄋ）、邊音 （ㄌ）與韻符（單韻符、複韻符、聲隨韻符、結合韻符）、調符正確拼讀。

(4)能夠將 擦音聲符 （ㄈ、ㄏ、ㄒ、ㄕ、ㄖ、ㄙ）與韻符（單韻符、複韻符、聲隨韻符、結合韻符）、調符正確拼讀。

(二)課程本位評量教學架構

　　本教學依注音符號拼讀分為三個次領域，包含結合韻符、聲調練習和拼音練習，其結構圖如圖 14-1 所示。

(三)教學內容

　　本教學內容共分為五項，包括單韻符、複韻符、聲隨韻符、捲舌韻符、

結合韻符；其中結合韻符又分ㄧ、ㄨ、ㄩ三組。詳列如下：

單韻符七個（ㄧ、ㄨ、ㄩ、ㄚ、ㄛ、ㄜ、ㄝ）

複韻符四個（ㄞ、ㄟ、ㄠ、ㄡ）

聲隨韻符四個（ㄢ、ㄣ、ㄤ、ㄥ）

捲舌韻符一個（ㄦ）

結合韻符（共計二十二個，按ㄧ、ㄨ、ㄩ分為三組）

ㄧ組的結合韻符共十個：ㄧㄚ、ㄧㄛ、ㄧㄝ、ㄧㄞ、ㄧㄠ、ㄧㄡ、
　　　　　　　　　　　ㄧㄢ、ㄧㄣ、ㄧㄤ、ㄧㄥ

ㄨ組的結合韻符共八個：ㄨㄚ、ㄨㄛ、ㄨㄞ、ㄨㄟ、ㄨㄢ、ㄨㄣ、
　　　　　　　　　　　ㄨㄤ、ㄨㄥ

ㄩ組的結合韻符共四個：ㄩㄝ、ㄩㄢ、ㄩㄣ、ㄩㄥ

㈣教學步驟

第一步驟：聲符練習

逐一練習二十一個聲符，反覆練習發音，直到正確發音為
止。而後練習書寫。（2/15 至 2/27，計六節課；後測：正
確讀出 18 音，正確率達 85.7%）

第二步驟：韻符練習

逐一練習十六個韻符，反覆練習發音，直到正確發音為止。
而後練習書寫。（單韻符：3/1 至 3/24，共計八節課；後
測：正確讀出 14 音，正確率 87.5%）

第三步驟：結合韻符練習

逐一練習二十二個結合韻符，反覆練習發音，直到能夠正
確辨識及發音為止。

第四步驟：聲調練習

利用韻符與結合韻符練習聲調。

第五步驟：拼音練習

將二十一個聲符逐次與韻符和結合韻符做拼音練習，並加
上聲調練習。

(五)教學過程描述

　　小容的學習速度一開始較慢,尤其是把韻符結合起來的部分,施測九次後才達到 100%的正確率。而後,四聲的學習速度較快,五次施測後即可通過。各調符的區辨上,因二聲和三聲的部分容易混淆而花費較長的時間。完成結合韻符的教學後,小容對於注音符號的拼讀技巧已有相當的概念。只是容易忘記部分聲符的唸法,以及聲符加上結合韻符及調號的部分有些許的困難;一開始較難將三個注音符號拼成一個音,不過,施測幾次後,小容就懂得先將結合韻的部分拼讀起來再加上聲符,如此一來,走音的情形大有改善,大約六次測驗即可達成目標。不過,在區辨時,往往還是因為不夠熟悉需要花較多的時間思考,也比較容易出錯。

三 教學結果分析與說明

　　本研究對個案所測驗的題材即為所教的內容,使評量結果可以作為教師調整教學的依據。教學與評量的過程中,由學生有興趣的課題切入,透過工作分析和精熟練習使個案逐漸學會注音符號拼讀,其學習進展如下段所述。

　　結合韻符一聲,經過九次教學後其拼讀正確率達 100%;四聲經過五次教學後其拼讀正確率達 100%;區辨一、四聲經過七次教學後其拼讀正確率達 100%;二聲經過九次教學後其拼讀正確率達 100%;區辨一、二、四聲經過七次教學後其拼讀正確率達 100%;三聲經過十次教學後其拼讀正確率達 100%;區辨一、二、三、四聲經過十一次教學後其拼讀正確率達 100%。結果詳見表 14-1,其曲線圖呈現於圖 14-2 到圖 14-9。

　　由教學與評量的結果可知:此一個別參照的課程本位評量方式配合題庫的建立(詳見附件資料)、成績紀錄的統計,可以觀察出個案注音拼讀學習的進程、膠著點以及學習速度。藉由監控學生的學習經驗,教學者就可以針對學生的問題修正教學、調整策略與目標,增進學習的成效。

表 14-1　結合韻符拼讀正確率一覽表

測驗次數	結合韻符一聲	四聲	區辨一、四聲	二聲	區辨一、二、四聲	三聲	區辨一、二、三、四聲
1	20	30	30	40	50	40	30
2	40	40	50	50	60	50	30
3	70	60	50	50	60	60	60
4	60	80	70	60	60	80	80
5	70	100	60	60	60	70	70
6	90		80	60	90	80	70
7	80		100	80	100	80	70
8	90			90		90	80
9	100			100		90	80
10						100	80
11							100

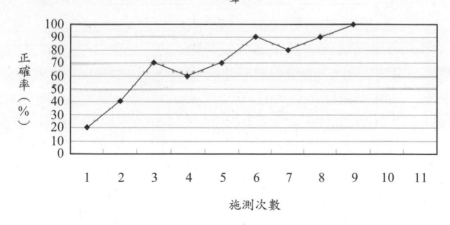

圖 14-2　結合韻符一聲拼讀正確率曲線圖

四聲

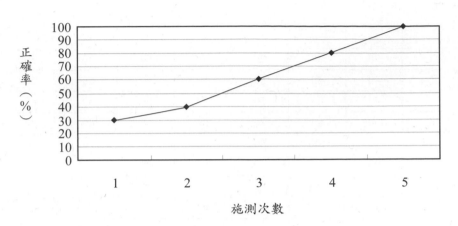

圖 14-3　結合韻符四聲拼讀正確率曲線圖

一聲、四聲區辨

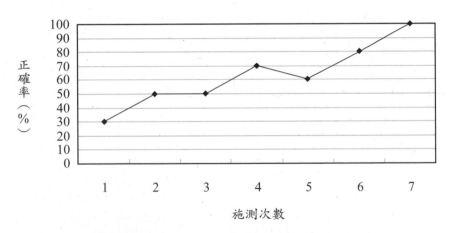

圖 14-4　結合韻符一、四聲拼讀正確率曲線圖

二聲

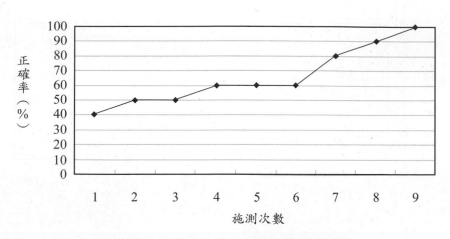

圖 14-5　結合韻符二聲拼讀正確率曲線圖

一、二、四聲區辨

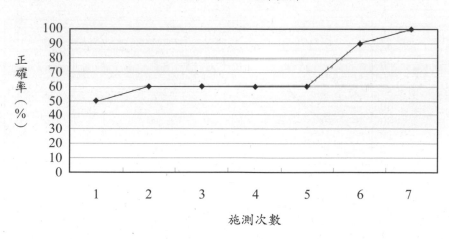

圖 14-6　結合韻符一、二、四聲拼讀正確率曲線圖

三聲

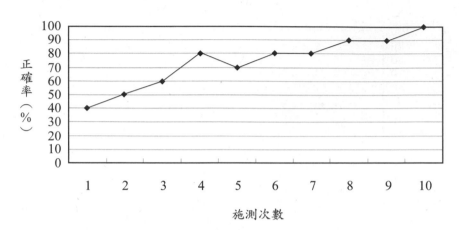

圖 14-7　結合韻符三聲拼讀正確率曲線圖

一、二、三、四聲區辨

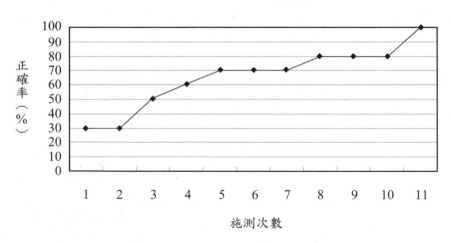

圖 14-8　結合韻符一、二、三、四聲拼讀正確率曲線圖

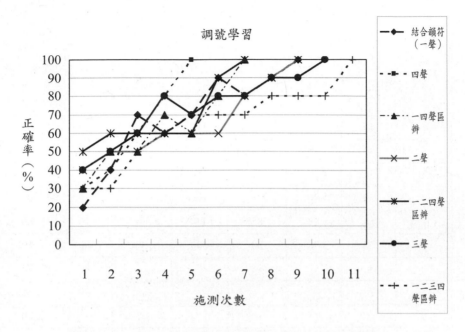

圖 14-9　結合韻符四聲調號學習拼讀正確率比較圖

　　至於聲符、韻符、調符結合的方面，塞音的部分經過九次教學後其拼讀正確率達 90%；塞擦音聲符、韻符、調符之結合經過六次教學後其拼讀正確率達 90%；塞音與塞擦音之辨識經過七次教學後其拼讀正確率達 95%；鼻音聲符、邊音結合韻符和調符經過六次教學後其拼讀正確率達 100%；塞音、塞擦音、鼻音、邊音之辨識經過六次教學後其拼讀正確率達 90%；擦音聲符、韻符、調符之結合經過八次教學後其拼讀正確率達 90%；塞音、塞擦音、鼻音、邊音、擦音之辨識經過十次教學後其拼讀正確率達 90%。結果詳見表 14-2，其曲線圖呈現於圖 14-10 到圖 14-17。

表 14-2　聲符、韻符、調符結合的正確率一覽表

測驗次數	塞音聲符＋韻符＋調符	塞擦音聲符＋韻符＋調符	塞音vs.塞擦音	鼻音聲符、邊音＋韻符＋調符	塞音vs.塞擦音vs.鼻音vs.邊音	擦音聲符＋韻符＋調符	塞音vs.塞擦音vs.鼻音vs.邊音vs.擦音
1	40	50	55	60	65	60	65
2	40	50	65	80	65	60	70
3	50	70	75	80	70	70	65
4	50	80	85	60	75	80	80
5	60	80	85	80	80	70	80
6	70	90	80	100	90	80	80
7	80		95			80	75
8	70					90	80
9	90						80
10							90

塞音聲符＋韻符＋調符

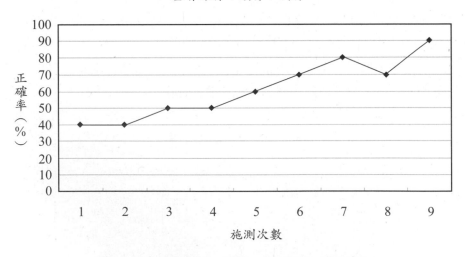

圖 14-10　塞音聲符、韻符、調符結合之正確率

塞擦音聲符＋韻符＋調符

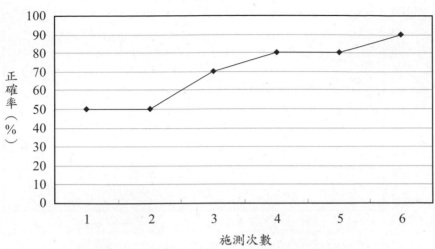

圖 14-11　塞擦音聲符、韻符、調符結合之正確率

塞音 vs.塞擦音

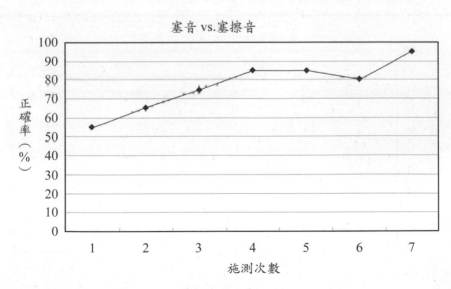

圖 14-12　區辨塞音與塞擦音之正確率

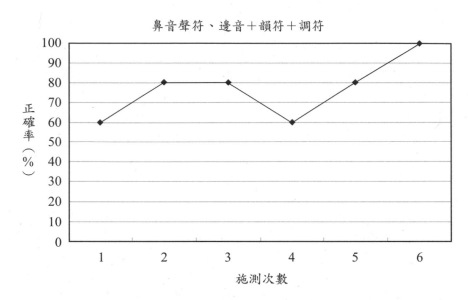

圖 14-13　鼻音聲符、韻符、調符結合之正確率

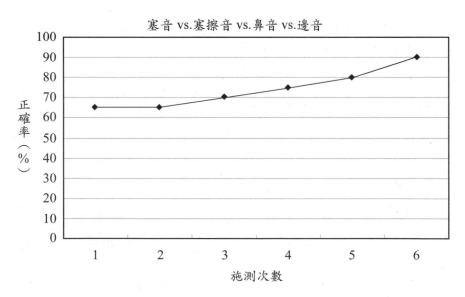

圖 14-14　區辨塞音、塞擦音、鼻音與邊音之正確率

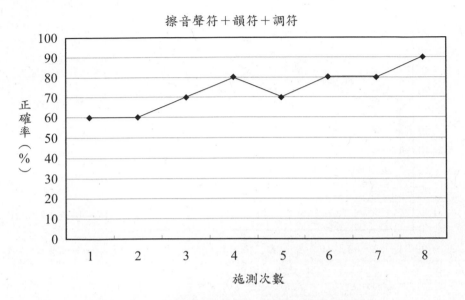

圖 14-15　鼻音聲符、韻符、調符結合之正確率

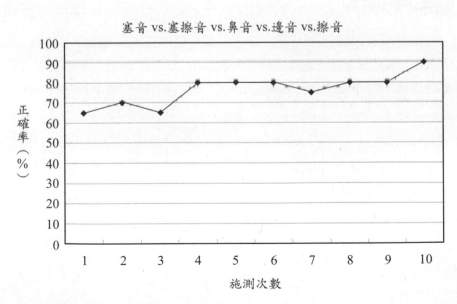

圖 14-16　區辨塞音、塞擦音、鼻音、邊音與擦音之正確率

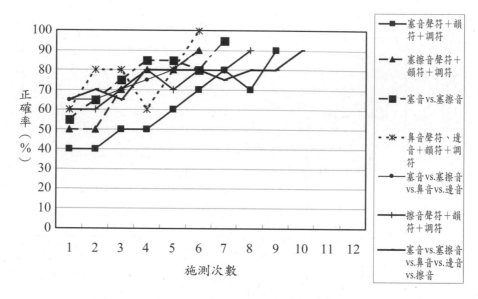

圖 14-17　聲符、韻符、調符拼讀與辨識之正確率

四　附件資料

　　本教學附件資料共計兩項，第一項是聲隨韻符加調符評量單；第二項是聲符、韻符和調符評量單。詳列如下：

附件一　聲隨韻符＋調符

結合韻符					
ㄩㄝ	ㄨㄢ	ㄨㄚ	一ㄤ	一ㄠ	一ㄚ
ㄩㄢ	ㄨㄣ	ㄨㄛ	一ㄥ	一ㄡ	一ㄛ
ㄩㄣ	ㄨㄤ	ㄨㄞ		一ㄢ	一ㄝ
ㄩㄥ	ㄨㄥ	ㄨㄟ		一ㄣ	一ㄞ

附件二　聲符＋韻符＋調符

				ㄅ
ㄅ一ㄥ	ㄅ一ㄝ	ㄅㄢ		
		ㄅㄣ		ㄅ一
	ㄅ一ㄠ	ㄅㄤ		ㄅㄨ
		ㄅㄥ	ㄅㄞ	
	ㄅ一ㄢ	ㄅㄟ	ㄅㄚ	
	ㄅ一ㄣ	ㄅㄠ	ㄅㄛ	

		ㄆㄡ		ㄆ
ㄆ一ㄥ	ㄆ一ㄝ	ㄆㄢ		
		ㄆㄣ		ㄆ一
	ㄆ一ㄠ	ㄆㄤ		ㄆㄨ
		ㄆㄥ	ㄆㄞ	
	ㄆ一ㄢ	ㄆㄟ	ㄆㄚ	
	ㄆ一ㄣ	ㄆㄠ	ㄆㄛ	

		ㄇㄡ		ㄇ
ㄇ一ㄥ	ㄇ一ㄝ	ㄇㄢ		
		ㄇㄣ		ㄇ一
	ㄇ一ㄠ	ㄇㄤ		ㄇㄨ
		ㄇㄥ	ㄇㄞ	
	ㄇ一ㄢ	ㄇㄟ	ㄇㄚ	
	ㄇ一ㄣ	ㄇㄠ	ㄇㄛ	

		ㄈㄡ		ㄈ
		ㄈㄢ		
		ㄈㄣ		
		ㄈㄤ		ㄈㄨ
		ㄈㄥ		
			ㄈㄟ	ㄈㄚ
				ㄈㄛ

ㄅ

			ㄅ
ㄅㄨㄣ		ㄅㄡ	
	ㄅㄧㄥ	ㄅㄧㄝ	ㄅㄢ
ㄅㄨㄥ		ㄅㄛ	ㄅㄧ
	ㄅㄨㄛ	ㄅㄧㄠ	ㄅㄤ / ㄅㄨ
	ㄅㄧㄡ	ㄅㄥ	ㄅㄞ
	ㄅㄨㄟ / ㄅㄧㄢ	ㄅㄟ	ㄅㄚ
	ㄅㄨㄢ		ㄅㄠ

ㄊ

			ㄊ
ㄊㄨㄣ		ㄊㄡ	ㄊㄢ
	ㄊㄧㄥ	ㄊㄧㄝ	
ㄊㄨㄥ		ㄊㄛ	ㄊㄧ
	ㄊㄨㄛ	ㄊㄧㄠ	ㄊㄤ / ㄊㄨ
		ㄊㄥ	ㄊㄞ
	ㄊㄨㄟ / ㄊㄧㄢ		ㄊㄚ
	ㄊㄨㄢ		ㄊㄠ

ㄋ

			ㄋ
ㄋㄧㄤ / ㄋㄧㄥ	ㄋㄡ	ㄋㄢ	
ㄋㄨㄥ / ㄋㄩㄝ		ㄋㄛ	ㄋㄧ
ㄋㄨㄛ	ㄋㄣ	ㄋㄜ	
	ㄋㄧㄠ / ㄋㄤ	ㄋㄨ	
	ㄋㄧㄡ	ㄋㄥ	ㄋㄞ / ㄋㄩ
	ㄋㄧㄢ	ㄋㄟ	ㄋㄚ
	ㄋㄨㄢ / ㄋㄧㄣ		ㄋㄠ

ㄌ

ㄌㄨㄣ	ㄌㄧㄤ	ㄌㄡ	ㄌ
	ㄌㄧㄥ	ㄌㄧㄝ	ㄌㄢ
ㄌㄨㄥ		ㄌㄛ	ㄌㄧ
ㄌㄩㄝ	ㄌㄨㄛ	ㄌㄧㄠ	ㄌㄤ / ㄌㄨ
ㄌㄩㄢ	ㄌㄧㄡ	ㄌㄥ	
	ㄌㄧㄢ	ㄌㄟ	ㄌㄚ
	ㄌㄨㄢ / ㄌㄧㄣ	ㄌㄧ	ㄌㄠ

《（ㄍ）

			《
	《一ㄥ	《一ㄝ	《ㄢ
		《ㄣ	《ㄜ
	《一ㄠ	《ㄤ	《ㄨ
		《ㄥ	《ㄞ
	《一ㄢ	《ㄟ	《ㄚ
		《一ㄣ	《ㄠ

丂（ㄎ）

			丂
ㄎㄣ			ㄎㄡ
ㄎㄨㄤ			ㄎㄢ
ㄎㄨㄥ	ㄎㄚ	ㄎㄣ	ㄎㄜ
	ㄎㄨㄛ	ㄎㄤ	ㄎㄨ
	ㄎㄨㄞ	ㄎㄥ	ㄎㄞ
	ㄎㄨㄟ		ㄎㄚ
	ㄎㄨㄢ		ㄎㄠ

厂（ㄏ）

			厂
ㄏㄨㄣ			ㄏㄡ
ㄏㄨㄤ			ㄏㄢ
ㄏㄨㄥ	ㄏㄨㄚ	ㄏㄣ	ㄏㄜ
	ㄏㄨㄛ	ㄏㄤ	ㄏㄨ
	ㄏㄨㄞ	ㄏㄥ	ㄏㄞ
	ㄏㄨㄟ	ㄏㄚ	ㄏㄚ
	ㄏㄨㄢ		ㄏㄠ

ㄐ（ㄐ）

			ㄐ
	ㄐ一ㄤ	ㄐ一ㄥ	
		ㄐ一ㄝ	
			ㄐ一
ㄐㄩㄝ	ㄐ一ㄠ	ㄐㄩ	
ㄐㄩㄢ	ㄐ一ㄡ		ㄐㄩ
ㄐㄩㄣ	ㄐ一ㄢ		
ㄐㄩㄥ	ㄐ一ㄣ	ㄐ一ㄚ	

219

ㄑ

ㄑㄧㄤ		ㄑ
ㄑㄧㄥ	ㄑㄧㄝ	
		ㄑㄧ
ㄑㄩㄝ	ㄑㄧㄠ	
ㄑㄩㄢ	ㄑㄧㄡ	ㄑㄩ
ㄑㄩㄣ	ㄑㄧㄢ	
ㄑㄩㄥ	ㄑㄧㄚ	ㄑㄧㄣ

ㄒ

ㄒㄧㄤ		ㄒ
ㄒㄧㄥ	ㄒㄧㄝ	
		ㄒㄧ
ㄒㄩㄝ	ㄒㄧㄠ	
ㄒㄩㄢ	ㄒㄧㄡ	ㄒㄩ
ㄒㄩㄣ	ㄒㄧㄢ	
ㄒㄩㄥ	ㄒㄧㄚ	ㄒㄧㄣ

ㄓ

ㄓㄨㄣ		ㄓㄡ	ㄓ
ㄓㄨㄤ		ㄓㄢ	
ㄓㄨㄥ	ㄓㄨㄚ	ㄓㄣ	ㄓㄜ
	ㄓㄨㄛ	ㄓㄤ	ㄓㄨ
	ㄓㄨㄞ	ㄓㄥ	ㄓㄞ
	ㄓㄨㄟ		ㄓㄚ
	ㄓㄨㄢ	ㄓㄠ	

ㄔ

ㄔㄨㄣ		ㄔㄡ	ㄔ
ㄔㄨㄤ		ㄔㄢ	
ㄔㄨㄥ	ㄔㄨㄚ	ㄔㄣ	ㄔㄜ
	ㄔㄨㄛ	ㄔㄤ	ㄔㄨ
	ㄔㄨㄞ	ㄔㄥ	ㄔㄞ
	ㄔㄨㄟ		ㄔㄚ
	ㄔㄨㄢ	ㄔㄠ	

				ㄕ
ㄕㄨㄣ			ㄕㄡ	
ㄕㄨㄤ			ㄕㄢ	
	ㄕㄨㄚ	ㄕㄣ	ㄕㄜ	
	ㄕㄨㄛ	ㄕㄤ		ㄕㄨ
	ㄕㄨㄞ	ㄕㄥ	ㄕㄞ	
	ㄕㄨㄟ			ㄕㄚ
	ㄕㄨㄢ		ㄕㄠ	

				ㄖ
ㄖㄨㄣ			ㄖㄡ	
			ㄖㄢ	
ㄖㄨㄥ		ㄖㄣ	ㄖㄜ	
	ㄖㄨㄛ	ㄖㄤ		ㄖㄨ
		ㄖㄥ		
	ㄖㄨㄟ		ㄖㄠ	

				ㄗ
ㄗㄨㄣ			ㄗㄡ	
			ㄗㄢ	
ㄗㄨㄥ		ㄗㄣ	ㄗㄜ	
	ㄗㄨㄛ	ㄗㄤ		ㄗㄨ
		ㄗㄥ		
	ㄗㄨㄟ			ㄗㄚ
	ㄗㄨㄢ		ㄗㄠ	

				ㄘ
ㄘㄨㄣ			ㄘㄡ	
			ㄘㄢ	
ㄘㄨㄥ		ㄘㄣ	ㄘㄜ	
	ㄘㄨㄛ	ㄘㄤ		ㄘㄨ
		ㄘㄥ	ㄘㄞ	
	ㄘㄨㄟ			ㄘㄚ
	ㄘㄨㄢ		ㄘㄠ	

				ㄙ	
ㄙㄨㄣ			ㄙㄡ		
			ㄙㄢ		
ㄙㄨㄥ			ㄙㄣ	ㄙㄜ	
	ㄙㄨㄛ		ㄙㄤ		ㄙㄨ
			ㄙㄥ	ㄙㄞ	
	ㄙㄨㄟ				ㄙㄚ
	ㄙㄨㄢ			ㄙㄠ	

第二節　詞彙聽寫

黃怡萍　撰

　　本節主要在評量由四個不同部件組成詞彙作為教學與評量材料，實驗對象係為國小中年級智能障礙學生；分別說明之。

一　個案基本資料

(一)個案基本資料

　　姓名：張小嘉　性別：男　年齡：10歲　年級：國小四年級

(二)個案家庭背景簡述

　　小嘉在家排行老大，下有一個妹妹和一個弟弟。其父母教育程度皆在

高中以上；母親在一家汽車公司上班，父親是一名警員，父母的關係良好，家庭氣氛和諧，父母管教民主，家境小康。雖然小嘉為中度智能障礙兒童，學業學習不佳，但父母在家仍會指導小嘉做功課，家人對其也相當地接納與關心。

(三)個案身心特質簡述

小嘉為唐氏症寶寶，領有中度智能障礙手冊。身體健康但身高比同儕略為矮小；粗大動作尚可，精細動作較差，個性活潑好動，人緣不錯。

(四)學習能力描述

小嘉的語言表達能力較差，缺乏解決問題應變能力。在國語學業方面，其能記住常見的字彙，能默寫出簡易詞彙，具有聽寫和朗讀的能力。

(五)個案能力分析

在實施課程本位評量之前，施測者從康軒版第三冊國語課本的生詞之中挑選十四個生詞，先對個案進行三次詞彙聽寫的前測；選出受試三次都完全寫不出來的詞彙共十個，總字數二十個，作為接下來的教學與評量內容。前測結果如下：

前測字彙內容：陌生、校園、廁所、喜歡、變成、衣裳、照顧、表演、搖頭、認真、結束、打扮、聲音、可愛。

個案三次皆能寫出正確字形的字：喜、歡、衣、搖、頭、可。

個案三次皆寫不出來，或無法寫出正確字形的字：裳、愛。

個案三次皆完全寫錯的字：陌、生、校、園、廁、所、變、成、照、顧、表、演、認、真、結、束、打、扮、聲、音。

個案的目標評量詞彙：陌生、校園、廁所、變成、照顧、表演、認真、結束、打扮、聲音。

二　教學計畫

　　課程本位評量之模式有三：流暢本位模式、正確本位模式、標準參照模式；本實驗採正確本位模式進行。教學領域為「國語詞彙聽寫」。選擇此一範疇的原因乃因個案對於聽寫詞彙的能力較差，雖然個案能辨識許多的字彙，也能仿寫出字彙以及朗讀出簡單的課文，但令其聽寫出字詞或課文，正確率卻不到一成。因此教學者便決定以國語詞彙聽寫為教學評量的範圍，間接提升個案寫作的能力。

㈠教學目標

　　1. 長期目標：受試者能正確地聽寫出十個詞彙，包括「陌生」、「校園」、「廁所」、「變成」、「照顧」、「表演」、「認真」、「結束」、「打扮」、「聲音」等十個詞彙，總共二十個字彙。

　　2. 短期目標：
　　　(1)能正確聽寫出由一個部件組成的字：生、成、表、真、束。
　　　(2)能正確聽寫出由二個部件組成的字：陌、所、打、扮、音。
　　　(3)能正確聽寫出由三個部件組成的字：校、廁、顧、演、認、結、聲。
　　　(4)能正確聽寫出由四個部件組成的字：園、變、照。

㈡課程本位評量教學架構

　　本教學依詞彙聽寫分為四個次領域，包含正確聽寫出由一個部件組成的字、正確聽出由二個部件組成的字、正確聽寫出由三個部件組成的字、正確聽寫出由四個部件組成的字，其結構圖如圖 14-18 所示。

㈢教學內容

　　本教學內容為康軒版國小二年級下學期國語課本中的生詞，包括「陌生」、「校園」、「廁所」、「變成」、「照顧」、「表演」、「認真」、「結束」、「打扮」、「聲音」等十個詞彙，總共二十個字彙。

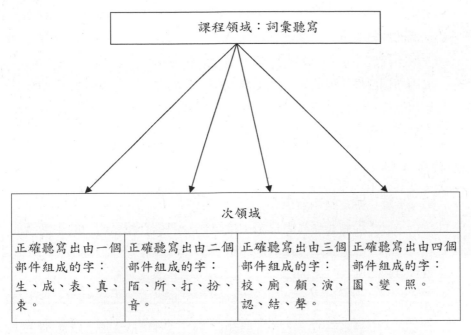

圖 14-18　詞彙聽寫課程本位評量教學架構圖

㈣評分標準

　　評量者一次唸一個詞彙，受試者能在聽到評量者唸出詞彙後的三十秒內寫出正確的字形，便給予得分；一個字 5 分，總分 100 分。受試者無法在聽到評量者唸出詞彙後的三十秒內寫出正確的字形，便不給分，評量者繼續測驗下一個詞彙；詞彙測驗的順序依照第一次測驗的順序。筆畫順序不考慮在計分中。連續四次評分達 100 分以上，便算通過。在整個評量過程中施測者要隨時評分，並記錄受試者的進步曲線。以下為部件評分標準：

　　1. 由一個部件組成的字：生、成、表、真、束。正確聽寫出整個部件（整個字）得 5 分；不正確不給分，寫不出來不給分，位置不對不給分。

　　2. 由二個部件組成的字：陌、所、打、扮、音。正確聽寫出一個部件得 2 分；正確聽寫出二個部件（整個字）得 5 分；字形不正確不給分，寫不出來不給分，位置不對不給分。

3. 由三個部件組成的字：校、廁、顧、演、認、結、聲。正確寫出一個部件得 2 分、二個部件得 3 分、三個部件（整個字）得 5 分；字形不正確不給分，寫不出來不給分，位置不對不給分。

4. 由四個部件組成的字：園、變、照。正確寫出一個部件得 2 分、二個部件得 3 分、三個部件得 4 分、四個部件（整個字）得 5 分；字形不正確不給分，寫不出來不給分，位置不對不給分。

(五)**教學步驟**：

第一步驟：挑選施測對象

從施測者任教班級中挑選出一名具有聽寫能力的中度智能障礙學生，作為施測對象。

第二步驟：進行三次前測

首先對受試者施測康軒版第三冊國語課本的生詞，從中挑選受試者三次都完全寫不出來的詞彙共十個，總字數二十個，作為接下來的教學與評量內容。

第三步驟：進行教學

教學者一次教一個詞彙，讓學生練習描寫、仿寫和聽寫，直到十個詞彙都教導與練習完後，受試者便開始做測驗。在教學過程中教學者解釋字詞的形音義並舉例，以加深學習者的印象。

第四步驟：課程本位評量

施測者一次只唸一個詞彙，受試必須在三十秒內寫出正確詞彙的字形，否則不予計分，直到十個詞彙都測驗完畢。在評量期間，受試者只負責施測，不給予受試任何協助與回饋；評量過後計算評量分數，並將其記錄起來，便可再進行下一次的教學。

第五步驟：反覆進行教學與評量步驟

教學者依據上次評量的結果，將錯誤或不會寫的字放在最先練習，其他會的字詞也要複習；等十個詞彙都練習完畢，

再做下一次的評量。

第六步驟：結束評量

經過教學評量的反覆過程，受試連續四次得分在 100 分以上，便可結束此一階段的評量。

第七步驟：進行後測

結束課程本位評量後，教學者不給予受試者相關教學或複習；經過一星期後再以同樣內容與方式施測受試者連續三次，此階段不實施教學，記錄受試者的保留成效。

三　教學結果分析與說明

教學者由前測中選出小嘉三次前測皆完全寫錯的十個詞彙，共二十個字彙作為教學評量的內容。由一個部件組成的字有五個，每個 5 分，總得分為 25 分；由二個部件組成的字有五個，每個 5 分，總得分為 25 分；由三個部件組成的字有七個，每個 5 分，總得分為 35 分；由四個部件組成的字有三個，每個 5 分，總得分為 15 分。前測的紀錄表如表 14-3。

結束評量階段，立即進入課程本位評量階段。小嘉剛開始學習時只能聽寫出不到一半的詞彙；在前四次的評量，分數緩慢從 30 分進步到 57 分。到了第五、六次評量，小嘉大幅進步到可以聽寫出八成以上的字彙。在第七、八、九、十次的評量，小嘉的分數已到達 90 分以上。到了第十一、十二、十三、十四次評量，小嘉已可寫出全部二十個字彙，達到連續四次皆滿分 100 分的教學評量目標。

以部件來說明，由一個部件組成的得分，在前四次評量分數在 5 到 15 分之間，正確率在 20% 到 60%；到了第五次評量便得到 25 分的滿得分，正確率達 100%，並一直維持到第十四次評量結束。由二個部件組成的得分，第一次評量只獲得了 5 分，正確率為 20%；到了第九次評量分數進步到 22 分，正確率為 88%；接著從第十次到第十四次評量便達到滿得分 25 分，正確率為 100%。由三個部件組成的得分，第一次評量只獲得了 5 分，正確率約為 14%；到了第五次評量進步到 25 分，正確率約為 71%；第七

表 14-3　詞彙聽寫課程本位評量之前測紀錄表

受試者：張小嘉　　　　　　　　施測與評量者：黃怡萍
評量目標：選出目標評量詞彙

評量階段	各階段施測次數	評量內容記錄或計分	得分	備註
前測階段	1	◎個案皆能寫出正確字形的字：喜、歡、衣、搖、頭、可。 ◎個案皆寫不出來，或無法寫出正確字形的字：裳、愛。 ◎個案皆完全寫錯的字：陌、生、校、園、廁、所、變、成、照、顧、表、演、認、真、結、束、打、扮、聲、音。		前測字彙內容：陌生、校園、廁所、喜歡、變成、衣裳、照顧、表演、搖頭、認真、結束、打扮、聲音、可愛
	2	◎個案皆能寫出正確字形的字：喜、歡、衣、搖、頭、可。 ◎個案皆寫不出來，或無法寫出正確字形的字：裳、愛。 ◎個案皆完全寫錯的字：陌、生、校、園、廁、所、變、成、照、顧、表、演、認、真、結、束、打、扮、聲、音。		目標評量詞彙：陌生、校園、廁所、變成、照顧、表演、認真、結束、打扮、聲音。
	3	◎個案皆能寫出正確字形的字：喜、歡、衣、搖、頭、可。 ◎個案皆寫不出來，或無法寫出正確字形的字：裳、愛。 ◎個案皆完全寫錯的字：陌、生、校、園、廁、所、變、成、照、顧、表、演、認、真、結、束、打、扮、聲、音。		

次評量以後便得分在 30 分以上，正確率約為 85% 以上；到了第十一次至十四次評量便維持滿得分 35 分，正確率達 100%。由四個部件組成的得分，第一次評量獲得 10 分，正確率約為 66%；到了第六次便獲得滿得分 15 分，

正確率為 100%；但在第十次評量因為粗心，分數掉了 2 分，成為 13 分，正確率約為87%，到了第十一次評量又很快回到正確率為100%的滿得分 15 分，並一直維持到第十四次評量結束。以下表 14-4 為本個案教學的課程本位評量的紀錄表。

表 14-4　詞彙聽寫課程本位評量之紀錄表

受試者：張小嘉　　　　　　　　　　施測與評量者：黃怡萍				
評量目標：連續四次得分為 100 分				
評量階段	各階段 施測次數	評量內容記錄或計分	得分	備註
課程本位 評量階段	1	一個部件的字得分：5＋5＋0＋0＋0 ＝ 10 二個部件的字得分：5＋0＋0＋0＋0 ＝ 5 三個部件的字得分：5＋0＋0＋0＋0 ＋0＋0＝5 四個部件的字得分：5＋5＋0＝10	10＋5＋5＋10＝ 30	
	2	一個部件的字得分：5＋0＋0＋0＋0 ＝ 5 二個部件的字得分：2＋0＋5＋2＋5 ＝ 14 三個部件的字得分：5＋0＋0＋0＋0 ＋5＋5＝15 四個部件的字得分：5＋4＋3＝12	5＋14＋15＋12 ＝ 46	
	3	一個部件的字得分：5＋5＋0＋0＋0 ＝ 10 二個部件的字得分：5＋0＋5＋2＋5 ＝ 17 三個部件的字得分：5＋0＋0＋5＋0 ＋0＋5＝15 四個部件的字得分：5＋5＋0＝10	10＋17＋15＋10 ＝ 52	

（下頁續）

（續上頁）

評量階段	各階段 施測次數	評量內容記錄或計分	得分	備註
	4	一個部件的字得分：5 + 5 + 0 + 5 + 0 = 15 二個部件的字得分：5 + 0 + 5 + 2 + 5 = 17 三個部件的字得分：5 + 0 + 0 + 0 + 5 + 0 + 5 = 15 四個部件的字得分：5 + 5 + 0 = 10	15 + 17 + 15 + 10 = 57	
	5	一個部件的字得分：5 + 5 + 5 + 5 + 5 = 25 二個部件的字得分：5 + 0 + 5 + 5 + 5 = 20 三個部件的字得分：5 + 0 + 0 + 5 + 5 + 5 + 5 = 25 四個部件的字得分：5 + 5 + 0 = 10	25 + 20 + 25 + 10 = 80	
	6	一個部件的字得分：5 + 5 + 5 + 5 + 5 = 25 二個部件的字得分：0 + 5 + 5 + 5 + 5 = 20 三個部件的字得分：5 + 5 + 0 + 2 + 2 + 5 + 5 = 24 四個部件的字得分：5 + 5 + 5 = 15	25 + 20 + 24 + 15 = 84	
	7	一個部件的字得分：5 + 5 + 5 + 5 + 5 = 25 二個部件的字得分：2 + 5 + 5 + 5 + 5 = 22 三個部件的字得分：5 + 5 + 5 + 0 + 5 + 5 + 5 = 30 四個部件的字得分：5 + 5 + 5 = 15	25 + 22 + 30 + 15 = 92	

（下頁續）

（續上頁）

評量階段	各階段施測次數	評量內容記錄或計分	得分	備註
	8	一個部件的字得分：5＋5＋5＋5＋5 ＝ 25 二個部件的字得分：5＋5＋2＋5＋5 ＝ 22 三個部件的字得分：5＋5＋5＋5＋5 ＋5＋5 ＝ 35 四個部件的字得分：5＋5＋5 ＝ 15	25＋22＋35＋15 ＝ 97	
	9	一個部件的字得分：5＋5＋5＋5＋5 ＝ 25 二個部件的字得分：5＋2＋5＋5＋5 ＝ 22 三個部件的字得分：5＋5＋5＋2＋3 ＋5＋5 ＝ 30 四個部件的字得分：5＋5＋5 ＝ 15	25＋22＋30＋15 ＝ 92	
	10	一個部件的字得分：5＋5＋5＋5＋5 ＝ 25 二個部件的字得分：5＋5＋5＋5＋5 ＝ 25 三個部件的字得分：5＋3＋5＋5＋5 ＋5＋5 ＝ 33 四個部件的字得分：5＋3＋5 ＝ 13	25＋25＋33＋13 ＝ 96	
	11	一個部件的字得分：5＋5＋5＋5＋5 ＝ 25 二個部件的字得分：5＋5＋5＋5＋5 ＝ 25 三個部件的字得分：5＋5＋5＋5＋5 ＋5＋5 ＝ 35 四個部件的字得分：5＋5＋5 ＝ 15	25＋25＋35＋15 ＝ 100	

（下頁續）

（續上頁）

評量階段	各階段施測次數	評量內容記錄或計分	得分	備註
	12	一個部件的字得分：5＋5＋5＋5＋5＝25 二個部件的字得分：5＋5＋5＋5＋5＝25 三個部件的字得分：5＋5＋5＋5＋5＋5＋5＝35 四個部件的字得分：5＋5＋5＝15	25＋25＋35＋15＝100	
	13	一個部件的字得分：5＋5＋5＋5＋5＝25 二個部件的字得分：5＋5＋5＋5＋5＝25 三個部件的字得分：5＋5＋5＋5＋5＋5＋5＝35 四個部件的字得分：5＋5＋5＝15	25＋25＋35＋15＝100	
	14	一個部件的字得分：5＋5＋5＋5＋5＝25 二個部件的字得分：5＋5＋5＋5＋5＝25 三個部件的字得分：5＋5＋5＋5＋5＋5＋5＝35 四個部件的字得分：5＋5＋5＝15	25＋25＋35＋15＝100	

　　結束課程本位評量後，教學者不給予受試者相關教學或複習，經過一星期後再以同樣內容與方式施測受試者連續三次，此階段不實施教學，記錄受試的保留成效。在此階段的評量紀錄，第一次評量總得分為97分，正確率略微下降至97%。在第二次和第三次評量總得分很快又回復到100分，正確率達100%。以部件來說明，除了由三個部件的字得分，在第一次評量得分為32分，正確率約為91%，其他部件在三次評量中，皆能維持滿得分，正確率皆達100%。由此可知，受試者詞彙聽寫的保留成效良好。以下

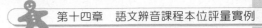

表 14-5 為課程本位評量之後測紀錄表。並將各階段評量紀錄統整為表 14-6。

表 14-5 詞彙聽寫課程本位評量之後測紀錄表

受試者：張小嘉　　　　　　　　　　記錄者：黃怡萍

評量目標：記錄受試詞彙聽寫的保留成效

評量階段	各階段施測次數	評量內容記錄或計分	得分	備註
後測	1	一個部件的字得分：5＋5＋5＋5＋5＝25 二個部件的字得分：5＋5＋5＋5＋5＝25 三個部件的字得分：5＋5＋2＋5＋5＋5＋5＝32 四個部件的字得分：5＋5＋5＝15	25＋25＋32＋15＝97	
	2	一個部件的字得分：5＋5＋5＋5＋5＝25 二個部件的字得分：5＋5＋5＋5＋5＝25 三個部件的字得分：5＋5＋5＋5＋5＋5＋5＝35 四個部件的字得分：5＋5＋5＝15	25＋25＋35＋15＝100	
	3	一個部件的字得分：5＋5＋5＋5＋5＝25 二個部件的字得分：5＋5＋5＋5＋5＝25 三個部件的字得分：5＋5＋5＋5＋5＋5＋5＝35 四個部件的字得分：5＋5＋5＝15	25＋25＋35＋15＝100	

表 14-6　詞彙聽寫課程本位評量各階段得分一覽表

部件 \ 次數 \ 得分	前測			課程本位評量階段														後測		
	1	2	3	4	5	6	7	8	9	10	11	12	13	14	15	16	17	18	19	20
1	0	0	0	10	5	10	15	25	25	25	25	25	25	25	25	25	25	25	25	25
2	0	0	0	5	14	17	17	20	20	22	22	22	25	25	25	25	25	25	25	25
3	0	0	0	5	15	15	15	25	24	30	35	30	33	35	35	35	35	32	35	35
4	0	0	0	10	12	10	10	10	15	15	15	15	15	15	15	15	15	15	15	15
總得分	0	0	0	30	46	52	57	80	84	92	97	92	96	100	100	100	100	97	100	100

　　由下圖 14-19 至圖 14-23 的各部件得分曲線圖，與圖 14-24 的總得分曲線圖，可看出受試的分數從 0 分到滿得分，呈快速的進步趨勢，且具有良好的維持效果。

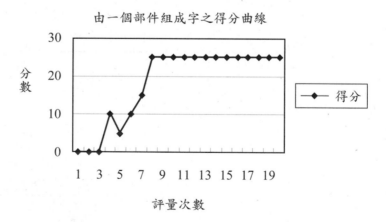

圖 14-19　由一個部件組成字之得分曲線圖

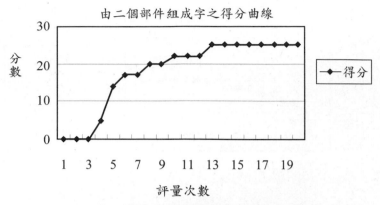

圖 14-20 由二個部件組成字之得分曲線圖

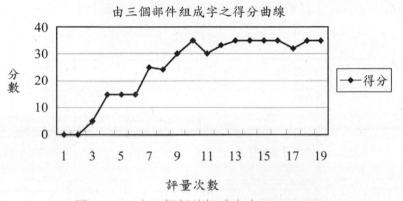

圖 14-21 由三個部件組成字之得分曲線圖

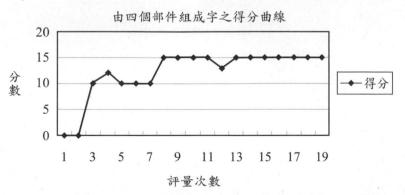

圖 14-22 由四個部件組成字之得分曲線圖

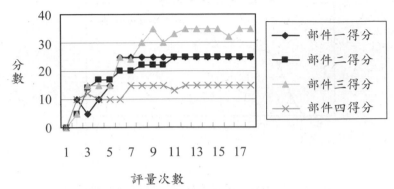

圖 14-23　由各部件組成字之得分曲線圖

註：部件一總分為 25 分，部件二總分為 25 分，部件三總分為 35 分，部件四總分為 15
　　分。

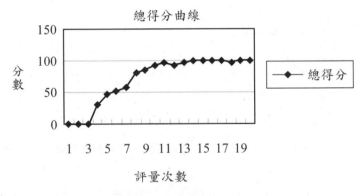

圖 14-24　總得分曲線圖

四　附件資料

　　附第三次前測、課程本位評量、後測的評量紀錄如下：

附件一　前測

附件二　課程本位評量

第11次

25	④ 十 1: 45	十 ③ 十 1: 35	十 ② 十 1: 25	十 ① ⑤ 十 1: 15			
35 15 15 100	5 5 35	5 5	5 5 35 北	5 5	100 5	5 10	打正
○					變	陌 5	
打 5	認 5			成	生 5		
扮	真 5			○	⌣		
○				照	校 5		
聲 5	結 5			顧	園 5		
音	東			○			
	25 35 35 70 70			表 5	劇 5		
				演 5	所 5		

第12次

			纏繞100分			扮 打正	
訊 5	照	演 5	陌 5				
真 5	顧	所 5	生 5				
○			○				
結 5	表 5	繞繞	校 5				
東 5	演	成 5	園 5				
		○					
打 5	○	聲 5					
扮		音 5					

第13次

打正				100分		紅 打正	
○	認 5	照 5	演	陌 5			
聲 5	真 5	顧 5	所 5	生 5			
音 5	○	○	○	○			
	結 5	表 5	變 5	校 5			
	東 5	演 5	成 5	園 5			
	○	○	○	○			
	打 5						
	扮 5						

第14次

打正				100分		老 打正	
聲 5	結 5	○	演 5	陌 5			
音 5	東	表 5	所 5	生 5			
○	○	演	○				
	打 5		繞繞 5	校 5			
	扮 5	認 5	成 5	園 5			
		真 5					
		○	照 5				
			顧 5				

附件三　後測

第四次 後測
97分

後測2
100分

後測3
100分

第十五章

語文書寫課程本位評量實例

陳政見、廖素亭
謝幸儒、劉冠妏

　　本章共包括三節，第一節為「圖片詞卡配對」，第二節為「集中識字教學」，第三節為「生字書寫正確性及流暢度」，以下分別說明之。

第一節　圖片詞卡配對

　　本節主要透過圖片配對增強中度智能障礙學生之認字能力，其中圖片包括水果類及食物類兩種，其實證結果將依次逐一說明。

一　個案基本資料

㈠個案基本資料

　　姓名：張○○　性別：女　年齡：7歲3個月　年級：國小一年級

㈡個案家庭背景簡述

家庭其他成員有父、母、兄、姊，身心皆正常。個案與兄姊的年齡有差距，個案目前年齡為 7 歲 3 個月，而兄為 17 歲、姊為 15 歲。除在學校接受教育之外，家長會固定時間帶個案到醫院做語言治療、職能治療。

㈢個案身心特質簡述

個案患有先天性心臟病，周邊肺動脈狹窄，需半年追蹤一次；領有中度殘障手冊。非常喜歡和人親近，完全不怕生，在學校人緣佳，不管是認識的人或是陌生人皆會上前打招呼，並與之說話。遇到有人詢問問題時則無法根據問題回答。

㈣學習能力描述

根據語言治療師觀察，個案語言表達能力大於語言理解能力，不過常會跟著仿說；主動性強，互動能力好，顏色分類能力佳；而在手眼協調、精細動作以及空間對應能力較差；專注力短，在交談上，一般的對話可以，但學習認知理解不佳。另外，職能治療師觀察個案有防禦性感覺，屬尋求型感覺協調障礙，注意力不集中，易分心，需大量刺激，上肢肌力須訓練。

二　教學計畫

本教學領域為「圖片名稱詞卡配對」，包括常見水果與常見食物兩種。課程本位評量教學架構結構圖如下：

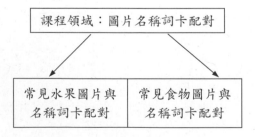

圖片以最接近真實的物品為主，範例如下：

1. 鳳梨

2. 香蕉

3. 芭樂

三 短期目標

(一)當老師拿出水果圖片時，學生能拿出正確的名稱，正確率達 100%。

常見水果包括蘋果、草莓、香蕉、木瓜、西瓜、葡萄、楊桃、橘子、鳳梨、枇杷（第一組）。

荔枝、柳丁、番茄、椰子、檸檬、釋迦、桃子、棗子、櫻桃、柿子（第二組）。

柚子、蓮霧、芒果、梨子、榴槤、芭樂、火龍果、奇異果、百香果、葡萄柚（第三組）。

  1.能夠將第一組的水果圖片和名稱正確配對，正確率達 100%。

  2.能夠將第二組的水果圖片和名稱正確配對，正確率達 100%。

  3.能夠將第三組的水果圖片和名稱正確配對，正確率達 100%。

(二)當老師拿出食物圖片時，學生能拿出正確的名稱，正確率達 100%。

食物圖片包括麵包、蛋糕、餅乾、糖果、熱狗、土司、牛奶、果汁、薯條、漢堡（第一組）。

洋芋片、火腿、紅蘿蔔、雞蛋、番薯、花生、茄子、玉米、辣椒、洋蔥（第二組）。

  1.能夠將第一組的食物圖片和名稱正確配對，正確率達 100%。

  2.能夠將第二組的食物圖片和名稱正確配對，正確率達 100%。

題目：圖片包括第一組、第二組的十張圖片；名稱詞卡除正確的十張詞卡外，再加入兩張不正確詞卡，教師以隨機方式拿出圖片，學生需拿出相對應的名稱詞卡。

四 教學結果分析與說明

在本次教學評量中，將個案六組評量成績呈現在表 15-1，並將個案的進步曲線圖呈現在表 15-1，且經過三次以上達 100 分，確定具保留效果，才進行下一階段的課程本位評量活動。

由表 15-1 顯示，從第一次得分 0 至 10 分，到 100 分的時間大約需十二至十三次的教學時間。

表 15-1　圖片詞卡配對教學評量總得分結果

測驗次數	第一組水果	第二組水果	第三組水果	第一組食物	第二組食物
1	10	0	10	0	10
2	40	30	30	20	20
3	40	40	40	30	30
4	50	40	50	30	30
5	50	50	50	40	40
6	40	50	60	50	40
7	50	40	50	50	50
8	60	60	60	60	50
9	80	70	60	80	70
10	90	90	80	80	70
11	80	90	90	80	70
12	90	100	90	100	90
13	90	100	100	100	90
14	100	100	100	100	100
15	100		100		100
16	100				100
17	100				

有關第一組水果圖片與詞卡配對評量結果如表 15-2 所示。由表 15-2 得知，個案剛開始對於十種水果圖片與詞卡幾乎皆配對錯誤；從第二次起答對的題數漸多，其改變曲線圖呈現在圖 15-10。但對於某些水果會有忘記的情況，需再一次複習以維持效果。

表 15-2　第一組水果測驗紀錄表

	蘋果	草莓	香蕉	木瓜	西瓜	葡萄	楊桃	橘子	鳳梨	枇杷
1	×	×	×	×	×	×	×	○	×	×
2	×	×	×	○	○	○	×	○	×	×
3	×	×	×	○	○	×	×	○	○	○
4	○	○	×	○	○	×	×	○	○	○
5	○	×	○	○	○	×	○	○	○	○
6	×	○	×	○	×	○	○	○	○	×
7	×	○	×	○	○	○	○	○	○	×
8	○	○	○	○	○	○	○	○	○	○
9	○	○	○	○	○	×	×	○	○	○
10	○	○	○	○	○	○	×	○	○	○
11	○	○	○	○	○	○	○	○	○	○
12	○	○	○	○	○	○	×	○	○	○
13	○	○	○	○	○	○	×	○	○	○
14	○	○	○	○	○	○	○	○	○	○
15	○	○	○	○	○	○	○	○	○	○
16	○	○	○	○	○	○	○	○	○	○
17	○	○	○	○	○	○	○	○	○	○

註：○的部分為學生每次測驗答對時所做記號；×則為學生答錯時所做記號。

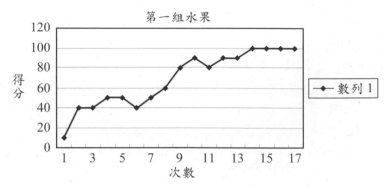

圖 15-1　第一組水果得分曲線圖

　　第二組水果圖片與詞卡配對結果呈現在表 15-3。由表 15-3 顯示，個案從完全配對錯誤，接著有配對正確的情形出現，且配對正確的題數持續增加；其改變曲線圖呈現在圖 15-2。由圖 15-2 可見個案在此項教學活動中確實持續進步。

表 15-3　第二組水果測驗紀錄表

	荔枝	柳丁	番茄	椰子	檸檬	釋迦	桃子	棗子	櫻桃	柿子
1	×	×	×	×	×	×	×	×	×	×
2	×	○	×	×	○	○	×	×	×	×
3	×	○	×	×	○	○	×	×	○	×
4	×	○	×	×	○	○	×	×	×	×
5	×	○	×	×	○	○	×	○	○	×
6	×	○	×	○	○	○	×	×	○	×
7	×	○	×	×	○	○	×	×	○	×
8	×	○	×	○	○	○	×	○	○	×
9	○	○	×	○	○	○	×	○	○	×
10	○	○	×	○	○	○	○	○	○	○
11	○	○	×	○	○	○	○	○	○	○
12	○	○	○	○	○	○	○	○	○	○
13	○	○	○	○	○	○	○	○	○	○
14	○	○	○	○	○	○	○	○	○	○

註：○的部分為學生每次測驗答對時所做記號；×則為學生答錯時所做記號。

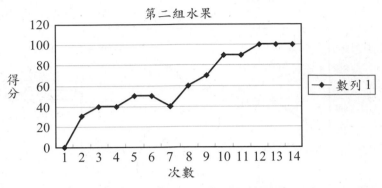

圖 15-2　第二組水果得分曲線圖

　　第三組水果圖片與詞卡配對測量結果呈現在表 15-4；其進步曲線呈現在圖 15-3。由表 15-4 及圖 15-3 顯示，個案對於蓮霧、火龍果、奇異果第一次配對正確有可能是用猜的，並非真正瞭解；但經由多次教學後，第二次後的配對正確則是真正學得。因此，教學後馬上評量較能掌握個案的學習情況。

表 15-4　第三組水果測驗紀錄表

	柚子	蓮霧	芒果	梨子	榴槤	芭樂	火龍果	奇異果	百香果	葡萄柚
1	×	×	×	○	×	×	×	×	×	×
2	○	×	×	○	×	○	×	×	×	×
3	○	×	○	○	×	○	×	×	×	×
4	○	○	○	○	×	○	×	×	×	×
5	○	×	○	○	×	○	×	○	×	×
6	○	×	○	○	×	○	○	×	○	×
7	○	×	○	○	×	○	×	×	○	×
8	○	×	○	○	×	○	×	○	○	○
9	○	×	○	○	×	○	×	○	○	×
10	○	×	○	○	×	○	○	○	○	○
11	○	○	○	○	×	○	○	○	○	○
12	○	○	○	○	×	○	○	○	○	○
13	○	○	○	○	○	○	○	○	○	○
14	○	○	○	○	○	○	○	○	○	○
15	○	○	○	○	○	○	○	○	○	○

註：○的部分為學生每次測驗答對時所做記號；×則為學生答錯時所做記號。

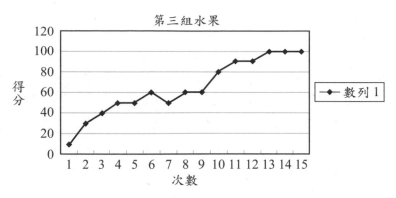

圖 15-3　第三組水果得分曲線圖

　　第一組食物與詞卡配對評量結果呈現在表 15-5；其進步曲線呈現在圖 15-4。由表 15-5 及圖 15-4 得知，個案會從筆畫較簡單的詞卡開始記憶，之後再記憶筆畫較多的詞卡；且在教學後立即評量的過程中可監控學生的學習情況，瞭解學生是用猜的或是真正瞭解。由表 15-5 顯示，個案確實真正學得，因而沒有出現時對時錯的情況。

表 15-5　第一組食物測驗紀錄表

	麵包	蛋糕	餅乾	糖果	熱狗	土司	牛奶	果汁	薯條	漢堡
1	×	×	×	×	×	×	×	×	×	×
2	×	×	×	×	×	○	×	○	×	×
3	×	×	×	×	×	○	○	○	×	×
4	×	×	×	×	×	○	○	○	×	×
5	×	×	×	×	○	○	○	○	×	×
6	×	×	×	○	○	○	○	○	×	×
7	×	○	×	×	○	○	○	○	×	×
8	×	○	×	○	○	○	○	○	×	×
9	○	○	×	○	○	○	○	○	○	×
10	○	○	×	○	○	○	○	○	×	○
11	○	○	×	○	○	○	○	○	○	○
12	○	○	○	○	○	○	○	○	○	○
13	○	○	○	○	○	○	○	○	○	○
14	○	○	○	○	○	○	○	○	○	○

註：○的部分為學生每次測驗答對時所做記號；×則為學生答錯時所做記號。

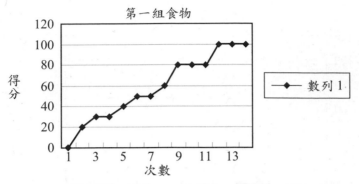

圖 15-4　第一組食物得分曲線圖

　　第二組食物與詞卡配對教學，其評量結果呈現在表 15-6；其進步曲線呈現在圖 15-5。由表 15-6 及圖 15-5 顯示，個案在這一組食物的進步較慢，可能對於某些食物（例如辣椒、洋蔥），平常較少接觸，因此，記憶時間較久，但最後仍然能學得此項教學目標。

表 15-6　第二組食物測驗紀錄表

	洋芋片	火腿	紅蘿蔔	雞蛋	番薯	花生	茄子	玉米	辣椒	洋蔥
1	×	×	×	×	×	○	×	×	×	×
2	×	×	×	×	×	○	×	○	×	×
3	×	×	×	×	×	○	○	○	×	×
4	×	×	×	×	×	○	○	○	×	×
5	×	○	×	×	×	○	×	×	×	×
6	○	×	×	×	×	○	×	×	×	×
7	○	○	×	×	×	○	○	×	×	×
8	×	○	×	○	×	○	○	×	×	×
9	○	○	×	○	×	○	○	○	○	×
10	○	○	×	○	×	○	○	○	×	○
11	○	○	×	○	×	○	○	○	×	○
12	○	○	○	○	×	○	○	○	○	○
13	○	○	○	○	×	○	○	○	○	○
14	○	○	○	○	○	○	○	○	○	○
15	○	○	○	○	○	○	○	○	○	○
16	○	○	○	○	○	○	○	○	○	○

註：○的部分為學生每次測驗答對時所做記號；×則為學生答錯時所做記號。

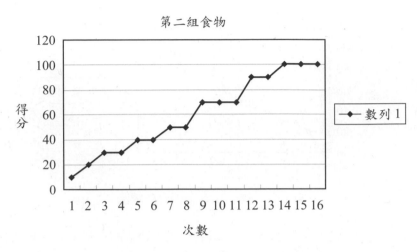

圖 15-5　第二組食物得分曲線圖

第二節　集中識字教學——以「皮」與「包」為例

謝幸儒　撰

　　本節主要以字的部首為主進行集中識字教學，教學對象為學業低成就的國小四年級生；以下將實務教學之成效及評量過程，分別敘述之。

一　個案基本資料

(一)個案基本資料

　　姓名：郭小成　性別：男　年齡：10歲　年級：國小四年級

(二)個案家庭背景簡述

　　個案與父母同住，排行第四，上有一兄二姊，家境清寒，社經地位較低；母親在外工作，父親負責整理家務，家中無特殊個案。雖然個案學業成就低，但個性乖巧，常幫忙家中事務。

㈢個案身心特質簡述

身體健康，外在與一般兒童無異，但動作發展較慢；粗大動作尚佳，精細動作與平衡較弱、人際關係良好，個性開朗樂觀。

㈣學習能力描述

記憶力、組織、理解、推理能力弱，識字量低，無法閱讀；對於抽象事物難以理解，以手輔助加減運算。

㈤個案能力分析

輕度智能障礙學生，具有基本注音符號拼音能力，但尚未熟悉；語文學習在識字方面有困難，識字量極少，中文年級認字量表（黃秀霜，2001）百分等級 1。將教學內容前測結果說明如下：

1. 基本字「皮」之前測結果：個案於教學前，完全不認識「皮」字及其相關字，三次前測結果皆相同。前測結果見表 15-7。
2. 基本字「包」之評量結果：個案於教學前，雖然認識「包」字，但尚未對包的相關語詞熟悉，且不認識其他以包為部件的相關字。評量結果見表 15-8。

表 15-7　基本字「皮」之前測結果

	測驗次數	認讀（%）	造詞（%）	聽寫國字（%）	看注音填字（%）	總成績（%）
前測	1	0	0	0	0	0
	2	0	0	0	0	0
	3	0	0	0	0	0

表 15-8　基本字「包」之評量結果

	測驗次數	認讀（%）	造詞（%）	聽寫國字（%）	看注音填字（%）	總成績（%）
前測	1	20	20	0	0	10
	2	20	20	20	0	15
	3	20	20	0	0	10

二　教學計畫

　　本教學內容為自編教材，以學生已熟悉的部首為基礎，結合常用部件之元素，協助識字困難學生有系統、大量學習識字；本教學活動選擇「皮」與「包」二部件字，介紹與該字有相同部件的國字，並說明重要且常用的語詞。

(一)教學目標

　　本教學目標包括：

1. 能認識五個基本字為「皮」的國字（皮、破、坡、波、被）。
　(1)能正確讀出「皮、破、坡、波、被」的字音，正確率達 100%。
　(2)能正確說出「皮、破、坡、波、被」的造詞，正確率達 100%。
　(3)能正確聽寫出「皮、破、坡、波、被」的國字，正確率達 100%。
　(4)能拼讀語詞之注音，正確寫出「皮、破、坡、波、被」的國字，正確率達 100%。

2. 能認識五個基本字為「包」的國字（包、泡、抱、跑、飽）。
　(1)能正確讀出「包、泡、抱、跑、飽」的字音，正確率達 100%。
　(2)能正確說出「包、泡、抱、跑、飽」的造詞，正確率達 100%。
　(3)能正確聽寫出「包、泡、抱、跑、飽」的國字，正確率達 100%。
　(4)能拼讀語詞之注音，正確寫出「包、泡、抱、跑、飽」的國字，正確率達 100%。

㈡課程本位評量教學架構

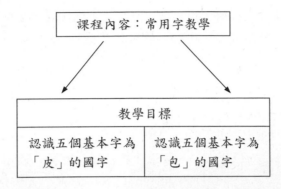

圖15-6　「皮」與「包」之集中識字教學課程本位評量教學架構圖

㈢教學內容

　　以下為教學及測驗時所使用之教學內容，此內容為教師挑選學生日常生活常用到之語詞，列於表 15-9。

表 15-9　教學內容整理表

基本字	國字	注音	語詞		
皮	皮	ㄆㄧˊ	皮包	皮球	頑皮
	破	ㄆㄛˋ	打破	破掉	破壞
	坡	ㄆㄛ	山坡	坡度	斜坡
	波	ㄅㄛ	水波	波浪	奔波
	被	ㄅㄟˋ	被子	棉被	被動
包	包	ㄅㄠ	書包	菜包	包粽子
	泡	ㄆㄠˋ	泡沫	泡茶	沖泡
	抱	ㄅㄠˋ	抱怨	懷抱	擁抱
	跑	ㄆㄠˇ	跑步	賽跑	奔跑
	飽	ㄅㄠˇ	吃飽	好飽	飽餐一頓

㈣教學步驟

第一步驟：複習相關部首（石、土、水、衣、手、足、食）。

第二步驟：能認識以「皮」為基本字之國字：皮、破、坡、波、被。
使用字卡方式，介紹每一個字的意思、寫法及相關語詞。
（5/15 至 6/9，教學節數七節；後測：總正確率達 100%）

第三步驟：能認識以「包」為基本字之國字：包、泡、抱、跑、飽。
使用字卡方式，介紹每一個字的意思、寫法及相關語詞。
（6/12 至 6/23，教學節數五節；後測：總正確率達 100%）

㈤教學過程描述

小成一開始的學習速度較慢，尤其在學習以「皮」為基本字之國字，學習狀況較不穩定，起起伏伏；但熟悉此教學的模式及學習內容後，後續學習以「包」為基本字之相關字時，則很快就抓住學習的要領，縮短教學時間，很快便能增加字彙及正確應用於生活中。

三 教學結果分析與說明

1. 能認識五個基本字為「皮」的國字（皮、破、坡、波、被）。

(1)識字教學──基本字「皮」之評量結果：

教師於教學前先實施三次前測，以得知學生對教學內容實際瞭解情況；於第四次起開始教學，並於教學後進行評量，其評量結果列於表 15-10 中。

表 15-10　集中識字教學之介入成效一覽表

	測驗次數	日期	認讀 (%)	造詞 (%)	聽寫國字 (%)	看注音填字 (%)	總成績 (%)
集中識字教學之介入成效	1	5/15 (一)	20	10	10	20	30
	2	5/16 (二)	60	60	20	20	40
	3	5/17 (三)	80	80	60	60	70
	4	5/18 (四)	100	80	80	60	80
	5	5/19 (五)	80	100	100	100	95
	6	5/22 (一)	100	100	100	100	100
	7	5/23 (二)	80	100	100	60	85
	8	5/24 (三)	100	100	100	100	100
	9	5/26 (五)	100	100	100	100	100
	10	6/9 (五)	100	100	100	100	100

(2)識字教學——基本字「皮」之評量結果分析：

該生於第一、二、三次前測之表現呈現穩定，皆無法正確認讀目標字；從第四次開始實施教學後，學習呈現緩慢進步曲線。由於「波」與「坡」

讀音相似,故在尚未完全熟習前,該生容易發生混淆,造成正確率有所起伏;透過教學-評量-教學等循序的過程,個案熟習教材內容後,皆能正確讀出各目標字之讀音(圖 15-7)。

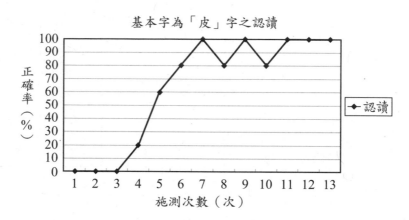

圖 15-7　基本字「皮」字之認讀

該生於第一、二、三次前測之表現呈現穩定,皆無法正確使用目標字造詞;在教學後則呈現大幅度的進步,且習得後,具有維持之成效(見圖 15-8)。

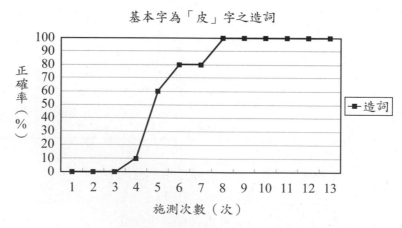

圖 15-8　基本字「皮」字之造詞

　　該生於第一、二、三次前測之表現呈現穩定，皆無法正確聽寫出目標字；經由逐次教學－評量後，慢慢進步，在完全習得內容後，能具穩定之成效（見圖 15-9）。

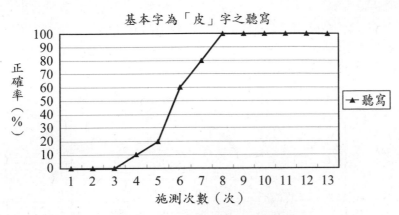

圖 15-9　基本字「皮」字之聽寫

　　該生於第一、二、三次前測之表現呈現穩定，皆無法正確看注音寫出目標字；在學習過程中，牽涉到先備經驗注音符號之拼讀，故此部分的學習，對於個案較為困難，但在個案習得且熟悉學習內容後，能具有維持之成效（圖 15-10）。

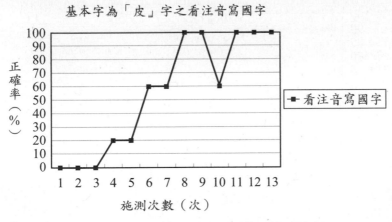

圖 15-10　基本字「皮」字之看注音寫國字

(3)識字教學——基本字「皮」之評量總結：

本單元之教學評量總成績變化情形呈現在圖 15-11。由圖 15-11 得知，在施測到第七次時正確率能達到 80%；第十一次以後則達到 100%。而分別呈現認讀、造詞、聽寫及看注音寫國字和總成績之綜合性進步關係圖呈現在圖 15-12。由圖 15-12 得知，該生於教學後，成績呈現穩定進步情形。

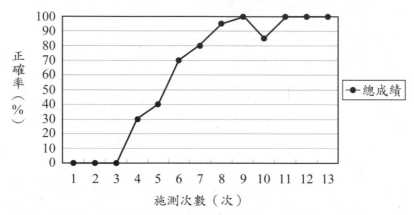

圖 15-11　基本字「皮」字之總成績

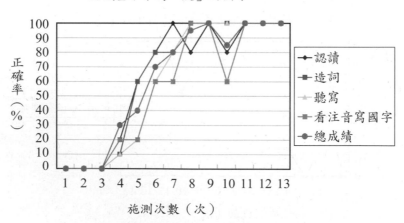

圖 15-12　認識基本字「皮」字之國字

2.能認識五個基本字為「包」的國字（包、泡、抱、跑、飽）。

⑴識字教學──基本字「包」之評量結果：

教師於教學前先實施三次前測，以得知學生對教學內容實際瞭解情況；

於第四次起開始教學，並於教學後進行評量，其評量結果列於表 15-11。

⑵識字教學──基本字「包」之評量結果分析：

該生在學習前，已認識「包」字，因此於第一、二、三次前測之表現，

表 15-11　五個基本字為「包」之國字教學一覽表

	測驗次數	日期	認讀（%）	造詞（%）	聽寫國字（%）	看注音填字（%）	總成績（%）
前測	1	6/7（三）	20	20	0	0	10
	2	6/8（四）	20	20	20	0	15
	3	6/9（五）	20	20	0	0	10
集中識字教學之介入成效	4	6/12（一）	40	40	80	60	55
	5	6/14（三）	80	80	80	60	75
	6	6/15（四）	80	80	80	80	80
	7	6/16（五）	80	80	100	100	90
	8	6/19（一）	100	100	100	100	100
	9	6/22（四）	100	100	100	100	100
	10	6/23（五）	100	100	100	100	100

皆能正確認讀出「包」字，前測結果呈現穩定；從第四次開始實施教學後，學習呈現進步曲線，在熟悉之後，皆能正確讀出各目標字之讀音（圖15-13）。

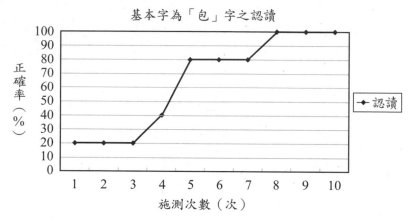

圖 15-13　基本字「包」字之認讀

　　該生在學習前，已認識「包」字，因此於第一、二、三次前測之表現，皆能正確使用「包」字造詞，前測結果呈現穩定。從第四次開始實施教學後，學習呈現進步曲線；在熟悉之後，皆能正確使用目標字造詞，習得後，具有維持之成效（圖 15-14）。

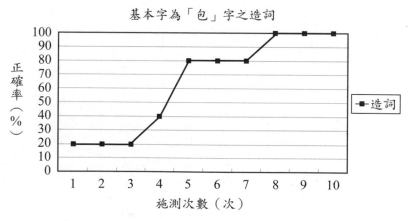

圖 15-14　基本字「包」字之造詞

該生在學習前，已認識「包」字，但在書寫部分則尚未精熟，故在前測時，產生有時會寫有時不會寫的狀況；但經由此識字教學後，個案表現大幅度進步，習得後，具有維持之成效（圖 15-15）。

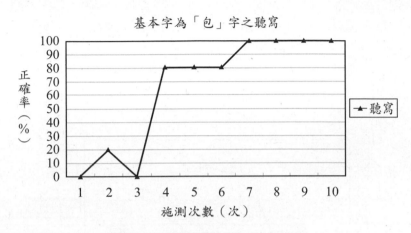

圖 15-15　基本字「包」字之聽寫

　　該生於第一、二、三次前測之表現呈現穩定，皆無法正確看注音寫出目標字；但經由此識字教學後，個案表現逐漸進步，習得後，具有維持之成效（圖 15-16）。

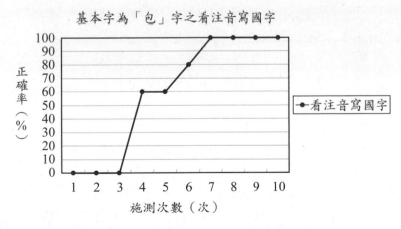

圖 15-16　基本字「包」字之看注音寫國字

(3)識字教學——基本字「包」的評量總結：

本單元之教學評量總成績變化情形，呈現在圖 15-17。由圖 15-17 得知，在施測到第六次時正確率已達到80%程度；第八次以上皆達到100%，比「皮」字教學評量較為提前。另，分別呈現認讀、造詞、聽寫及看注音寫國字和總成績比較進步曲線圖，呈現在圖 15-18。由圖 15-18 得知，該生經教學後，前三次進步情形較不明顯，而第四次以上大幅進步，第八次以上皆呈現正確率 100%。

基本字為「包」字之總成績

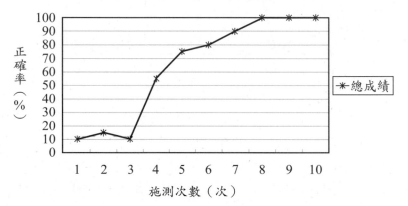

圖 15-17　基本字「包」字之總成績

能認識基本字為「包」的國字

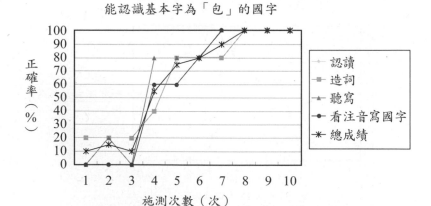

圖 15-18　認識基本字「包」字之國字

四　附件資料

　　本教學附件資料共計三項，第一項為教學字卡；第二項為「皮」字之評量單；第三項為「包」字之評量單。詳列如下：

附件一　教學字卡

基本字為「皮」之教學字卡

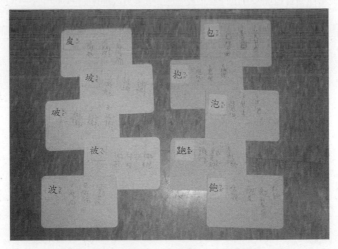

基本字為「皮」、「包」之學習字卡

附件二 「皮」字之評量單

集中識字教學「皮」之評量 姓名：
日期：

得　分

※把正確的音讀出來：

皮　　破

坡　　波

被

※看國字，並造詞：

1. 皮—

2. 破—

3. 坡—

4. 波—

5. 被—

※聽寫，請寫出正確的字：

1. （　）

2. （　）

3. （　）

4. （　）

5. （　）

※把正確的字填入（　）內：

頑 [ㄆㄧˊ] 。 打 [ㄆㄛˋ] 。

山 [ㄆㄛ] 。 [ㄅㄛ] 浪 。

棉 [ㄅㄟˋ] 。

附件三　「包」字之評量單

| 集中識字教學「包」之評量 | 姓名：
日期： | 得　　分 |

※把正確的音讀出來：

包　　泡

抱　　跑

飽

※看國字，並造詞：

1.包－

2.泡－

3.抱－

4.跑－

5.飽－

※聽寫，請寫出正確的字：

1.（　　）

2.（　　）

3.（　　）

4.（　　）

5.（　　）

※把正確的字填入（　　）內：

吃 □ㄅㄠˇ。　□ㄆㄠˋ步。

□ㄆㄠˋ沫。　□ㄅㄠ怨。

□ㄅㄠ粽子。

第三節 生字書寫正確性和流暢性

劉冠妏　撰

　　本節主要教學目標包括兩部分，一為生字書寫正確性，一為生字書寫流暢性；並以國小四年級中度智能障礙學生為試驗對象，其相關資料及實證結果，依次分別敘述如下。

一　個案基本資料

　　學生基本資料部分主要包含學生年齡、學生基本能力、歷年測驗資料，以下列三點詳細說明。

(一)個案基本資料

　　嘉義縣某國小四年級學生陳○瑜，實足年齡 10 歲 3 個月，中度智能障礙。

(二)學生能力

　　主要分為認知能力、溝通能力和語文能力三大部分。認知能力包括注意、記憶、理解和表達能力。就注意力而言，專注力很高，做任何事能專心完成；就記憶力而言，能力尚可，符號文字記憶較差；就理解力而言，對於文章的理解能力佳，可以說出文章／段落大意。該生的溝通能力：表達能力不錯，但有構音方面的障礙（無法正確讀出ㄍ、ㄎ、ㄓ、ㄔ、ㄕ、ㄖ），發音不清晰，有時詞不達意。該生的語文能力以接受性語言和表達性語言來介紹，其接受性語言可分為聽和讀：聽——能夠瞭解他人的意思，聽力接收良好；讀——認字能力較差，唸課文需要較多的口語提示，能理解課文大意。其表達性語言可分為說和寫：說——可依據課文回答相關問題；寫——寫字速度慢，較難的字體需要肢體協助，多練習就能學會。

㈢歷年測驗資料

　　該生在魏氏兒童智力測驗得分為 55 分，屬於中度智能障礙；並在入學後分別進行學齡前兒童發展測驗、兒童發展評鑑、兒童心理診斷和綜合心理能力測驗。其結果詳列如表 15-12。

二　教學計畫

　　本教學計畫主要介紹教學目標、測量方式、實施時間、生字選用原則

表 15-12　個案歷年測驗資料一覽表

姓名	陳○瑜	年級	四年級
實足年齡	10 歲 3 個月	身心障礙手冊	有
障礙類別	智能障礙	障礙程度	中度
測驗名稱		測驗結果	
學齡前兒童發展測驗		粗動作 2Y 細動作 2YM6 溝通表達 11.5M 概念理解 2Y 生活處理 3Y 人際社會 18.7M 一般發展 2Y1M	
兒童發展評鑑		智力發展指數＜50 動作發展指數＜50 中度遲緩	
兒童心理診斷		中度智能不足、語言表達能力落後	
魏氏兒童智力測驗		55 分	
綜合心理能力測驗		59 分	

以及工具的使用方式;其內容分述如下。

(一)教學目標

本教學目標希望學生能透過課程本位評量學習生字書寫的正確性和流暢性,因此列出兩項目標,分別列出該生尚未學會的生字,並列出學習達成的標準作為結束評量的指標。

1.生字書寫的正確性

(1)學生能正確寫出康軒一下第二課十個生字,生字筆畫在 8 至 14 畫之間,正確率達 100%;連續三次測驗正確率皆達 100%即算通過。生字:青、蛙、唱、歌、國、家、花、美、做、隻。

(2)學生能正確寫出康軒一下第三課八個生字,生字筆畫在 9 至 14 畫之間,正確率達 100%;連續三次測驗正確率皆達 100%即算通過。生字:掉、搶、換、恭、喜、敢、怎、麼。

2.生字書寫的流暢性

(1)學生能流暢寫出康軒一下第二課十個生字,每個字能在十五秒內完成:青、蛙、唱、歌、國、家、花、美、做、隻。

(2)學生能流暢寫出康軒一下第三課八個生字,每個字能在十五秒內完成:掉、搶、換、恭、喜、敢、怎、麼。

(二)測量方式

1.書寫正確性部分,分別指導學生書寫康軒一下第二課和第三課中學生不會或不熟練的生字,教完後給予充分練習的時間;學生熟練後,再進行施測,直到書寫出正確的字體。

2.書寫流暢性部分,教師請學生書寫單字時,同時進行計時測驗,若每個單字能在「十五秒」內正確寫出,即算通過。

學生書寫時,部件書寫正確,但位置安排相差太多算是不正確的字。此外,學生書寫生字時,若超過十五秒鐘才將字書寫出來,以錯誤計算。

㈢實施時間

　　第一節課先進行前測，瞭解學生對哪些生字較陌生，哪些生字較有印象，再進行生字教學。每課生字需用兩節課進行指導教學；指導過後，每天再抽十至十五分鐘進行測驗，直至學生正確性和流暢性達到標準為止。

㈣生字的選用原則

　　第一堂課進行前測時，要選擇學生不熟練或不會的生字進行教學，而不選擇學生已經學會的生字，避免測驗數據上的差異。此外，生字的筆畫是依據學生程度而定，本教學目標所使用的生字是以筆畫 8 畫以上的生字為優先，經過篩選後，選擇 8 至 14 畫的生字，共十八個字進行教學。

㈤使用工具

　　研究者進行課程本位評量使用的工具主要有生字書寫學習單和低年級國語作業簿兩種，學習單的製作依學生學習進步程度而定，分別簡介如下：

1. 生字書寫學習單：使用教師自製生字書寫學習單（如附件）。教師進行生字教學時，有些生字的部件較不易書寫，因此教師可先讓學生練習生字的各個部件（或部首），使學生熟練其筆畫和位置，再進行整個生字的書寫。

　　生字書寫學習單的製作方式是用「小畫家」軟體進行部件圖案的製作；教師先輸入生字，再將預留下來的部件調整成適當大小，其餘的部分用擦子擦掉，便完成一個圖檔。

> 舉例說明：
> 先輸入「怎」，欲留下「乍」，因此使用擦子將「心」擦去，再將「乍」另存新檔，完成新圖檔！

2. 低年級國語作業簿：教師應選用符合教育部規定的作業簿；其規定如下：低年級作業簿格子的長寬為 2 公分 × 2 公分，字旁注音格子為 2 公分 × 0.8 公分，且低年級國語作業簿應加註十字虛線（虛線宜採淺

色細線）以利學習。

三 施測程序與結果

㈠生字書寫正確性測驗之測驗程序

*1.*每次皆測驗整課應學會的生字，正確的字打○，未達標準的字打×。

2.計算正確性得分率＝（正確字數／整課應學的生字字數）× 100%。

3.連續三次測驗正確率皆達 100%即算通過。

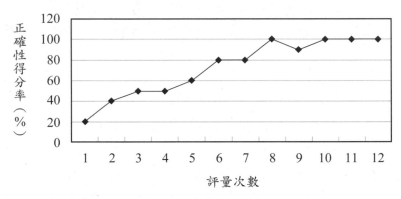

圖 15-19　第二課生字書寫正確性得分曲線圖

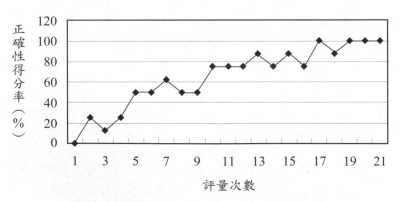

圖 15-20　第三課生字書寫正確性得分曲線圖

㈡生字書寫流暢性測驗之測驗程序

1. 若每個生字能在十五秒內寫出，可算通過；超過時間或無法正確寫出則算不通過，通過的字打○，未通過的字打×。

2. 計算流暢性得分率＝（通過字數／整課應學的字數）× 100%。

3. 連續三次測驗流暢性皆達 100%即算通過。

㈢測驗結果分析

以下分別呈現第二課與第三課的進步曲線圖（圖 15-23、圖 15-24），

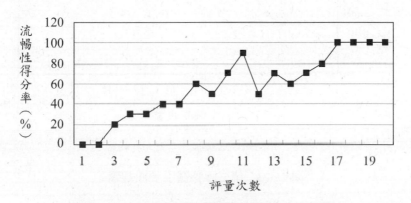

圖 15-21　第二課生字書寫流暢性得分曲線圖

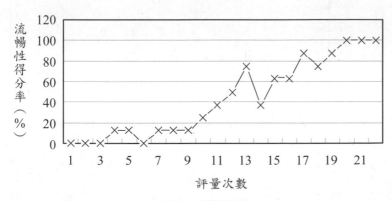

圖 15-22　第三課生字書寫流暢性得分曲線圖

由圖中可看出「生字書寫正確性」評量的次數較少，「生字書寫流暢性」的評量次數較多；亦即學生在學習生字的過程，欲達流暢的程度需要花費較長的時間。

第二課的和第三課的生字相較之下，第二課的生字對個案而言較容易，評量次數較少即可達到教學目標。而第三課的生字有幾個部首相同的字「掉、搶、換」，容易造成個案的混淆，因此需要較長的時間才能熟練。

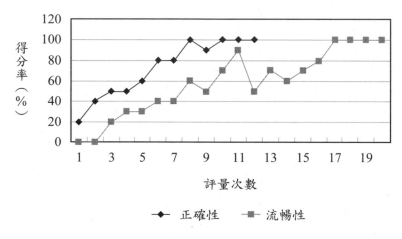

圖 15-23　第二課整體進步曲線圖

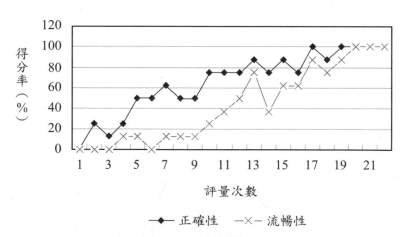

圖 15-24　第三課整體進步曲線圖

四　結語

　　生字書寫的個案實例需依學生學習成效與錯誤類型進行分析比較，再編製適當的學習單，讓學生精熟練習。因此學習單的生字書寫練習編製需視學生能力進行合適安排。而課程本位評量中可分為學習模式的「流暢性」、「正確性」及「標準參照」三種，教師亦可依據教學需求進行不同模式的評量；本個案在正確性和流暢性的學習成效佳，期以本個案實例與各位先進分享並請指教。

五　附件資料

　　本教學的附件為教學文本及生字學習單兩項；教學文本選用康軒版一年級下學期的國語課本，選用第二課「我要長大」與第三課「門牙掉了」進行生字教學。教師選擇的生字以□來表示（例如：我要去看一看不同的國家，「國家」代表學生欲學習的生字）。教師依結構和筆畫將每課生字分類排序，逐步指導學生進行生字書寫。

　　生字學習單部分則依學生已學的部件進行提示教學，並依學生對該生字的熟悉程度決定練習次數。當學生書寫的正確性和流暢性能達到教師預訂標準，就算教學完成。

附件一　教學文本

第二課　我要長大

小蝌蚪說：

　　我要長大，

長大了，

我要做一隻愛唱歌的青蛙。

毛毛蟲說：

　　我要長大，

長大了，
我要去找一找 美 麗的小 花 。
小朋友說：
　　我也要長大，
長大了，
我要去看一看不同的 國家 。
生字：
※上下結構：隻（10畫）、青（8畫）、美（9畫）、家（10畫）、花（8畫）。
※左右結構：做（11畫）、唱（11畫）、歌（14畫）、蛙（12畫）。
※國（11畫）。

第三課　門牙掉了
小香的門牙 掉 了，有人笑他，小香生氣了。
我的門牙也掉了，我不 敢 笑他。
老師問：「小香 怎麼 了？」
小真 搶 著回答，一開口，哇！他也沒有門牙。
老師說：「你們 換 牙了， 恭喜 你們長大了。」
生字：
※上下結構：怎（9畫）、喜（12畫）。
※左右結構：搶（13畫）、換（12畫）、掉（11畫）、敢（12畫）。
※恭（10畫）、麼（14畫）。

附件二　生字學習單

第二課　我要長大

	佳	隻
	佳	隻
	佳	隻
	佳	隻
	佳	隻

	主	青
	主	青
	主	青
	月	青
	月	青

	羊	美
	羊	美
	羊	美
	大	美
	大	美

	豕	家
	豕	家
	宀	家
	宀	家
	宀	家

		化	花
		化	花
		艹	花
		艹	花
		艹	花

		夂	故	做
		夂	故	做
		夂	故	做
		夂	故	做
		夂	故	做

		昌	唱
		昌	唱
		昌	唱
		口	唱
		口	唱

		欠	哥	歌
		欠	哥	歌
		欠	哥	歌
		欠	哥	歌
		欠	哥	歌

		圭	虫	蛙
		圭	虫	蛙
		圭	虫	蛙
		圭	虫	蛙
		圭	虫	蛙

	口	回	國	國
	口	回	國	國
	口	冂	回	國
	口	冂	回	國
	口	冂	回	國

		心	怎
		心	怎
		心	怎
		乍	怎
		乍	怎

	吉	壴	喜
	吉	壴	喜
	士	壴	喜
	士	吉	喜
	士	吉	喜

	扌	扩	倉	**搶**
	扌	扩	倉	搶
		扩	倉	搶
		扌	倉	搶
		扌	倉	搶

	扌	扩	奐	**換**
	扌	扩	奐	換
	扌	扩	奐	換
	扌	扩	奐	換
	扌	扩	奐	換

		扌	卓	**掉**
		扌	卓	掉
		扌	卓	掉
		扌	卓	掉
		扌	卓	掉

		攵	耳	**敢**
		攵	耳	敢
		攵	耳	敢
		攵	耳	敢
		攵	耳	敢

		共	恭
		共	恭
		共	恭
		共	恭
		共	恭

		广	幺	林	麼
		广	幺	林	麼
		广	幺	林	麼
		广	幺	林	麼
		广	幺	林	麼

第十六章

語文詞句課程本位評量實例

本章主要以詞彙認識、文句練習及段落閱讀口語朗讀為主。分兩節說明，第一節為照樣造句；第二節為段落閱讀口語朗讀流暢性。以下分別說明之。

第一節　照樣造句

一　個案基本資料

㈠個案基本資料

姓名：黃小真　性別：女　年齡：10 歲 8 個月　年級：國小四年級

根據個案基本資料得知，該生頭部曾受創，經醫院鑑定為輕度智能障礙者，目前安置在普通班並接受資源方案的輔導與補救教學。除學業學習

外,其他如語言、動作、社會性、自理等能力皆無重大問題。

(二)個案學習能力描述

黃生的學業成績表現長期為全班倒數一、二名。學習能力上,書寫及閱讀能力尚可,可跟班上同學一同閱讀課文,也能夠依據老師的指示上台寫字;但在照樣造句部分則是難以理解題目的用意,並且難以完成照樣造句。

二 教學計畫

本教學計畫依據黃生在資源班接受輔導之內容,以語文領域為主,根據黃生之基本能力設計教學計畫;計畫內容包括教學目標與測量內容,分別說明如下。

(一)教學目標

照樣造句的教學目標分成兩大項,其一是照樣寫短句,其二為照樣造句;在這兩項目標底下分別為學生設定需達成之目標,如表 16-1 教學目標一覽表所示。

(二)測量內容

因四年級的課文內容對於該生過於困難,衡量學生程度之後,選用較

表 16-1 照樣造句教學目標一覽表

照樣寫短句	照樣造句
1.能夠填入相同詞性的語詞完成短句。	2.能夠依照句型完成句子。
(1)能夠將名詞正確替換,正確率達75%。 (2)能夠將動詞正確替換,正確率達75%。 (3)能夠將形容詞正確替換,正確率達75%。	能夠正確完成句子。

低年級的語文程度內容作為上課教材；在照樣造句部分，亦參考較低年級語文程度而設計測驗的題目。本次測驗題目請見本節附件資料。

　　本測驗分成兩個部分，第一部分為「照樣寫短句」，第二部分為「照樣造句」；這兩個部分主要是先給予學生照樣造句的範例，而後請學生依照範例完成句子。

　　第一部分「照樣寫短句」，主要是讓學生能夠填入相同詞性的語詞完成短句。請學生依照詞性替換語詞，共有三種語詞的詞性（動詞、名詞、形容詞）可做替換；每種語詞下各有四句短句，共有十二個句子，待學生依詞性一一完成短句正確率達 75%，即表示通過第一部分的測驗。在第二部分「照樣造句」中，主要是讓學生能夠依照句型完成句子。同樣地，請學生依照範例的詞性做判斷，正確完成句子；共有五題，十二個語詞替換。

三　教學結果

　　評量結果中，名詞的照樣寫短句測驗在第五次可達完全正確；動詞部分在第四次可達完全正確；形容詞部分在第六次可達完全正確；句型則是在第十一次的施測才達到完全正確。詳細結果內容如表 16-2 所示。

　　圖 16-1、16-2、16-3、16-4 分別呈現照樣造句進步曲線圖，以進一步圖示進步情形。

表 16-2　照樣寫短句評量結果

	1	2	3	4	5	6	7	8	9	10	11	12
名　詞	50	50	50	75	100							
動　詞	50	75	75	100								
形容詞	50	50	75	75	75	100						
句　型	25	25	25	50	50	25	50	75	75	75	100	

1. 第一部分「照樣寫短句」——名詞替換

該生在名詞替換中第一次施測已達 50% 的正確率；繼續施測，直到第四次施測時，達到 75%，即通過測驗。

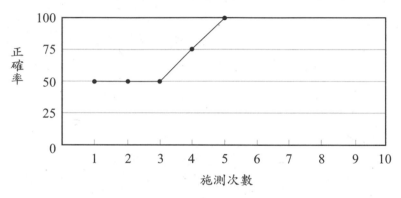

圖 16-1　名詞替換正確率

2. 第一部分「照樣寫短句」——動詞替換

該生在動詞替換中第一次施測達 50% 的正確率；繼續施測，第二次施測時，達到 75%；該生在每一次的測驗之後都有進步的趨勢，通過測驗。

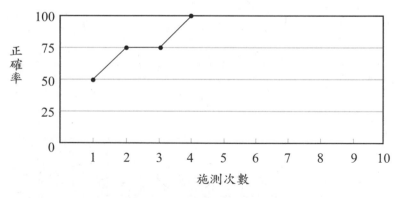

圖 16-2　動詞替換正確率

3. 第一部分「照樣寫短句」——形容詞替換

該生在形容詞替換中第一次施測達 50% 的正確率；繼續施測，第三次

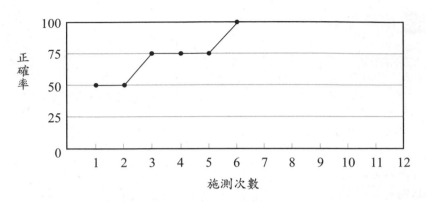

圖 16-3　形容詞替換正確率

施測時，達到75%；該生在每一次的測驗之後都有進步的趨勢，通過測驗。

4. 第二部分「照樣造句」

　　該生在「照樣造句」中第一次施測達 25% 的正確率；繼續施測，直到第八次施測時，達到 75%；該生在每一次的測驗之後都有進步的趨勢，雖在第六次的測驗退步至正確率 25%，在第八次之後又能夠達到 75% 的正確率，通過測驗；往後依舊有往上進步的趨勢。

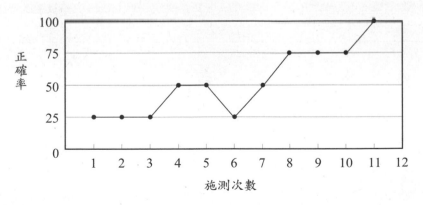

圖 16-4　照樣造句正確率

四 附件資料

本附件資料為照樣造句測驗題目。

附件一　照樣寫短句：填入相同詞性的語詞完成短句

範例	題目
能夠將名詞正確替換 (1)這是我的「書包」。 (2)房間裡有很多「玩具」。 (3)我們都是「好學生」。 (4)「樹葉」是綠色的。	(1)這是我的（　　　　　）。 (2)房間裡有很多（　　　　　）。 (3)我們都是（　　　　　）。 (4)（　　　　　）是紅色的。
能夠將動詞正確替換 (1)「說」一「說」故事。 (2)「看」得到。 (3)真好「玩」。 (4)吃吃喝喝「說笑話」。	(1)（　　　）一（　　　）音樂。 (2)（　　　）得到。 (3)真好（　　　）。 (4)唱唱跳跳（　　　　　）。
能夠將形容詞正確替換 (1)「綠」樹葉。 (2)「細細」看。 (3)「藍藍的」天空。 (4)「好大的」房子。	(1)（　　　）蘋果。 (2)（　　　　　）走。 (3)（　　　　　）頭髮。 (4)（　　　　　）河流。

附件二　照樣造句：能夠正確完成句子

範例	題目
(1)這是一朵「美麗的」「小花」。 (2)「弟弟」高興得「叫又跳」。 (3)現在正是「炎熱的」「夏天」。 (4)「紅紅的」「蘋果」「香又甜」。 (5)「青蛙」的「家」就在「小河邊」。	(1)這是一隻（　　　）的（　　　）。 (2)（　　　）高興得（　　　）。 (3)現在正是（　　　）（　　　）。 (4)（　　）的（　　）（　　　）。 (5)（　　）的（　　）就在（　　　）。

第二節 段落閱讀口語朗讀流暢性

石筱郁 撰

本節教學重點以敘述口語朗讀的流暢性為主，主要教學材料是從南一版二下第八課「麥帥為子祈禱文」一文中，選取適合國中學習障礙的學生之程度；其實證資料分析說明於後。

一 個案基本資料

本基本資料包括對象、學生能力與歷年測驗資料，以下列點說明個案的能力情況。

㈠個案基本資料

屏東縣某國中二年級接受特殊教育服務的學習障礙學生○○○，實足年齡 13 歲 10 個月，為低閱讀能力者。

㈡學生能力

個案在學業表現上的成績長期為全班後 15%，進度落後同儕頗多；學習能力則包含認讀能力、仿寫能力、閱讀能力、書寫能力與口語應答能力。在認讀能力部分，能認讀的字數較少，常造成該生在閱讀文章或背誦課文、解釋上的困難。在仿寫能力部分，能正確仿寫老師寫在黑板上的字句，例如：課文補充重點、聯絡簿等。在閱讀能力，受識字能力的影響，閱讀能力較低落，速度較一般同儕緩慢；若文章標有注音符號，則情況較有改善。閱讀時偶有跳字跳行的情形。在書寫能力部分，偶有字型顛倒、筆畫缺漏、同音異字替代的情形。口語應答能力部分，個案能流暢地應答日常中的會話內容，也能完整地敘述一件事情發生的始末。

表 16-3　個案歷年測驗資料一覽表

個案姓名	○○○	性別		男
實足年齡	13 歲 10 個月	身心障礙手冊		無
歷年測驗資料				
測驗項目	內容	結果（成績）		全班排名
標準化測驗	魏式兒童智力量表	語文智商（VIQ）：70/PR：2 作業智商（PIQ）：82/PR：12 全量表智商（FIQ）：74/PR：4		—
	中文年級認字量表	字數：52（切截點：105） T 分數：24/PR：2		—
	閱讀理解困難篩選測驗	答對題數：5 答對比例：.25（切截點：.65）		—
成就測驗	國文科二下第一次月考	44 分		30 名／全班 36 人 （總排行：34 名）
	國文科二下第二次月考	50 分		29 名／全班 37 人 （總排行：32 名）

(三)歷年測驗資料

　　該生在標準化測驗中智力商數為 70，為臨界智能障礙；在中文年級認字量表字數為 52 字，水準年級為○年級；閱讀理解困難篩選測驗答對比例僅 .25。學期中的國文學科能力部分約為全班倒數第六、七名。詳細測驗資料以表 16-3 呈現。

二　教學計畫

　　本教學計畫包含教學目標、測量方式、實施時間、錯誤類型分析、設計段落原則與選用工具，說明如下。

㈠教學目標

本教學目標共有兩項，希望個案在一分鐘內正確閱讀的字數能達到 40（45）字。

1-1　給學生一篇 40 至 60 字難度相似的段落文章，能在一分鐘之內正確閱讀字數達 40 字。

1-2　給學生一篇 40 至 60 字難度相似的段落文章，能在一分鐘之內正確閱讀字數達 45 字。

㈡測量方式

給予學生一篇與教學目標程度（某課課文段落）類似的文章，教師拿另外一份複本計分（教師用紀錄紙）；學生在朗讀的過程中教師記錄學生唸錯的字，並在紀錄紙上每行末端設計一個總字數的提示，計算該學生在一分鐘內唸出的總正確字數（總字數－總錯字數）及百分比。正確的字數包含：(1)唸對的字；(2)自我矯正後唸對的字。並為了評估一致性，以錄音筆錄下學生朗讀內容。

㈢實施時間

教學目標的教學時間歷時三週半，於新課程教學第一節課實施前測（即該課文），接著進行生字詞課文教學；該堂課結束後再進行一次該課口語朗讀，限時一分鐘。另準備一則與該課文生字詞類似的文章約 40 至 60 字，進行一分鐘的朗讀測驗，記錄正確讀出字數。下一堂課結束後繼續隨機選取一篇類似文章，並記錄正確朗讀字數，直至該生正確閱讀字數達 40（45）字則可停止。

㈣錯誤類型分析

錯誤類型分析包含「字音唸錯」、「替代」、「省略」等部分，若跳行則算一個錯誤，並指導學生重新唸此行；停頓三秒以上時，施測者唸出正確的音並算一個錯誤。如果在一分鐘內唸完全文，則馬上記下唸完的時

間及正確字數。

(五)設計段落原則

本段落之設計原則有二,分別為:(1)段落避開文言文、詩、對話、劇本、太常用的名詞及少用的字。確定段落之後則省去注音、圖片及插畫。(2)學生用版本:由於國文課本編排方式為直式,字型約標楷體 24 號字,因此設計與課文相同大小及字形,依照上述標準將課文中插圖去掉,重新繕打並以直式由上而下、由右至左方式呈現。

(六)選用工具

本範例選用之工具有「段落閱讀紀錄紙(教師用)」、「段落閱讀(學生用)」與「評量紀錄與回饋總表」(見附件一)。其中學生用版本包括改編段落與各行字數統計;教師用版本除了包括改編段落與字數統計外,尚有朗讀總字數、錯字字數與正確朗讀總字數等紀錄資料(見附件二)。選取之文章為南一版二下第八課「麥帥為子祈禱文」,選讀段落的總字數為 70 字以下,並設計類似生字之段落數篇;茲列表 16-4 說明朗讀段落總字數與平均字數。

表 16-4　選取段落文章之總字數與平均字數一覽表

版本別:南一版二下第八課　課文名稱:麥帥為子祈禱文		
朗讀段落	總字數	平均字數
課文 1	48	47 字
自編 1	48	
自編 2	45	
課文 2	65	58 字
自編 3	62	
自編 4	68	
自編 5	51	
自編 6	45	

三　教學結果

　　本教學結果包含口語朗讀流暢性評量結果說明，以及口語朗讀流暢性統計圖（進步曲線圖）兩部分。結果發現透過段落閱讀口語朗讀流暢性評量，個案在重要閱讀段落中進步的幅度與正確唸讀字數，有明顯成長；雖然教師事先必須設計與編排難度相似的段落，且花費時間較多，但對於學生學習的提升是有助益的。

(一)口語朗讀流暢性評量結果說明

　　從表 16-5 發現，個案之口語朗讀能力，在目標 1-1 部分，共評量七次，其中前五次結果發現能在一分鐘中唸對字數範圍從 20 到 41 字；顯示個案經過五次評量後，再次進行流暢性評估，能在限定時間內，唸完段落文章，並提高總正確字數。第六至七次部分，分別在 33 秒與 31 秒能正確唸完文章段落的總字數 48 字。在目標 1-2 部分，共評量九次，其中前六次結果發現能在一分鐘中唸對字數範圍從 26 到 55 字；而自第七至九次部分，能分別在 51 秒、33 及 30 秒中正確唸完文章段落的總字數。兩者目標的平均字數從每分鐘 38 字進步到每分鐘 44 字，顯示出個案進步的幅度。因此，由以上兩次評量結果中，透過多次的評量程序，個案能夠正確讀出字數的量愈益增加，顯示相類似的評量演練，能提升閱讀的流暢性。

表 16-5　口語朗讀流暢性評量結果分析

目標	評量次數	朗讀總字數	唸錯字數	總正確字數／分鐘	時間
1-1	1	39	7	32 字／分鐘	60 秒
	2	25	5	20 字／分鐘	60 秒
	3	40	3	37 字／分鐘	60 秒

（續下頁）

（續上頁）

目標	評量次數	朗讀總字數	唸錯字數	總正確字數／分鐘	時間
	4	40	2	38 字／分鐘	60 秒
	5	45	4	41 字／分鐘	60 秒
	6	48	0	48 字／分鐘	33 秒
	7	48	0	48 字／分鐘	31 秒
1-2	1	35	9	26 字／分鐘	60 秒
	2	41	5	36 字／分鐘	60 秒
	3	58	3	55 字／分鐘	60 秒
	4	42	3	39 字／分鐘	60 秒
	5	35	7	28 字／分鐘	60 秒
	6	42	4	38 字／分鐘	60 秒
	7	45	3	42 字／分鐘	51 秒
	8	65	0	65 字／分鐘	33 秒
	9	65	0	65 字／分鐘	30 秒
平均正確字數	1-1			38 字／分鐘	
	1-2			44 字／分鐘	

口語朗讀流暢性進步曲線圖

　　該生在教學目標 1-1 的每分鐘平均正確朗讀字數為 38 字，總正確字數範圍介於 20 至 48 字之間；教學目標 1-2 的每分鐘平均正確朗讀字數為 44 字，總正確字數範圍介於 26 至 65 字之間。由進步曲線圖可發現該生的口語朗讀流暢性呈現逐步向上進步趨勢（圖 16-5）。

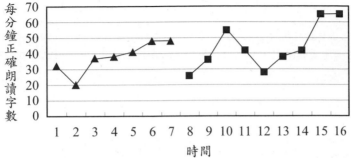

圖 16-5　口語朗讀流暢性進步曲線圖

四　附件資料

本附件資料共有以下兩項，分別為評量紀錄與回饋總表，及段落閱讀紀錄紙（教師用）。

附件一　評量紀錄與回饋總表

口語朗讀流暢性測驗（段落閱讀）評量紀錄與回饋總表		
學生：○○○	年級：國中二年級	協助施測者：邵宗茹老師

教學目標：

1-1 給學生一篇40至60字難度相似的段落文章，能在1分鐘之內正確閱讀字數達40字。

說明：框線：唸錯的字；底線：未唸完的段落。

時間	段落	紀錄	施測教師回饋
1	在他把以上 諸 點都 已 做到之後， 還 請 賜 給他充分的幽默感，使他可以永遠保持 嚴肅 的 態 度，但絕不自視非凡，過於拘執。	總字數：39 唸錯字數：7 總正確字數：32 字／分鐘	由於是新的重要段落，生字詞較多

（下頁續）

（續上頁）

時間	段落	紀錄	施測教師回饋
2	當他已被發現諸 項 疑點後， 還能 賜 有充足的幽默感，不 因 遭受警官嚴肅的態度而低頭認錯，並且不自視非凡，過於拘執。	總字數：25 唸錯字數：5 總正確字數：20 字／分鐘	該生將文中「還」的音都念成「ㄏㄨㄢˊ」。
3	當他已被發現諸 項 疑點後，還能 賜 有充足的幽默感，不自視非凡，過於拘執，並且不 因 遭受警官嚴肅的態度而低頭認錯。	總字數：40 唸錯字數：3 總正確字數：37 字／分鐘	
4	當他已被發現諸 項 疑點後，還能賜有充足的幽默感，不 因 遭受警官嚴肅的態度而低頭認錯，並且不自視非凡，過於拘執。	總字數：40 唸錯字數：2 總正確字數：38 字／分鐘	
5	儘 管諸事不 順 ，他 仍 感謝上天賜給他健全的雙腿，與幽默態度的人生觀，因為世上還有更不幸的人，等待救 援 。	總字數：45 唸錯字數：4 總正確字數：41 字／分鐘	
6	在他把以上諸點都已做到之後，還請賜給他充分的幽默感，使他可以永遠保持嚴肅的態度，但絕不自視非凡，過於拘執。	總字數：48 唸錯字數：0 總正確字數：48 字／分鐘	1. 進步很多僅花33秒。 2.「還」、「嚴肅」在唸的時候還是有點遲疑，不過最後都唸對了。
7	在他把以上諸點都已做到之後，還請賜給他充分的幽默感，使他可以永遠保持嚴肅的態度，但絕不自視非凡，過於拘執。	總字數：48 唸錯字數：0 總正確字數：48 字／分鐘	

（下頁續）

（續上頁）

教學目標：
1-2　給學生一篇40至60字難度相似的段落文章，能在1分鐘之內正確閱讀字數達45字。

說明：說明：框線：唸錯的字；底線：未唸完的段落。

時間	段落	紀錄	施測教師回饋
1	我 祈 求你，不要引導他走上安 逸 舒 適 的道路，而要 讓 他 遭 受 困 難 與 挑戰的磨練和 策 勵。讓他藉 此學習在風暴之中挺立起來，讓他 藉此學習對失敗的人加以同情。	總字數：35 唸錯字數：9 總正確字數：26 字／ 分鐘	也是新的重要段落，生字詞較多。
2	我 祈 求你，不要引導他走上安逸 舒適的道路，而要讓他 遭 受困難 與挑戰的磨練和 策 勵。讓他藉此 在學習風暴之中挺立起來，讓他藉 此學習對失敗的人加以同情。	總字數：41 唸錯字數：5 總正確字數：36 字／ 分鐘	學生很緊張，還脫外套唸文章！
3	為了成為一個勇敢的人，為了能讓 生活更加舒適安逸， 雖 然會 遭 受 困難與挑戰的磨練，更要學習在風 暴之中挺立起來， 並 藉此學習對 失敗的人加以同情。	總字數：58 唸錯字數：3 總正確字數：55 字／ 分鐘	此次分數頗高，也許是因為段落難度較淺之故。
4	不論是否遭受突然的困難與狂風暴 雨，他仍堅持對柔道的熱愛， 並且 提醒、策 勵 自己，祈求能夠突破 挑戰的磨練，雖然跌倒也要勇敢爬 起來，並學習對失敗的人加以同 情。	總字數：42 唸錯字數：3 總正確字數：39 字／ 分鐘	
5	雖 然跌倒也要勇敢爬起來，就算 遭 受工作帶來的困難，小玉 仍 耐 心 祈 求， 並且 提醒與 策 勵自 己，不讓自己處於安逸舒適的環 境。	總字數：35 唸錯字數：7 總正確字數：28 字／ 分鐘	這兩天學校辦園遊會及畢業典禮，學生比老師還要忙，也不知道是否因為放假，正確字數變少了。

（下頁續）

（續上頁）

時間	段落	紀錄	施測教師回饋
6	雖然跌倒也要勇敢爬起來，就算 遭 受工作帶來的困難，小玉 仍 耐心 祈 求，並且提醒與 策 勵自己，不讓自己處於安逸舒適的環境。	總字數：42 唸錯字數：4 總正確字數：38 字／分鐘	這次事先做困難字複習後，改變教學方式對學生的進步影響頗大。
7	母親向上帝祈求，並且不斷策勵孩子，雖然遭受旁人冷眼相 待，她仍低頭 拭 去眼角的淚光，再 苦也要勇敢撐下去。	總字數：45 唸錯字數：3 總正確字數：42 字／分鐘	學生進步很多，唸起來流暢多了，51秒唸完！該生每次都忘記「策」的唸法，這次告訴他就跟廁所的「廁」相同唸法，居然就唸對了！
8	我祈求你，不要引導他走上安逸舒適的道路，而要讓他遭受困難與挑戰的磨練和策勵。讓他藉此學習在風暴之中挺立起來，讓他藉此學習對失敗的人加以同情。	總字數：65 唸錯字數：0 總正確字數：65 字／分鐘	測驗前，除了複習外，並讓學生先練習幾次，可能是因為學生短期記憶尚可，精熟學習的生詞都變熟詞了。進步非常多，僅用33秒就唸完，而且頗為流暢。
9	我祈求你，不要引導他走上安逸舒適的道路，而要讓他遭受困難與挑戰的磨練和策勵。讓他藉此學習在風暴之中挺立起來，讓他藉此學習對失敗的人加以同情。	總字數：65 唸錯字數：0 總正確字數：65 字／分鐘	

附件二　段落閱讀紀錄紙（教師用）

課①　在他把以上諸點都已做到之後，還　14
請賜給他充分的幽默感，使他可以永遠　30
保持嚴肅的態度，但絕不自視非凡，過　45
於拘執。　48

朗讀總字數：
錯字字數：＿＿＿字
正確朗讀總字數：＿＿＿字
＿＿＿字／一分鐘
紀錄者：＿＿＿
紀錄時間：＿＿＿年＿＿＿月＿＿＿日

白②　儘管諸事不順，他仍感謝上天賜給　15
他健全的雙腿，與幽默態度的人生觀，　30
因為世上還有更不幸的人，等待救援。　45

朗讀總字數：
錯字字數：＿＿＿字
正確朗讀總字數：＿＿＿字
＿＿＿字／一分鐘
紀錄者：＿＿＿
紀錄時間：＿＿＿年＿＿＿月＿＿＿日

						課❷
						我祈求你，不要引導他走上安逸舒
					14	適的道路，而要讓他遭受困難與挑戰的
				30		磨練和策勵。讓他藉此學習在風暴之中
			46			挺立起來，讓他藉此學習對失敗的人加
		62				以同情。
	65					

正確朗讀總字數：＿＿＿＿字／一分鐘
錯字字數：＿＿＿＿字
朗讀總字數：＿＿＿＿字
紀錄者：＿＿＿＿＿＿　紀錄時間：＿＿＿年＿＿月＿＿日

						自❹
						不論是否遭受突然的困難與狂風暴
					15	雨，他仍堅持對柔道的熱愛，並且提醒、
				30		策勵自己，祈求能夠突破挑戰的磨練，
			45			雖然跌倒也要勇敢爬起來，並學習對失
		61				敗的人加以同情。
	68					

正確朗讀總字數：＿＿＿＿字／一分鐘
錯字字數：＿＿＿＿字
朗讀總字數：＿＿＿＿字
紀錄者：＿＿＿＿＿＿　紀錄時間：＿＿＿年＿＿月＿＿日

自⑤									

雖然跌倒也要勇敢爬起來，就算遭　14

受工作帶來的困難，小玉仍耐心祈求，　29

並且提醒與策勵自己，不讓自己處於安　45

逸舒適的環境。　51

朗讀總字數：　　　字

錯字字數：　　　字

正確朗讀總字數：　　　字／一分鐘

紀錄者：_____

紀錄時間：____年____月____日

自⑥									

母親向上帝祈求，並且不斷策勵孩　14

子，雖然遭受旁人冷眼相待，她仍低頭　29

拭去眼角的淚光，再苦也要勇敢撐下去。　45

朗讀總字數：　　　字

錯字字數：　　　字

正確朗讀總字數：　　　字／一分鐘

紀錄者：_____

紀錄時間：____年____月____日

第十七章

數學基本運算課程本位評量實例

陳政見、魏淑玲
陳玫瑜、張通信、張惠娟

　　本章主要在探討數學的基本運算能力，包括加法、減法及乘法等內容。共分四節，第一節為「和為 10 以內的加法」；第二節為「1000 以內的加法」；第三節為「10 以內的減法教學」；第四節為「整數的乘法」。以下將分節說明之。

第一節　和為 10 以內的加法

魏淑玲　撰

　　本節是以正確本位評量模式為主的數學評量實證分析，內容是以熟練數學運算能力為主要目標，並以國小一年及輕度智能障礙學生為對象；茲將相關資料及實驗結果分別敘述如下。

一　個案基本資料

㈠個案基本資料

　　姓名：葉小傑　性別：男　年齡：7歲　年級：國小一年級

領有身心障礙手冊：障礙類別——輕度智能障礙。

㈡學習能力描述

對數字理解能力較差，能數數到 20，已教導和為 7 以內的加法。配合實物的理解能力較佳，如單純以抽象數字進行加法，剛開始較困難；若思考時間較久，給予口頭提示。

二 教學計畫

本實驗採正確本位模式進行，教學領域為「數和為 10 以內的加法」；個案雖有簡單計算能力，但多需配合實物，希望進行此課程本位評量後，能夠增加其正確計算和為 10 以內加法之能力。

㈠教學目標

本教學目標包括能熟練運算數字和為 8 到和為 10 的加法；共三大目標，分別詳列如下：

1. 能熟練地運算數字和為 8 的加法，正確率達 95% 以上。

1-1 能正確數字運算 $7 + 1$。
1-2 能正確數字運算 $6 + 2$。
1-3 能正確數字運算 $5 + 3$。
1-4 能正確數字運算 $4 + 4$。
1-5 能正確數字運算 $8 + 0$。

2. 能熟練地運算數字和為 9 的加法，正確率達 95% 以上。

2-1 能正確數字運算 $7 + 2$。
2-1 能正確數字運算 $6 + 3$。
2-3 能正確數字運算 $5 + 4$。
2-4 能正確數字運算 $4 + 5$。
2-5 能正確數字運算 $1 + 8$。

2-6 能正確數字運算 9 ＋ 0。

3.能熟練地運算數字和為 10 的加法，正確率達 95% 以上。

3-1 能正確數字運算 7 ＋ 3。

3-2 能正確數字運算 6 ＋ 4。

3-3 能正確數字運算 5 ＋ 5。

3-4 能正確數字運算 4 ＋ 6。

3-5 能正確數字運算 2 ＋ 8。

3-6 能正確數字運算 1 ＋ 9。

3-7 能正確數字運算 10 ＋ 0。

㈡課程本位評量教學架構

　　本教學依國小一年級數學科目之教學單元分與合的單元目標：和為 10 以內的加法；學習目標分別有和為 8 的加法、和為 9 的加法及和為 10 的加法，其結構圖如圖 17-1 所示。

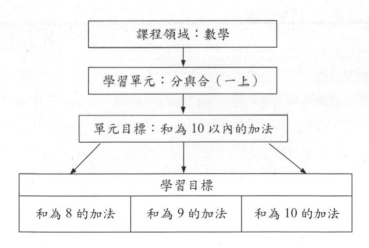

圖 17-1　數學和為 10 以內加法教學架構圖

三　教學內容

開始教學前，先蒐集一次課程本位評量的預試成績；開始進行教學後，每週測三次單元課程本位評量卷，由教學者將學生資料鍵入 excel 中，並分析學生已會的部分和不會的部分，將錯誤的部分在練習中即時回饋，或利用每個單元教學結束後的幾堂課，採選擇式教學模式給予補救。

另外，在開學後一個月內先針對整學年的內容進行三次的課程本位測量，進行教學後，平均兩週進行一次課程本位測量，以瞭解學生對於整學期數學內容的學習情形。

㈠資料的蒐集

普通班學生及特殊教育需求學生的資料蒐集均包括各單元課程本位評量資料、整學期課程本位測量；量化資料透過課程本位測量的成績計算，以 excel 軟體協助計算並繪製成圖表，以下說明測驗工具的內容。

㈡單元課程本位評量卷

題目的編製乃是先將該單元的學習目標全部列出，捨去操作性及具歷程性的學習目標，留下靜態且最終期望達成的學習目標。接著根據找出的學習目標，將課本和習作的題目進行配對和編碼，並依據找出的學習目標數決定該單元的題目數（如表 17-1），並以抽籤的方式決定學習目標的題目序號。

至於計分方式則根據不同單元的學習目標及課本習作出現的題型，選擇不同的計分方式。如果該單元的內容都是概念和計算的題型，計分方式採數位計分。例如：若該生第三單元第一次的作答情形，全部答對的數字有三十個，除上全部的數字三十四個，共得到 88 %的正確率。

如果該單元內容包含概念、計算及文字應用題型，計分方式則根據題目數用 100 分來分配各題分的比重。本單元的學習領域，因主要為概念和計算題型，故均採數位計分。單元課程本位評量卷的主要目的在提供老師調整教學方式和內容時的參考。

表 17-1　各單元評量的次數統計表

單元名稱	次數
第一單元　數數看	5
第二單元　在哪裡	4
第三單元　排順序、比多少	5
第四單元　比長短	4
第五單元　分與合	4
第六單元　方盒、圓罐、球	4
第七單元　數到 20	5
第八單元　加和減	4
第九單元　分與合	5

(三)課程本位評量卷

　　課程本位評量提供一個良好並可以建構適當的評量工作，並且蒐集輕度障礙學生學習資料以作為 IEP 的依據（Linda, Kathy, Nina, & Kourtland, 2002）。本次做法係根據葉靖雲（1996）所提課程本位評量的正確本位模式編製精神，列出康軒國小一上第一冊數學教學指引中各單元的學習目標；實施的課程本位測量以第五單元「分與合」的內容為學習目標，以抽籤方式從單元內抽選一個學習目標，再從抽選出的學習目標找出相對應的題目，編製成十一次的課程本位評量卷（見附件一）。

　　課程本位評量卷主要為計算題和概念題，每張評量卷有 8 到 15 題，時間是三分鐘。計算概念題採數位計分的方式，一個數字 1 分，計算每張評量卷共有幾分，再計算學生答對的分數占所有分數的百分比。

　　為了測出國小一年級學生平均答題速度，因此先在實施前，找了三班一年級的學生，進行時間的測量；結果顯示，一張計算和概念題型之試卷平均要花二分鐘，能符合完成時間在三分鐘以內的標準。題目編製的原則

以單元內的學習目標列出數題。

㈣實施程序

共分三個階段:一為分析數學教材;二為進行課程本位教學與評量;三為分析整理量化資料。分述如下。

1. 分析數學教材

從 95 年 2 月 20 日至 3 月 1 日止。先列出上學期康軒國小一上第一冊數學教材各單元的學習目標,找出相對應的題目編製成單元課程本位評量卷。另外,隨機抽選某一單元學習目標,根據相對應的題目編製成課程本位評量卷。

2. 進行課程本位教學與評量

從 95 年 3 月 1 日至 5 月 15 日。進行單元教學之前,先以課程本位評量卷做預試,教學進行時每星期進行二至四次的評量,並將學生評量的結果登錄在 excel 軟體中。

3. 分析整理量化資料

從 95 年 5 月 15 日至 6 月 15 日。將評量學生的課程本位評量的結果加以整理。

四 教學結果分析與說明

和為 8 的加法 3/1 至 3/15;和為 9 的加法於 3/16 至 3/30;和為 10 的加法於 4/1 至 4/15 教學完畢。後測:和為 8 的加法平均達 86.7%;和為 9 的加法平均達 88.5%;和為 10 的加法平均達 92%的正確性。

結果詳見表 17-2,其曲線圖呈現於圖 17-2 到圖 17-5。

經過課程本位的教學與評量後,學生逐步熟練技巧,正確率能在 86% 至 92%之間,學生也對評量的進行產生更大的信心。

表 17-2　和為 10 以內加法正確率一覽表

測驗次數	和為 8 的加法（％）	和為 9 的加法（％）	和為 10 的加法（％）
1	50	55	45
2	45	45	35
3	60	50	50
4	65	60	55
5	60	65	70
6	65	60	65
7	75	70	75
8	80	80	85
9	90	90	95
10	95	100	90
11	95	100	100

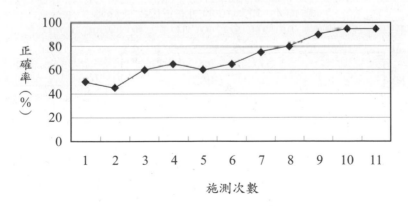

圖 17-2　和為 8 的加法正確率曲線圖

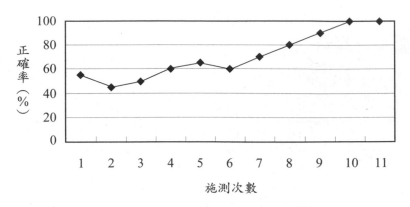

圖 17-3　和為 9 的加法正確率曲線圖

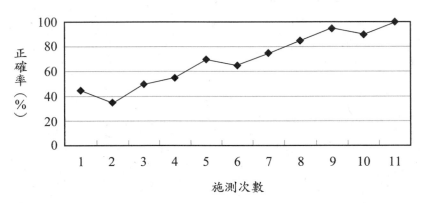

圖 17-4　和為 10 的加法正確率曲線圖

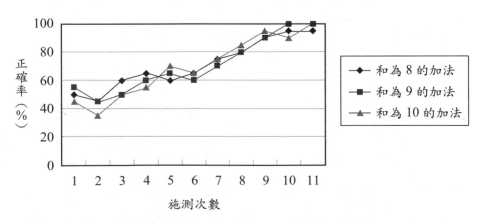

圖 17-5　和為 10 以內的加法正確率曲線圖

五　附件資料

　　本教學附件資料共計三項，以下列出和為 8 的測驗試卷為範例（和為 9 及和為 10 為相同模式評量）；每張評量卷以一至兩個大題為主要評量內容，使學生能在三分鐘內完成，並在熟練作答技巧後，提高正確率。試卷內容詳列如下：

附件一　數學課程本位評量和為10以內的加法試卷 編號 vol.1-10

數學課程本位評量和為 10 以內的加法試卷　vol. 1　學生：_____

單元名稱：和為 8 以內的加法

一、寫出數量

1. ●●●●●●●●　　　　是 □

2. ● ●加　　　　　是 8

3. ●●●加　　　　　是 8

4. ●●●●加　　　　是 8

5. ●●●●●加　　　　是 8

6. ●●●●●●加　　　是 8

7. ●●●●●●●加　　是 8

8. ●●●●●●●●加　是 8

數學課程本位評量和為 10 以內的加法試卷　vol. 2　學生：_____

單元名稱：和為 8 的加法

一、□內的數字是多少

1.  加 是 □

2.  加 是 □

3. 加 是 □

4. 的 加 是 □

5. 加 是 □

6. 加 是 □

7. 加 0 是 □

數學課程本位評量和為 10 以內的加法試卷　vol. 3　學生：_____

單元名稱：和為 8 的加法

一、想一想、算一算，加多少個蘋果後會成為 8 個？寫出數字

1. 　　　　　〔再加　　　　　　　　〕

2. 🍎🍎🍎　　　　　〔再加　　　　　　　　〕

3. 🍎🍎🍎🍎　　　　　〔再加　　　　　　　　〕

4. 🍎🍎🍎🍎🍎　　　　　〔再加　　　　　　　　〕

5. 🍎🍎🍎🍎🍎🍎　　　　　〔再加　　　　　　　　〕

二、算一算

1. 　加　🍎🍎🍎🍎　是　☐

$$4 \quad + \quad 4 \quad = \quad \boxed{}$$

數學課程本位評量和為 10 以內的加法試卷　vol. 4　學生：_____

單元名稱：和為 8 的加法

一、想一想、算一算

7 + (　　) = 8	6 + (　　) = 8
5 + (　　) = 8	4 + (　　) = 8
3 + (　　) = 8	2 + (　　) = 8
1 + (　　) = 8	0 + (　　) = 8
8 + (　　) = 8	5 + (　　) = 8
4 + (　　) = 8	6 + (　　) = 8

數學課程本位評量和為 10 以內的加法試卷　vol. 5　學生：_____

單元名稱：和為 8 的加法

一、想一想、算一算

7 + 1 = (　　　)	6 + 2= (　　　)
5 + 3 = (　　　)	4 + 4= (　　　)
3 + 5 = (　　　)	8 + 0= (　　　)
5 + 3 = (　　　)	3 + 5= (　　　)
2 + 6 = (　　　)	6 + 2= (　　　)
1 + 7 = (　　　)	0 + 8= (　　　)

數學課程本位評量和為 10 以內的加法試卷　vol. 6　學生：_____

單元名稱：和為 8 的加法

一、 請將數字寫在 □ 中

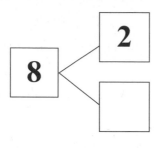
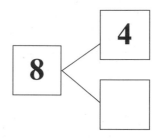

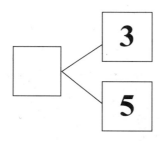
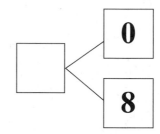

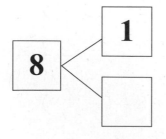
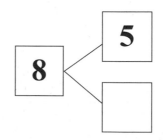

數學課程本位評量和為 10 以內的加法試卷　vol. 7　學生：_____

單元名稱：和為 8 的加法

一、算算看（直式）

（直式）

(1)　　1＋7
　　＝□

＋

(2)　　2＋6
　　＝□

＋

(3)　　3＋5
　　＝□

＋

(4)　　4＋4
　　＝□

＋

數學課程本位評量和為 10 以內的加法試卷　vol. 8　學生：_____

單元名稱：和為 8 的加法

一、算算看

7 + 1 = (　　　)	6 + 2= (　　　)
5 + 3 = (　　　)	4 + 4= (　　　)

二、填一填

(1)

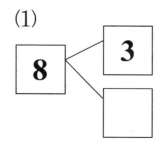　　　　　　　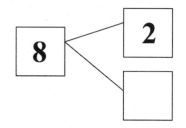

（直式）

(2)　　2 + 6

　　= [　　　　]

　　　　　　　　　　　　[　　　]
　　　　　　　　　　+ [　　　]
　　　　　　　　　　　─────
　　　　　　　　　　　[　　　]

數學課程本位評量和為 10 以內的加法試卷　vol. 9　學生：_____

單元名稱：和為 8 的加法

一、算算看

8 + 0 = (　　　)	4 + 4 = (　　　)
5 + 3 = (　　　)	7 + 1= (　　　)

二、填一填

(1)

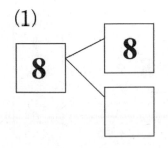　　　　　　　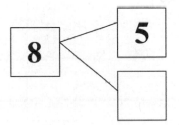

（直式）

(2)　　7 + 1

= ⬚

+ ⬚ ⬚

⬚

特 殊 教育學生評量

數學課程本位評量和為 10 以內的加法試卷　vol. 10　學生：_____

單元名稱：和為 8 的加法

一、算算看

5 + 3 = （　　　）	4 + 4= （　　　）
6 + 2 = （　　　）	8 + 0= （　　　）

二、填一填

(1)

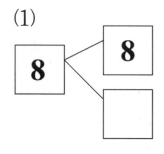

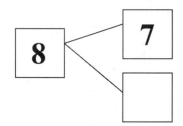

（直式）

(2)　　4 + 4

=　□

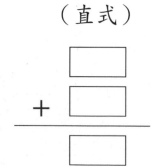

320

數學課程本位評量和為 10 以內的加法試卷　vol. 11　學生：_____

單元名稱：和為 8 的加法

一、算算看

8 + 0 = (　　　)	2 + 6= (　　　)
3 + 5 = (　　　)	4 + 4= (　　　)

二、填一填

(1)

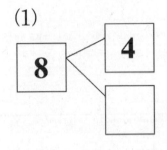

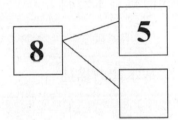

（直式）

(2)　　　3 + 5

　　= ⬚

第二節　1000 以內的加法

陳玫瑜　撰

　　本節是以和為 1000 以內的加法為教學目標，以下分為三個次要目標：(1)個位數進位的加法；(2)十位數進位的加法；(3)三位數進位的加法。教學對象為國小三年級輕度智能障礙學生。以下分別敘述教學－評量實證過程與結果。

一　個案基本資料

㈠個案基本資料

　　　姓名：陳○○　性別：女　年齡：9 歲　年級：國小三年級

㈡基本能力描述

　　本個案為國小三年級輕度智能障礙的學生，家庭社經地位低，父親僅為小學畢業，母親則不識字，因此平常放學回家後，父母無法在課業上提供指導。表 17-3 為個案基本能力的描述，包括認知能力、溝通能力、行動能力、情緒、人際關係、感官功能、健康狀況、生活自理能力、學業能力及障礙程度對普通班的影響。

二　教學計畫

㈠教學目標

　　此課程本位評量的領域為實用數學中的運算與應用，配合學生能力的發展及日後學生往更高層次計算能力的需求，因此經由教學者依據教育部（2000）所編印的《特殊教育學校（班）國民教育階段智能障礙類課程——學習目標檢核手冊》，針對加法這一項目來評量學生的起點行為。

表 17-3　個案基本能力

(一)認知能力	1.認知能力佳，具有應付日常生活所需之基本常識。 2.能瞭解各種常見物品的用途。 3.無法理解三年級的課程內容。	(二) 溝通 能力	1.與一般同年齡的孩子無異，能進行正常的交談。 2.平時在家都說台語，因此有些詞彙無法用國語描述，或句子中常出現國台語夾雜的情形。
(三)行動能力	1.動作靈活，與一般同年齡的孩子無異。 2.精細動作佳，能使用工具做勞作。	(四)情緒	1.情緒穩定，正向積極。 2.挫折容忍度較低，在資源班有時會因自己的表現不如預期而難過、流淚。
(五)人際關係	1.會想努力表現，以獲得讚賞。 2.熱心助人，同學有困難時會主動幫忙。 3.喜歡管別人，但自己分內的工作常未做好。		
(六)感官功能	視知覺敏銳，偏向圖像學習記憶法		
(七)健康狀況	1.視力：正常 2.聽力：正常 3.小肌肉動作：正常 4.大肌肉動作：正常 5.其他：有過胖的現象	(八) 生活自理 能力	1.生活自理能力佳，與一般同年齡的孩子無異。 2.在家常主動幫忙做家事，在學校也喜歡幫老師做事。
(九)學業能力	數學： (1)能認識 1000 以內的數字 (2)能看懂整點鐘及半點鐘 (3)能做進位及借位的加減運算。 (4)能背5以內的九九乘法。	語文： (1)能認讀國語課本第二冊詞語。 (2)能書寫課本中的生字。 (3)能做簡單的照樣造句。	
(十)對普通班的影響	由於智力上的缺陷使得個案無法跟上班上的進度，因此上課有時會做自己的事、玩自己的東西，或和同學講話，干擾上課。		

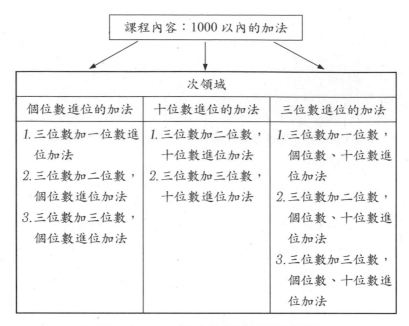

圖 17-6　1000 以內的加法教學架構圖

註：1000 以內不進位加法，已於 2/20 至 3/10 教學完畢。後測：1000 以內不進位加法
　　正確率 95%。

評量結果發現學生已經有基本的加法計算能力（不進位加法及進位加法的
能力），但在連續進位及不同位數進位方面的計算能力尚欠缺，故選擇
1000 以內的加法作為此次課程評量的教學及評量目標。

　　每次進行教學時間為二十分鐘，其中包括十分鐘的教學活動與十分鐘
的評量活動；每次進行完教學就將評量結果記錄下來，其教學目標如圖 17-6
所示。

㈡短期目標

　　短期目標共有三項，分別為會 1000 以內個位數進位的加法、會 1000
以內十位數進位的加法，及會 1000 以內個位數與十位數進位的加法。分述
如下：

1. 會 1000 以內個位數進位的加法，正確率達 90%。

　1-1 會 1000 以內三位數加一位數進位加法（128 ＋ 9；6 ＋ 437；508 ＋ 5；……），正確率達 90%。

　1-2 會 1000 以內三位數加二位數，個位數進位加法（267 ＋ 17；24 ＋ 158；349 ＋ 36；……），正確率達 90%。

　1-3 會 1000 以內三位數加三位數，個位數進位加法（673 ＋ 117；439 ＋ 348；586 ＋ 407；……），正確率達 90%。

2. 會 1000 以內十位數進位的加法，正確率達 90%。

　2-1 會 1000 以內三位數加二位數，十位數進位加法（361 ＋ 92；693 ＋ 85；78 ＋ 840；……），正確率達 90%。

　2-2 會 1000 以內三位數加三位數，十位數進位加法（686 ＋ 170；392 ＋ 525；275 ＋ 361；……），正確率達 90%。

3. 會 1000 以內個位數、十位數進位的加法，正確率達 80%。

　3-1 會 1000 以內三位數加一位數，個位數、十位數進位加法（8 ＋ 496；594 ＋ 7；394 ＋ 9；……），正確率達 80%。

　3-2 會 1000 以內三位數加二位數，個位數、十位數進位加法（95 ＋ 167；384 ＋ 27；167 ＋ 56；……），正確率達 80%。

　3-3 會 1000 以內三位數加三位數，個位數、十位數進位加法（493 ＋ 268；285 ＋ 136；572 ＋ 168；……），正確率達 80%。

三　教學活動

　　本教學活動共分為三個單元，分別為第一單元：運算 1000 以內個位數進位的加法；第二單元：運算 1000 以內十位數進位的加法；第三單元：運算 1000 以內個位數、十位數進位的加法。教學順序則從第一單元開始，連續兩次的正確率達到 90% 以上才進行下一個單元。三個單元教學時間預計為一個半月，在單元目標連續兩次的正確率達到 90% 以上後，不定期施予評量，以監視其維持狀況如何；每個單元共計各施測七次，來判斷達成此

課程本位評量的整體標準。

(一)第一單元教學活動

目標 1-1 ：會 1000 以內三位數加一位數進位加法，正確率達 90%以
上。

教學策略：個位數加個位數後要記得進 1 到十位數；百位數照抄不變。

目標 1-2 ：會 1000 以內三位數加二位數，個位數進位加法，正確率達
90%以上。

教學策略：個位數加個位數後要記得進 1 到十位數；十位數加 1 後再
加被加數；百位數則是照抄不變。

目標 1-3 ：會 1000 以內三位數加三位數，個位數進位加法，正確率達
90%以上。

教學策略：個位數加個位數後要記得進 1 到十位數；十位數要加 1 後
再加被加數；百位數則是要加被加數。

(二)第二單元教學活動

目標 2-1 ：會 1000 以內三位數加二位數，十位數進位加法，正確率達
90%以上。

教學策略：個位數加個位數；十位數加十位數後要記得進1到百位數；
百位數要記得加 1。

目標 2-2 ：會 1000 以內三位數加三位數，十位數進位加法，正確率達
90%以上。

教學策略：個位數加個位數；十位數加十位數後要記得進1到百位數；
百位數要記得加 1 後再加被加數。

(三)第三單元教學活動

目標 3-1 ：會 1000 以內三位數加一位數，個位數、十位數進位加法，
正確率達 80%以上。

教學策略：個位數加個位數後要記得進 1 到十位數；十位數要加 1 後

再進 1 到百位數；百位數要記得加 1。

目標 3-2　：會 1000 以內三位數加二位數，個位數、十位數進位加法，
　　　　　　正確率達 80%以上。

教學策略：個位數加個位數後要記得進 1 到十位數；十位數加 1 後再
　　　　　　加被加數，然後進 1 到百位數；百位數要記得加 1。

目標 3-3　：會 1000 以內三位數加三位數，個位數、十位數進位加法，
　　　　　　正確率達 80%以上。

教學策略：個位數加個位數後要記得進 1 到十位數；十位數加 1 後再
　　　　　　加被加數，然後進 1 到百位數；百位數要記得加 1 後再加
　　　　　　被加數。

四　資料蒐集

　　每次進行教學時間為二十分鐘，其中包括十分鐘的教學活動與十分鐘
的評量活動，評量的題目則從每一個單元中的題庫（如附件一、附件二、
附件三）中隨機抽出。每次進行完教學後就將評量結果記錄在課程本位評
量紀錄表（表 17-4）；將成績轉換成資料點，將資料點連接起來，再畫出
期望線。

表 17-4　課程本位評量紀錄表

測驗次數	日期	1000 以內個位數進位的加法	日期	1000 以內十位數進位的加法	日期	1000 以內個位數、十位數進位的加法
1						
2						
3						
4						
5						
6						
7						

五 測驗結果與討論

　　以下將探討該生在三個教學單元介入教學後，其在評量上的表現；施測者將該生在三個教學單元內的測驗得分分別點繪成曲線圖，再根據每個教學單元的變化做比較分析，最後再依其整體表現作說明。該生在三個教學單元內的測驗得分見表 17-5。

　　在 1000 以內個位數進位的加法部分，該生除第一次測驗正確率為 60% 之外，其餘六次施測之正確率都在 90% 以上，最後四次的正確率甚至都達到百分之百；顯示該生對於 1000 以內個位數進位的加法的熟練及後面穩定且持續地維持（圖 17-7）。

表 17-5　課程本位評量結果一覽表

測驗次數	日期	1000 以內個位數進位的加法	日期	1000 以內十位數進位的加法	日期	1000 以內個位數、十位數進位的加法
1	5/4	60	5/10	0	5/17	60
2	5/8	90	5/11	70	5/19	80
3	5/25	90	5/12	70	5/22	70
4	5/26	100	5/15	100	5/23	80
5	6/3	100	5/16	90	5/24	90
6	6/13	100	6/2	90	5/29	100
7	6/15	100	6/6	100	6/6	100

在 1000 以內十位數進位的加法部分，雖然該生第一次測驗的正確率為 0，但第二次正確率即進步到 70%，呈現上升的趨向；在第四次測驗後，其正確率都維持在 90%以上，顯示該生持續、穩定的進步（圖 17-8）。

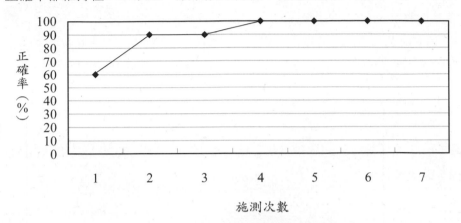

圖 17-7　1000 以內個位數進位的加法正確率曲線圖

註：該生「1000 以內個位數進位的加法」之正確率，由原來 60%進步至 100%，呈現逐步向上進步趨勢。

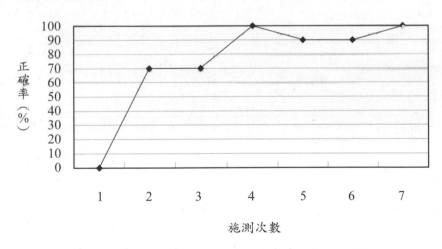

圖 17-8　1000 以內十位數進位的加法正確率曲線圖

註：該生「1000 以內十位數進位的加法」之正確率，由原來 0%進步至 100%，呈現逐步向上進步趨勢。

在 1000 以內個位數、十位數進位的加法方面,雖然第三次測驗結果微微下降,但在之後其正確率平穩且持續地上升,最後的正確率都能達到百分之百,顯示該生在學習後能維持其效果(圖 17-9)。

從實施的三個教學單元結果來看,其趨向都能保持上升的趨向(圖 17-10),且最後的正確率都能達到百分之百,呈現正向的進步表現;顯示在教學策略介入後能有效支持該生提升在 1000 以內加法的學習成效。

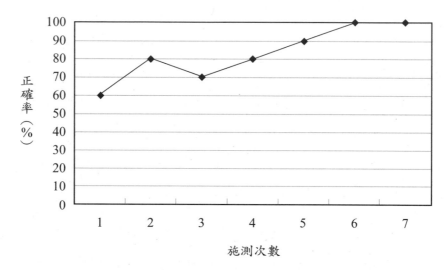

圖 17-9　1000 以內個位數、十位數進位的加法正確率曲線圖

註:該生「1000 以內個位數、十位數進位的加法」之正確率,由原來 60% 進步至 100%,呈現逐步向上進步趨勢。

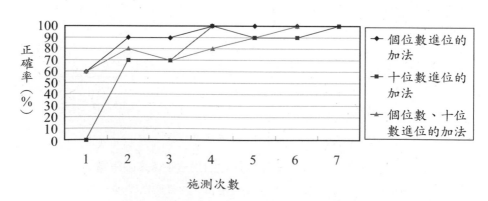

圖 17-10　1000 以內的加法正確率曲線圖

六 附件資料

本附件包括個位數進位的加法，十位數進位的加法，個位數、十位數進位的加法評量卷。

附件一　個位數進位的加法評量卷

① 149 + 6 =	② 627 + 3 =
③ 315 + 26 =	④ 439 + 22 =
⑤ 827 + 34 =	⑥ 108 + 75 =
⑦ 556 + 328 =	⑧ 718 + 147 =
⑨ 309 + 146 =	⑩ 476 + 216 =

附件二　十位數進位的加法評量卷

① $142 + 81 =$	② $793 + 34 =$
③ $686 + 70 =$	④ $567 + 82 =$
⑤ $241 + 674 =$	⑥ $753 + 165 =$
⑦ $392 + 525 =$	⑧ $110 + 496 =$
⑨ $473 + 162 =$	⑩ $285 + 183 =$

附件三　個位數、十位數進位的加法評量卷

① $$167 + 56 =$$	② $$384 + 27 =$$
③ $$273 + 48 =$$	④ $$765 + 75 =$$
⑤ $$396 + 5 =$$	⑥ $$457 + 364 =$$
⑦ $$348 + 273 =$$	⑧ $$184 + 497 =$$
⑨ $$557 + 166 =$$	⑩ $$285 + 136 =$$

第三節 10 以內的減法教學

張通信　撰

本節是以國小三年級學習障礙為教學－評量對象，教導內容係透過實物分解活動，探究 10 以內減法教學實證效果；以下分為五大類說明。

一　個案基本資料

本個案為彰化縣某國小三年級學生，經鑑輔會鑑定為學障，在學校接受資源班的教育。個案之父母關係良好，家庭氣氛和諧，父母管教民主，家境小康。在家排行老大，下有一個妹妹。雖然學業學習不佳，但家人仍對其相當接納與關心，家長期望個案能夠繼續升學，但其本身升學意願並不高。個案身體健康但身高比同儕矮小許多，粗大或精細動作雖沒問題但動作較慢。個性相當內向溫和，與人對談時音量甚小，若不熟悉的人跟其講話，幾乎不答話，朋友不多。此一情形經資源班教師介入輔導後已有改善。

該生的數學成績表現在班上是倒數者，加法概念已學過，但減法概念仍相當模糊。

二　教學計畫

本教學領域為「10 以內的減法教學」。選擇此一範疇乃因個案對於數學方面的運算能力較差，因此擬以課程本位評量來加強其數學的基本運算能力。

(一)教學目標

本課程的教學目標分為能夠以實物進行 10 以內的分解活動；能夠以口頭回答進行 10 以內的分解活動；能夠以紙筆回答進行 10 以內的分解活動。

1. **能夠以實物進行 10 以內的分解活動，正確率達 100%。**

(1)能夠以實物如糖果；花片進行 5 以內的分解（共 5 個：拿走 1 的練習；拿走 2 的練習；拿走 3 的練習；拿走 4 的練習；拿走 5 的練習），正確地操作出來，正確率達 100%。

(2)能夠以實物如糖果；花片進行 10 以內的分解（共 10 個：拿走 1 的練習；拿走 2 的練習；拿走 3 的練習；拿走 4 的練習；拿走 5 的練習；拿走 6 的練習；拿走 7 的練習；拿走 8 的練習；拿走 9 的練習；拿走 10 的練習），正確地操作出來，正確率達 100%。

2. **能夠以口頭回答進行 10 以內的分解活動，正確率達 95%。**

(1)能夠以劃消圖形活動進行 5 以內的減法（共 15 個：$1-1=$ ；$2-1=$ ；$2-2=$ ；$3-1=$ ；$3-2=$ ；$3-3=$ ；$4-1=$ ；$4-2=$ ；$4-3=$ ；$4-4=$ ；$5-1=$ ；$5-2=$ ；$5-3=$ ；$5-4=$ ；$5-5=$ ），學生操作並口頭回答，正確率達 95%。

(2)能夠以劃消圖形活動進行 10 以內的減法（共 40 個：$6-1=$ ；$6-2=$ ；$6-3=$ ；$6-4=$ ；$6-5=$ ；$6-6=$ ；$7-1=$ ；$7-2=$ ；$7-3=$ ；$7-4=$ ；$7-5=$ ；$7-6=$ ；$7-7=$ ；$8-1=$ ；$8-2=$ ；$8-3=$ ；$8-4=$ ；$8-5=$ ；$8-6=$ ；$8-7=$ ；$8-8=$ ；$9-1=$ ；$9-2=$ ；$9-3=$ ；$9-4=$ ；$9-5=$ ；$9-6=$ ；$9-7=$ ；$9-8=$ ；$9-9=$ ；$10-1=$ ；$10-2=$ ；$10-3=$ ；$10-4=$ ；$10-5=$ ；$10-6=$ ；$10-7=$ ；$10-8=$ ；$10-9=$ ；$10-10=$ ），學生操作並口頭回答，正確率達 95%。

3. **能夠以紙筆回答進行 10 以內的分解活動，正確率達 95%。**

(1)能夠以紙筆作答 5 以內的減法（$1-1=$ ；$2-1=$ ；$2-2=$ ；$3-1=$ ；$3-2=$ ；$3-3=$ ；$4-1=$ ；$4-2=$ ；$4-3=$ ；$4-4=$ ；$5-1=$ ；$5-2=$ ；$5-3=$ ；$5-4=$ ；$5-5=$ ），能在紙上作答題目，正確率達 95%。

(2)能夠以紙筆作答 10 以內的減法（$6-1=$ ；$6-2=$ ；$6-3=$ ；$6-4=$ ；$6-5=$ ；$6-6=$ ；$7-1=$ ；$7-2=$ ；$7-3=$ ；$7-4=$ ；$7-5=$ ；$7-6$

＝；7－7＝；8－1＝；8－2＝；8－3＝；8－4＝；8－5＝；8－6＝；8
－7＝；8－8＝；9－1＝；9－2＝；9－3＝；9－4＝；9－5＝；9－6
＝；9－7＝；9－8＝；9－9＝；10－1＝；10－2＝；10－3＝；10－4
＝；10－5＝；10－6＝；10－7＝；10－8＝；10－9＝；10－10＝），
能在紙上作答題目，正確率達95%。

㈡課程本位評量教學架構

本教學依教學目標分為三個次級評量方式，包含操作回答、口頭回答、
聲調練習和紙筆回答，其結構圖如圖17-11所示。

㈢教學內容

本教學內容根據(1)實際操作實物進行5以內的減法分解；(2)實際操作
實物進行10以內的減法分解；(3)實際操作圖形劃消活動進行5以內的減
法；(4)實際操作圖形劃消活動進行10以內的減法；(5)能夠以紙筆作答5以
內的減法；(6)能夠以紙筆作答10以內的減法。詳列如下。

1.具體操作實物進行5以內的分解（共5個：拿走1的練習；拿走2
的練習；拿走3的練習；拿走4的練習；拿走5的練習），正確地操作出
來，正確率達100%。

2.具體操作實物進行10以內的分解（共10個：拿走1的練習；拿走

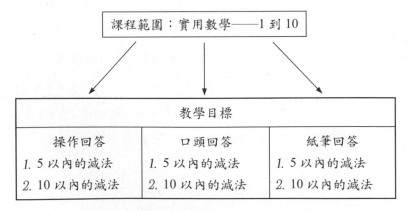

圖 17-11　減法教學課程本位評量教學架構圖

2 的練習；拿走 3 的練習；拿走 4 的練習；拿走 5 的練習；拿走 6 的練習；拿走 7 的練習；拿走 8 的練習；拿走 9 的練習；拿走 10 的練習），正確地操作出來，正確率達 100%。

　　3. 具體操作圖形劃消活動進行 5 以內的減法（共 15 個：$1-1=$；$2-1=$；$2-2=$；$3-1=$；$3-2=$；$3-3=$；$4-1=$；$4-2=$；$4-3=$；$4-4=$；$5-1=$；$5-2=$；$5-3=$；$5-4=$；$5-5=$），學生操作並口頭回答，正確率達 95%。

　　4. 實際操作劃消圖形活動進行 10 以內的減法（共 40 個：$6-1=$；$6-2=$；$6-3=$；$6-4=$；$6-5=$；$6-6=$；$7-1=$；$7-2=$；$7-3=$；$7-4=$；$7-5=$；$7-6=$；$7-7=$；$8-1=$；$8-2=$；$8-3=$；$8-4=$；$8-5=$；$8-6=$；$8-7=$；$8-8=$；$9-1=$；$9-2=$；$9-3=$；$9-4=$；$9-5=$；$9-6=$；$9-7=$；$9-8=$；$9-9=$；$10-1=$；$10-2=$；$10-3=$；$10-4=$；$10-5=$；$10-6=$；$10-7=$；$10-8=$；$10-9=$；$10-10=$），學生操作並口頭回答，正確率達 95%。

　　5. 能夠以紙筆作答 5 以內的減法（$1-1=$；$2-1=$；$2-2=$；$3-1=$；$3-2=$；$3-3=$；$4-1=$；$4-2=$；$4-3=$；$4-4=$；$5-1=$；$5-2=$；$5-3=$；$5-4=$；$5-5=$），能在紙上作答題目，正確率達 95%。

　　6. 能夠以紙筆作答 10 以內的減法（$6-1=$；$6-2=$；$6-3=$；$6-4=$；$6-5=$；$6-6=$；$7-1=$；$7-2=$；$7-3=$；$7-4=$；$7-5=$；$7-6=$；$7-7=$；$8-1=$；$8-2=$；$8-3=$；$8-4=$；$8-5=$；$8-6=$；$8-7=$；$8-8=$；$9-1=$；$9-2=$；$9-3=$；$9-4=$；$9-5=$；$9-6=$；$9-7=$；$9-8=$；$9-9=$；$10-1=$；$10-2=$；$10-3=$；$10-4=$；$10-5=$；$10-6=$；$10-7=$；$10-8=$；$10-9=$；$10-10=$），能在紙上作答題目，正確率達 95%。

㈣教學過程描述

　　個案的學習速度一開始較慢，尤其是 5 以上的減法部分，施測九次後才達到 100% 的正確率。但經過幾週反覆的練習後個案有了進步，到了後面的階段，個案只要經過六次的練習，第七次便能夠達到 90% 正確率的水準。

三　測量方式

　　根據彰化縣啟智教育數學教材，於資源班教學中進行。在整個課程本位評量的實施過程前，先進行前測，而後每次上課時進行 10 以內的減法教學，再實施後測，並記錄施測成績。配合資源班的數學課程，進行為期三個月的教學，除前測外，先進行三十分鐘的教學，再進行二十分鐘的測驗，總共進行四十九次的教學測驗。

四　教學結果

　　5 以內的操作回答經過七次教學後，其正確率達 100%；10 以內的操作回答經過九次教學後，其正確率達 100%；5 以內的口頭回答經過五次教學後，其正確率達 100%；10 以內的口頭回答經過八次教學後，其正確率達 90%；5 以內的紙筆回答經過九次教學後，其正確率達 100%；10 以內的紙筆回答經過九次教學後，其正確率達 90%，結果詳見表 17-6。其曲線圖呈現於圖 7-12 到圖 7-17。

表 17-6　10 以內的減法正確率一覽表

測驗次數	5 以內的操作回答	10 以內的操作回答	5 以內的口頭回答	10 以內的口頭回答	5 以內的紙筆回答	10 以內的紙筆回答
1	20	30	60	40	50	50
2	40	40	80	50	60	60
3	70	50	80	60	70	60
4	90	60	90	60	70	70
5	80	70	90	70	80	80
6	90	70	100	70	90	70
7	100	80	100	80	80	90
8	100	90		70	90	90
9		90		90	90	80
10		100		95	100	90

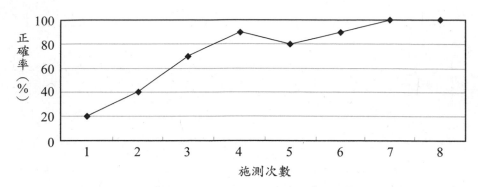

圖 7-12　5 以內減法的操作回答

註：個案從 5 以內減法的操作回答施測中，從第一次的 20 分，進行到第七、八次的施
測分數已達 100 分，正確率達到 100%。

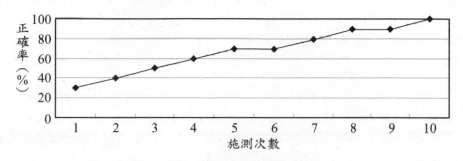

圖 17-13　10 以內減法的操作回答

註：個案從 10 以內減法的操作回答施測中，從第一次施測的 30 分，到第十次的分數
已經進步為 100 分，正確率達 100%。

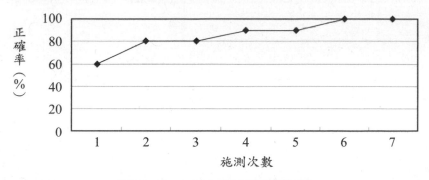

圖 17-14　5 以內減法的口頭回答

註：個案從 5 以內減法的口頭回答施測中，從第一次的 60 分經過七次的施測，到了第
六次已達 100 分的水準，正確率達 100%。

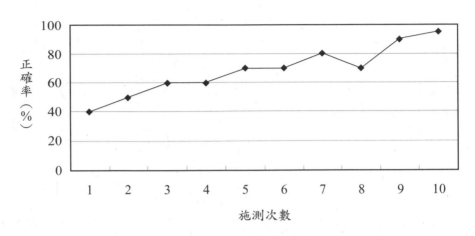

圖 17-15　10 以內減法的口頭回答

註：個案從 10 以內減法的口頭回答施測中，第一次施測分數 40 分；經過十次的施測，
　　個案已經進步到 95 分，正確率達 95%。

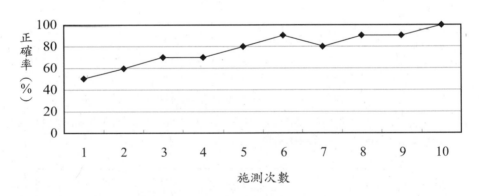

圖 17-16　5 以內減法的紙筆回答

註：個案從第一次的施測分數 50 分，經過十次的施測後，分數明顯進步為 100 分，正
　　確率達 100 %。

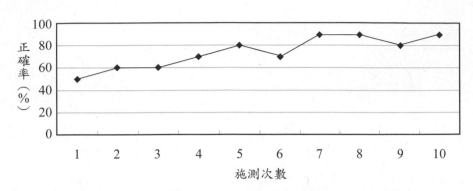

圖 17-17　10 以內減法的紙筆回答

註：個案從 10 以內減法的紙筆回答施測中，從第一次的 50 分經過十次的測驗，已進
　　步為 90 分，正確率達 90%。

五　附件資料　（本附件修改自彰化縣啟智教育補充教材）

　　本附件計有六項，包括(1) 5 以內的操作回答；(2) 10 以內的操作回答；
(3) 5 以內的減法；(4) 10 以內的減法；(5) 5 以內的口頭回答；(6) 10 以內的
口頭回答。

附件一　5 以內的操作回答

　　拿走 2 的練習

1.小朋友，請你數數看，原本有幾杯果汁？

2.現在還有幾杯果汁？

3.被喝掉幾杯果汁？

附件二　10以內的操作回答

拿走 8 的練習

1.原來有幾個花片

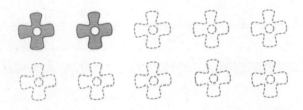

2.被拿走幾個花？

3.現在還有幾個花片？

附件三　5以內的減法

減法練習（1-4）

$1 - 1 = \underline{\hspace{2cm}}$

$2 - 1 = \underline{\hspace{2cm}}$

$2 - 2 = \underline{\hspace{2cm}}$

$3 - 1 = \underline{\hspace{2cm}}$

$3 - 2 = \underline{\hspace{2cm}}$

$3 - 3 = \underline{\hspace{2cm}}$

$4 - 1 = \underline{\hspace{2cm}}$

$4 - 2 = \underline{\hspace{2cm}}$

$4 - 3 = \underline{\hspace{2cm}}$

$4 - 4 = \underline{\hspace{2cm}}$

附件四 10 以內的減法

減法練習（9）

9 −1 ∅○○○○○○○○ 9 − 1 = _____

9 −2 ∅∅○○○○○○○ 9 − 2 = _____

9 −3 ∅∅∅○○○○○○ 9 − 3 = _____

9 −4 ∅∅∅∅○○○○○ 9 − 4 = _____

9 −5 ∅∅∅∅∅○○○○ 9 − 5 = _____

9 −6 ∅∅∅∅∅∅○○○ 9 − 6 = _____

9 −7 ∅∅∅∅∅∅∅○○ 9 − 7 = _____

9 −8 ∅∅∅∅∅∅∅∅○ 9 − 8 = _____

9 −9 ∅∅∅∅∅∅∅∅∅ 9 − 9 = _____

減法練習（10）

10 -1	⊘○○○○○○○○○ 10 − 1 = _____
10 -2	⊘⊘○○○○○○○○ 10 − 2 = _____
10 -3	⊘⊘⊘○○○○○○○ 10 − 3 = _____
10 -4	⊘⊘⊘⊘○○○○○○ 10 − 4 = _____
10 -5	⊘⊘⊘⊘⊘○○○○○ 10 − 5 = _____
10 -6	⊘⊘⊘⊘⊘⊘○○○○ 10 − 6 = _____
10 -7	⊘⊘⊘⊘⊘⊘⊘○○○ 10 − 7 = _____
10 -8	⊘⊘⊘⊘⊘⊘⊘⊘○○ 10 − 8 = _____
10 -9	⊘⊘⊘⊘⊘⊘⊘⊘⊘○ 10 − 9 = _____
10 -10	⊘⊘⊘⊘⊘⊘⊘⊘⊘⊘ 10 − 10 = _____

附件五　5以內的口頭回答

作業單：　　　　　　　　　姓名：＿＿＿＿＿＿

※小朋友，請你看圖回答。

全部共有幾隻青蛙		跳走了幾隻青蛙		網內還有幾隻青蛙
3	－	1	＝	

附件六　10以內的口頭回答

作業單：　　　　　　　　　姓名：＿＿＿＿＿＿

※請小朋友看圖回答。

本來有幾個汽球		飛走了幾個汽球		還剩幾個汽球
9	−		=	

第四節　整數的乘法

張惠娟　撰

　　本節以二位數及三位數分別乘以一位數作為教學及評量內容，計有四個教學目標，並以國小中年級安置在資源班接受補救教學之疑似障礙學生為對象。以下分項說明之。

一　個案基本資料

㈠個案基本資料

　　姓名：呂小修　性別：男　年齡：9 歲　年級：國小三年級

㈡個案家庭背景簡述

　　個案未與父母同住，家中只有個案一個孩子，平日都是由外祖母照顧，管教較鬆散，個案放學後常在社區遊蕩。外祖母不識字，無法指導個案做功課，個案時常沒寫功課。家境清寒，低社經地位，除學校之外沒有額外的學習活動。家長的期望是按部就班地學習，不要學壞就好。

㈢個案身心特質簡述

　　個案身長發育正常，但體位稍輕，感官、動作發展皆正常，無特殊的病史。個性內向、害羞，與人和睦，但社交技巧差，較不會與班上同學玩在一起，似獨行俠。玩伴大多是鄰居小孩。情緒控制得當，適應環境能力良好。

㈣學習能力描述

　　個案的長、短期記憶不佳，抽象理解能力不佳，注意力分散。魏式兒童智力量表，全量表智商 75，百分等級 5，臨界智能不足；WDI（魏氏缺

陷指數或發展指數）＞.20，疑似學習障礙組型；中文年級認字量表，百分等級 1，經鑑輔會同意安置於普通班接受資源班服務。

語文能力：無法正確區分三十七個注音符號；部分注音符號不記得，無法雙拼、三拼。僅認識簡單的國字，例如：爸、媽、家、大、小、一、吃等。無法聽寫，造詞、造句有顯著困難，閱讀理解能力薄弱。能寫出自己姓名，但無法獨立寫出其他國字。仿寫能力佳，字跡工整，但筆順不正確。日常對話理解聽說、應對正常。數理方面：有圖形與空間、量與實測的數學基本概念。

數理能力：約為小學二年級，會三位數加減計算但速度慢，常用手指頭數數。不熟背九九乘法，只有 2、3 的乘法背得最熟，不過每次上課都要複習才能喚起記憶。因語文程度差，個人、社會經驗不足，影響數學解題，尤其文字題幾乎無法瞭解題意。

(五)個案能力分析

個案在教導三位數的乘法之前，無法獨立算出正確的答案，乘法概念前測的錯誤類型分析結果如下：

1. 不熟練九九乘法。

2. 不清楚 0 乘以任何數都等於 0。

3. 進位常會有數字寫顛倒的情形，例如：$3 \times 6 = 18$，會把積的個位寫在十位，十位寫在個位。

例如
$$\begin{array}{r} 3 \\ \times\ 6 \\ \hline 8\ 1 \end{array}$$

4. 十位乘完後沒有加上進位。

例如
$$\begin{array}{r} 2\ 3 \\ \times\ \ \ 8 \\ \hline 16\ 4 \end{array}$$

5. 計算應用題，完全不看文字，只將題目內看到的數字相乘。

二　教學計畫

依據個案普通班三年級數學科課程架構設計教學計畫。上學期教學目標是二位數乘以一位數；下學期教學目標是用直式解決二、三位數乘以一位數的問題。下學期普通班老師已教過此單元，但個案仍未精熟。雖個案對二位數乘以一位數已有初步概念，亦有許多錯誤概念包含其中；而二位數的乘法概念和三位數的乘法概念之學習是共通的，故考量後選擇三位數乘以一位數的乘法當教學目標，摻雜二位數乘以一位數，並搭配課程本位評量，進行補救教學。

(一)教學目標

本教學目標包括二位數、三位數乘以一位數，求積、求乘數的問題及二位數乘一位數的應用問題的解題，共四個教學目標。分別詳列如下：

*1.*能夠在五分鐘內用直式解決二位數、三位數乘以一位數，不進位的問題，正確率達 90%。

*2.*能夠在五分鐘內用直式解決二位數、三位數乘以一位數，進位的問題，正確率達 100%。

*3.*能夠在五分鐘內在積、被乘數已知的條件下，用直式求出乘數，正確率達 100%。

*4.*應用直式解決二位數乘以一位數，一步驟的應用問題，正確率達 100%。

(二)課程本位評量教學架構

本教學依二、三位數乘一位數分為四個次領域，包含乘法的計算及應用，其結構圖如圖 17-18 所示。

課程範圍：二、三位數乘以一位數			

⇩

教學目標			
計算練習 （三位數×一位數） （不進位）	計算練習 （三位數×一位數） （進位）	計算練習 （三位數×一位數） （求乘數）	應用練習 （二位數×一位數）

圖 17-18　二、三位數乘以一位數課程本位評量教學架構圖

(三)教學內容

　　教學目標的教學時間約為 20 節課，為期六週。新課程第一節課實施前測（即二、三位數乘一位數），接下來進行三位數乘一位數的技巧練習，及複習九九乘法及 0 與 1 的乘法。該堂課結束後再進行一次該課的數學計算測驗，限時五分鐘，並記錄正確計算題數及完成時間。往後每一堂課後皆留五分鐘進行課程內容相關測驗，直到該生達到目標停止，進入下一教學目標。

(四)教學步驟

　　第一步驟：三位數×一位數，不進位練習

　　　　　　　逐一複習 0 至 9 的九九乘法，直到正確背出，評量成績達通過標準為止。

　　第二步驟：三位數×一位數，進位練習

　　　　　　　教導乘法進位的方法，從二位數乘以一位數切入，精熟後再練習三位數乘以一位數，直到評量成績達通過標準為止。

　　第三步驟：三位數×一位數，求乘數練習

　　　　　　　此步驟是要用乘法解題，是未來學習除法的先備能力；連續教學，直到評量成績達通過標準為止。

　　第四步驟：應用練習

　　　　　　　教導閱讀文字題，依題意計算，此步驟著眼於探討個案的乘法的應用能力，故簡化計算，只做二位數乘以一位數的

題目，連續教學，直到評量成績達通過標準為止。

(五)評量題目設計原則

本評量題目設計原則有：(1)題目配合該課課程內容設計，包含 0 至 9 的乘法應用；(2)相同教學目標評量題型不變，只有數字改變，難度保持相同；(3)應用題依課本格式，國字含有注音；(4)教學後考量學生閱讀及理解能力差，將教學目標中應用題問題改成一步驟完成題型，亦可方便評量及教學。

(六)選用工具

使用工具分別為南一出版社三下題庫、自編「數學評量卷」（見本節附件一至三）、「課程本位評量統計圖表格」（見本節附件四）。

(七)測量方式及通過標準

教學過後，教師讓學童花五分鐘計算從課本中取出的問題樣本，計數他答對的題數。教學目標 1，因評量的內容簡單，故安排較多的評量題數，以發現學生九九乘法何處沒背熟；學生有時一兩題題目會粗心計算錯誤，所以通過標準定為 90%。教學目標 2、3、4，每次評量時間固定五分鐘，但因計算過程較複雜，需要思考，故每張評量卷只安排五題題目；如以一般生來說，評量時間是足夠可以完成全部的題目，也因題目少，所以提高通過標準至 100%。

(八)教學過程描述

該生的教學目標 1：不進位的三位數乘以一位數，三節課就達到學習目標；教學目標 2 連貫教學目標 1，所以評量到達標準兩次就進入下一目標。教學目標 2 至 4，每張評量卷題目只有 5 題，設計概念是為方便老師不用花太多時間，就能發現學生的學習問題；題目包含 0 至 9 的乘法。如此，不會浪費老師的教學時間，也不會讓學生增加測驗的負擔。該生進位常會有數字寫顛倒的情形，經六堂課的練習才糾正過來；三位數乘以一位

數的正確率,也跟著迅速提升。

此外,該生在做乘法時,常從低位開始背誦,直到背到乘數才能反應出答案,所以計算一題大約要花超過一分鐘;例如 $3 \times 6 = ($),個案無法直覺反應出積為 18,需要 $3 \times 1 = 3$,$3 \times 2 = 6 \cdots \cdots 3 \times 6 = 18$,才能寫出答案,以如此的算法算三位數乘一位數就要花很多時間。於是每次上課皆複習九九乘法,或進行乘法遊戲,希望他能背熟乘法。測驗成績會受學生專心度影響,有一次該生測驗時漫不經心就考 0 分。經 13 次的上課終於達到精熟,速度提升,能在五分鐘內完成。

「求乘數」這個目標是為除法計算打基礎;因為已在前一階段學會三位數乘以一位數,所以這一階段進步得很快,教學的重點也放在速度。「解應用題」放在最後一階段,這一階段未達成預定目標,因為該生的語文程度差,所以常不看題目內容,不瞭解題意就把看到的數字相乘。給他有注音、沒注音的考卷都是相同的反應,只能說算對答對是碰運氣的,誤打誤撞。該生擁有計算的技能;雖然應用題只有一步驟,但應用題解題考驗語文理解能力,高層次的思考,所以對該生造成解題的困難,作答態度也覺得較容易分心。此外,該生的數學基礎概念差,題目設計若無法一眼就看出倍數的關係或出現專有名詞,該生就無法正確算出答案。例如:正方形邊長 45 公分,周長是多少?該生不知周長是邊長的 4 倍,所以就無法答對。且該生無數學月考成績;導師表示,該生認字能力影響測驗,若經報讀,仍無法作答,月考數學分數應是個位數成績而已。

此次教學的成功之處,在於讓該生完全學會「三位數乘以一位數」的計算技巧;但該生無法應用它,歸納原因出自於該生的閱讀能力差,建議未來要就該生的語文能力做補救。讓該生自行畫進步趨勢線,並告知學習達成目標,促進了該生的學習動機,每次該生看到自己的進步都非常開心。該生乘法計算技巧的學習若能搭配回家複習,成長速度會更快。課程內使用的增強,有社會增強及物質增強,如果該生考 100 分,教學者會請該生喝最喜歡的飲料;平時則是讓他用計算機驗算自己算的答案當增強,他非常喜歡按計算機,驗算出自己算對了,還會露出得意的笑容。

三　教學結果分析與說明

㈠「二、三位數乘以一位數」正確本位和流暢本位評量結果

　　從表格發現，該生乘法計算能力有明顯的進步。教學目標 1：三位數乘以一位數，不進位，在第二次評量即達通過標準 90%。教學目標 2：三位數乘以一位數，進位，在第十三次評量即達通過標準 100%，並達穩定。教學目標 3：三位數乘以一位數，求乘數，在第七次評量即達通過標準 100%。教學目標4：二位數乘以一位數，應用題問題解題，在第四次評量，正確率是 80%，未達通過標準。結果詳見表 17-7。

表 17-7　二、三位數乘以一位數正確率及流暢率一覽表

目標	評量次數	答題總數	算錯題數	答對題數	得分	時間	達成標準
1	1	10	7	3	30	4 分 17 秒	不通過
	2	10	0	10	100	3 分 52 秒	通過
	3	10	1	9	90	3 分 47 秒	通過
2	1	2	2	0	0	5 分鐘	不通過
	2	2	1	1	20	5 分鐘	不通過
	3	2	1	1	20	5 分鐘	不通過
	4	2	1	1	20	5 分鐘	不通過
	5	3	2	1	20	5 分鐘	不通過
	6	2	2	0	0	5 分鐘	不通過
	7	3	1	2	40	5 分鐘	不通過
	8	4	1	3	60	5 分鐘	不通過
	9	5	1	4	80	4 分 54 秒	不通過
	10	4	1	3	60	5 分鐘	不通過
	11	5	1	4	80	4 分 26 秒	不通過
	12	5	1	4	80	4 分 34 秒	不通過
	13	5	0	5	100	4 分 03 秒	通過

（下頁續）

（續上頁）

目標	評量次數	答題總數	算錯題數	答對題數	得分	時間	達成標準
	14	5	0	5	100	4分06秒	通過
	15	5	0	5	100	3分42秒	通過
3	1	1	1	0	0	5分鐘	不通過
	2	2	1	1	20	5分鐘	不通過
	3	2	0	2	40	5分鐘	不通過
	4	3	0	3	60	5分鐘	不通過
	5	4	0	4	80	5分鐘	不通過
	6	4	0	4	80	5分鐘	不通過
	7	5	0	5	100	4分31秒	通過
	8	5	1	4	80	4分55秒	不通過
	9	5	0	5	100	4分48秒	通過
4	1	4	2	2	40	5分鐘	不通過
	2	4	1	3	60	5分鐘	不通過
	3	5	1	4	80	3分36秒	不通過
	4	5	1	4	80	4分17秒	不通過

㈡「二、三位數乘以一位數」正確率統計圖及進步曲線圖

　　該生在教學目標 1 前測成績 30 分，進步到 90 分，如圖 17-19。教學目標 2 的前測成績 0 分，進步到 100 分，如圖 17-20。教學目標 3 前測成績 0，進步到 100，如圖 17-21。教學目標 4 前測成績 40，進步到 80，如圖 17-22。由進步曲線圖可發現該生的整數乘法的正確度呈現逐步向上進步趨勢，如圖 17-23。

教學目標 1：計算練習三位數乘以一位數（不進位）

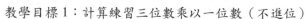
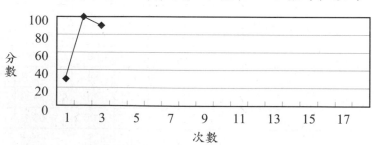

圖 17-19　三位數乘以一位數（不進位）正確率曲線圖

教學目標 2：計算題三位數乘以一位數（進位）

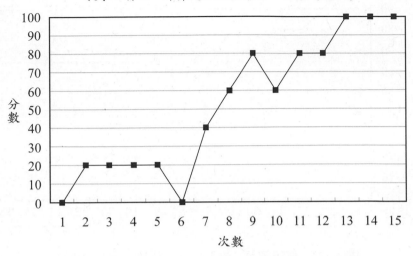

圖 17-20　三位數乘以一位數（進位）正確率曲線圖

教學目標 3：三位數乘以一位數（乘數未知）

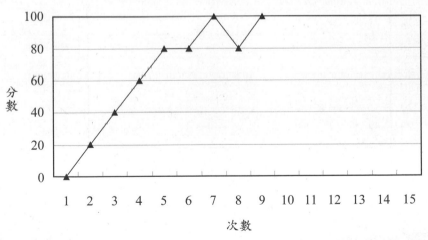

圖 17-21　三位數乘以一位數（乘數未知）正確率曲線圖

教學目標 4：應用練習（二位數乘以一位數）

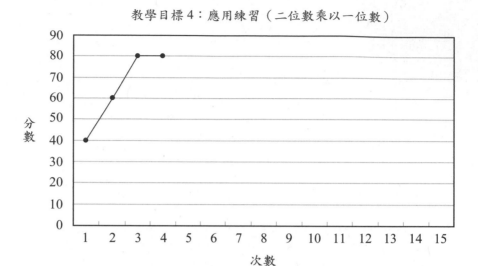

圖 17-22　應用練習二位數乘以一位數正確率曲線圖

二、三位數乘以一位數進步曲線

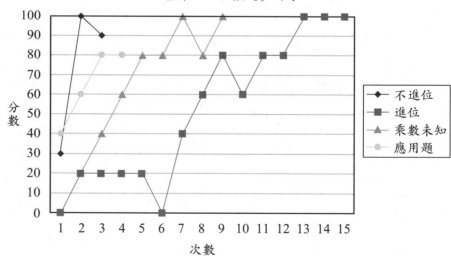

圖 17-23　二、三位數乘以一位數進步曲線圖

四　附件資料

　　本教學附件資料共計兩項，第一項是數學評量卷，第二項是教學目標之課程本位評量統計表格；詳列如下。

附件一　三位數乘以一位數，進位，數學評量卷

數學（六）

班別：
姓名：　　　座號：

1. 236×3 = (708)

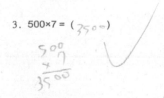

```
  11
 236
×  3
 708
```

日期：　　得分：

6/12　　100

2. 487×6 = (2922)

```
  5 4
 487
×  6
2922
```

3. 500×7 = (3500)

```
 500
×  7
3500
```

4. 128×4 = (512)

```
 128
×  4
 512
```

5. 301×9 = (2709)

```
 301
×  9
2709
```

附件二 三位數乘以一位數，求乘數，數學評量卷

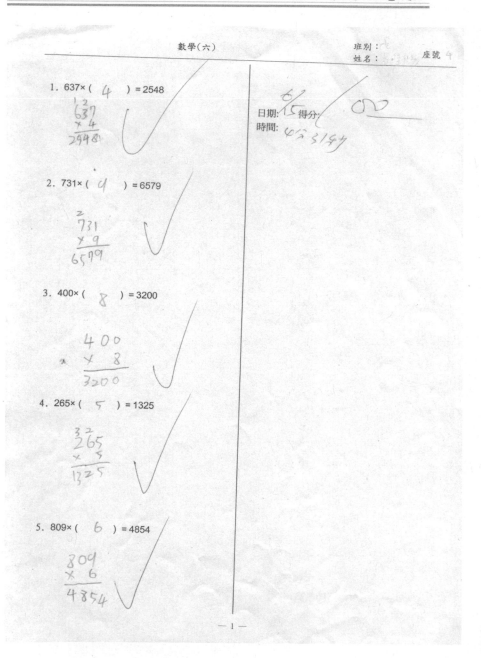

數學（六）

班別：
姓名： 座號 4

1. 637 × (4) = 2548

```
 12
 637
×  4
2948
```

日期：8/15 得分：100
時間：

2. 731 × (9) = 6579

```
  2
 731
×  9
6579
```

3. 400 × (8) = 3200

```
 400
×  8
3200
```

4. 265 × (5) = 1325

```
  32
 265
×  5
1325
```

5. 809 × (6) = 4854

```
 809
×  6
4854
```

— 1 —

360

附件三 二位數乘以一位數，應用題解題，數學評量卷

數學（六）

班別：
姓名：　　　　座號：

1. 故事書一本賣 86 元， 同樣的

故事書， 6 本共可賣多少錢

？

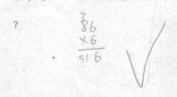

86
×6
516 ✓

2. 一箱紅柿有 72 個， 8 箱共有多

少個紅柿？

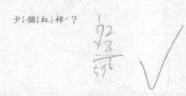

72
×8
576 ✓

3. 1 盒雞蛋有 12 顆， 奶奶買了 5

盒， 共有幾顆雞蛋？

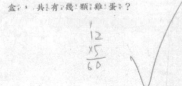

12
×5
60 ✓

（60）顆

4. 西米露 1 杯 15 元，

買 5 杯 ， 請問他們共

要付多少元？

（306）元

15
15
15
15
＋15
525

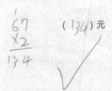

60
×5
300

5. 1 個棒球要 67 元， 買 2 個要付

多少元？

67
×2
134

（134）元 ✓

日期： 6/16　得分
計算時間　3分36秒

80

— 1 —

附件四　三位數乘以一位數，乘數未知，課程本位評量
　　　　統計表格

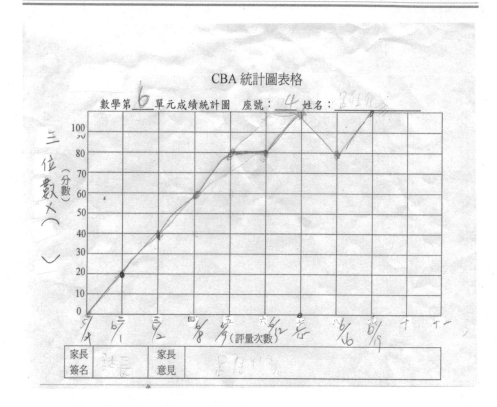

第十八章

數學生活運用課程本位評量實例

陳政見、李英豪
江俊漢、沈朝銘

　　本章是以數學結合生活相關之內容作為教學評量題材，共有時鐘認識、錢幣運算及空間概念。

第一節　認識整點與半點

李英豪　撰

　　本節係以國小四年級中度智能障礙學生為主要教學與評量對象，務期透過「現在幾點半」之教學計畫教導個案之時間概念；主要詳盡實證結果於以下分述之。

一　個案基本資料

㈠個案基本資料

　　姓名：張小美　性別：女　年齡：10歲　年級：國小四年級

(二)個案家庭背景簡述

個案父親為遊覽車司機,目前罹患癌症在家休養,母親是家中的主要經濟來源,以經營小吃店為主要經濟收入,故家境清寒。個案因為經常在小吃店協助工作,故社會互動能力良好,與親人的互動良好。家長對於小美的學習也以獨立生活的技能為主要要求。

(三)個案身心特質簡述

個案於出生後便由醫生鑑定為染色體異常之唐氏症,且為中度智能障礙,進入啟智班就讀。個案有強烈的表現慾望,個性溫和、友愛同學,但是當遇到挫折時便會倔強固執;體型肥胖,不喜歡從事戶外活動或過於激烈的活動。

(四)學習能力描述

該個案的學習能力包括認讀、仿寫能力、短期記憶、數學學習、語文理解等等,詳細地說明如下。

*1.*認讀能力:僅能認讀自己以及班上同學和爸爸的名字,其他如學校的名字也都可以認讀。

*2.*仿寫能力:個案的仿寫能力佳,唯獨立仿寫有筆畫上的限制,需要透過成人的協助始能完成仿寫筆畫較多的字。

*3.*短期記憶:短期記憶能力差,且伴隨注意力不足。

*4.*數學學習:有量的概念,也能正確寫出或讀出 1 至 15 的數字,長度概念也都具備。

*5.*語文理解:可以聽懂命令句以及簡短的提示;個案較無法理解抽象概念較多的句子,在教學上需依賴增強物維持其正向行為的學習。

(五)個案能力分析

個案在教學前無法獨立說出時鐘上整點及半點的概念。前測結果如下:

*1.*整點部分:能獨立說出四個時間(僅能說出:1 點、2 點、3 點、6

點）。

　　2.短針歸屬概念：當短針介於兩個數之間時能正確說出兩個（僅說出：
1 點跟 2 點，個案從第一個時間到第十二個時間都以 1 點與 2 點來回答，
故筆者評定為個案並不具有辨認整點的能力）。

　　3.半點的概念：說出幾點幾分，只對一題（只答對 6 點半；因為個案
都以長針所指的 6 為整點概念，因此若依此說法，則個案並不具體辨識 6
點半的概念）。

二　教學計畫

　　教學領域為「現在幾點半」。所以選擇此一教學活動乃因本單元極具
功能性，可以加強個案的時間概念；且在 IEP 的目標設計中，家長也表示
希望個案能習得此一技能。此外個案對於把玩時鐘教具也深具興趣，因此
教學過程中的實作練習個案都能有很高的動機。本研究共計進行了一個月，
藉以觀察一個月中，個案對該領域的學習進步情形。

(一)教學目標

　　本教學單元名稱為「認識整點與半點」，透過時針所在位置而判斷時
間；而這樣的歷程必須透過對十二個數字（1 至 12）的學習，加上對整點
概念的認知（1 點至 12 點），再輔以短針歸屬的認知，最後將整點與短針
歸屬的概念統整為半點的概念。單元三大目標詳述如下。

　　1.長針指在 12 時，能將短針指出的數字結合成整點的概念，並正確表達
　　　出整點的概念，正確率預計達 90%。
　　　(1)正確說出 1 至 12 的數字，正確率預計達 90%。
　　　(2)能正確將長針指向 12，並將短針對應所指的數字結合說出整點的時
　　　　間（共十二個，分別為 1 至 12 點），正確率預計達 90%。
　　2.短針介於兩個數字間時。
　　　(1)能區辨整點的正確位置，正確率預計達 90%。
　　　(2)正確說出短針任意介入兩數字間時，整點的正確位置；正確率預計
　　　　達 90%（共十二個項目）。

3.當短針介於任兩數字間而長針指在 6 時。

  (1)能正確說出幾點半的概念。

  (2)短針任意介入在兩數字間並將長針固定在 6 的位置上，學生能正確說出幾點半。預期正確率為 90%。

(二)課程教學架構

本單元共分三個教學目標，分別為整點、短針整點的正確位置、半點（長針指 6 ＋短針整點的正確位置概念），其結構如圖 18-1 所示。

(三)教學步驟

第一步驟：整點練習

    給予個案整點辨識相關注意事項之提示，例如：長短針所指的位置；接著逐一練習十二個時刻，反覆練習，直到正確答對為止。而後練習書寫。正確率預計 90%（進行時間 3/29 至 4/5，共計六節課。後測：正確讀出十二個時刻，正確率 100%）。

第二步驟：短針的整點位置辨識訓練

    將短針介於兩個數字間，逐一練習十二個情況，反覆練習，

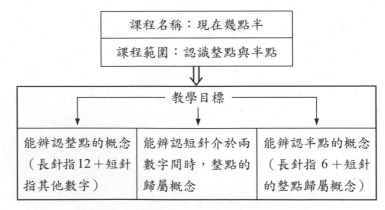

圖 18-1　認識整點與半點課程教學架構圖

直到能夠正確辨識為止。後測的結果在十二個情況中任選
十個來施測，最佳正確率為 100%（進行時間 4/6 至 4/18，
共計八節課，後測的結果達成率為 100%）。

第三步驟：將短針整點位置與長針在 6 的位置整合為半點的概念
以十二個半點的題目隨機抽取十個對個案進行實作測驗，
預期達成率為 90%（課程進行時間為 4/19 至 5/1，共計九
節課，後測的結果達成率為 90%，已達到預期水準）。

㈣教學內容

本單元的教學目標為整點與半點的認識，概略可區分為數字辨認、整
點的辨識、整點間的短針位置辨識、半點的辨認等四個部分。但是本研究
的個案已經具備 1 到 12 的數字辨認能力，故本單元僅以整點的辨識、整點
間的短針位置辨識、半點的辨識為教學內容。其內容詳述如下。

1. 整點的時刻十二個（1 點至 12 點）。
2. 整點間的短針位置辨識十二個（1 點至 12 點）。
3. 半點的概念十二個（1 點半至 12 點半）。

三 教學結果

本教學單元三個領域，整點概念的建構共進行了六次的教學而達到
100%的正確率；接著在整點間的短針位置辨識教學，則經歷了八次的教學
才達到 100%的正確率；而幾點半的概念則是經歷了九次的教學才達到 90%
的正確率。因為半點的概念必須具備整點間的短針位置辨識概念以及整點
的概念，因此概念上較整點和整點間的短針位置辨識複雜，如表 18-1 所
示。三個領域的進步曲線圖如圖 18-2 至圖 18-4；三個領域的進步比較見圖
18-5。

表 18-1　認識整點與半點教學結果紀錄表

測驗次數	整點概念的正確率（%）	整點間的短針位置辨識的正確率（%）	幾點半的正確率（%）	備註
1	40	20	10	前測：95 年 3 月 27 日
2	70	50	40	
3	70	50	60	
4	80	60	60	
5	90	80	70	
6	100	70	80	
7		90	90	
8		100	80	
9			90	

註：測驗次數代表每項教學的施測次數；而正確率則代表正確答對的比率，若個案不答題則視為答錯，不計分。

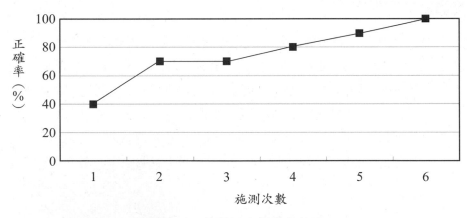

圖 18-2　整點概念辨識曲線圖

註：個案可以在第六次的教學後施測達到 100%的正確率。

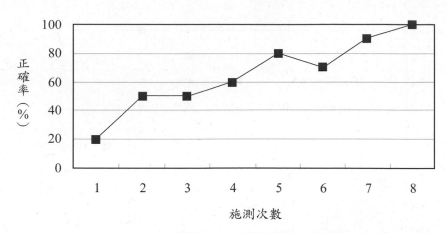

圖 18-3　整點間的短針位置辨識概念曲線圖

註：本教學第一次施測時間為 3/27，當時並沒有給予教學，是為前測；而個案在第六
　　次教學後施測的結果較第五次退步，係當時個案專注力較為不足，因此表現較第
　　五次差，但是在第八次教學後個案的正確率已經為 100%。

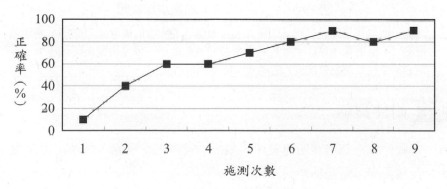

圖 18-4　半點概念辨識曲線圖

註：第一次施測時間為 3/27，並沒有給予任何教學指導，是為前測；施測前都會給予
　　教學介入，在第七次已有 90%的達成率；但是第八次，略有下滑，乃因當時個案
　　分心不專注所致；第九次的施測也有 90%的達成率。

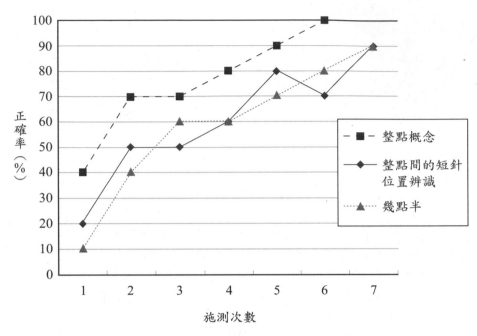

圖 18-5　三個教學單元的進步比較圖

註：比較三個教學單元，發現三個單元都在教學後有顯著的進步，答對的比率也隨之提高；不過個案的專注因素往往會影響測驗的結果，但是影響的部分不大，整體而言都能在教學後對該單元的概念有確實的理解。

四　附件資料

本附件資料為施測題庫整理，包括：請說出幾點鐘，請說出這是幾點鐘，及請說出這是幾點半共三項。

附件一 請說出幾點鐘

附件二　請說出這是幾點鐘

附件三　請說出這是幾點半

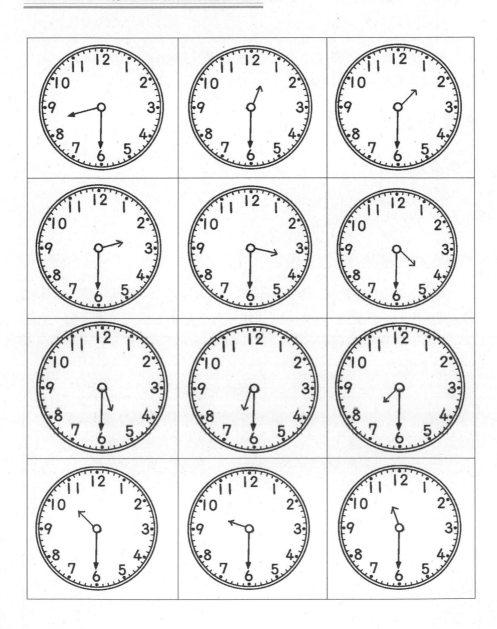

第二節 錢幣運算──20元以內硬幣的加法

江俊漢 撰

　　本節係以輕度智障的國小學生為主要對象，評量該生硬幣運算的能力；共分三單元來進行教學評量，說明如下。

一 個案基本資料

(一)個案基本資料

　　學校：基隆市○○國民小學

　　姓名：○○○　　性別：女　　年齡：10歲　　年級：四年級

(二)基本能力描述

　　個案為輕度智障的國小學生，其基本能力包含以下幾個項目：認知能力、溝通能力、行動能力、情緒、人際關係、感官功能、健康狀況、生活自理能力、學業能力（數學、語文）、障礙程度對普通班及生活影響等，如表18-2所列。

表18-2　個案基本能力

(一)認知能力	1. 對具體物認知能力極佳 2. 能瞭解各種常見物品的用途	(二)溝通能力	1. 能聽懂老師指令 2. 能說完整句 3. 有構音問題
(三)行動能力	1. 易分心，東張西望，須提醒加快動作 2. 平衡感較差，有扁平足，易跌倒 3. 手指協調靈活，喜愛美勞	(四)情緒	1. 能表達意願 2. 有週期性（星期一有輕微的週一症候群，到星期五則容易太過興奮） 3. 多為正向情緒

（下頁續）

（續上頁）

(五)人際關係	1. 對於父母依附感強，有分離的不適與焦慮感 2. 喜歡找老師聊天，對於陌生男性缺乏危機意識 3. 能和同學分享玩具或食物		
(六)感官功能	視知覺敏銳，偏向圖像學習記憶法		
(七)健康狀況	1. 視力：戴眼鏡矯正 2. 聽力：正常 3. 小肌肉動作：正常 4. 大肌肉動作：平衡感差 5. 曾患過疾病：無	(八)生活自理能力	1. 穿脫鞋襪須口頭提示 2. 便後擦屁股須協助 3. 用餐須提醒專心吃飯與收拾掉落的飯粒 4. 家事能力待加強，不喜歡做的事就不想出力
(九)學業能力	數學： 1. 能認數數字 1 至 30 2. 認識顏色 3. 具有上、下、左、右、前、後、裡、外的空間概念	語文： 1. 能認讀詞語 2. 描寫簡易字須提醒 3. 能描寫簡易中空字 4. 能用長句表達需求	
(十)障礙程度對普通班及生活影響	1. 生活自理尚須協助 2. 專心注意力較低，班上人數多更易造成分心 3. 較被動，須花許多時間盯著她做事情，不然她會不專心地東張西望		

二 學習需求與教學目標

　　本課程領域為實用數學中的錢幣運算與應用，顧及到學生在日常生活中常會有購物的需求，因此經由教學者依據教育部（2000）所編印的《特殊教育學校（班）國民教育階段智能障礙類課程——學習目標檢核手冊》，針對金錢與消費這一項目來評量學生的起點行為。評量結果發現學生已經有基本的數數技能（50以內一個一數、兩個一數、五個一數、十個一數），及分辨硬幣（一元、五元、十元）的能力，但在運算硬幣方面的能力尚欠

表 18-3　課程本位評量之教學目標

領域：實用數學					
次領域	項目	細目	單元	長期目標	短期目標
運算與應用	金錢與消費	1到20以內的硬幣運算	第一單元	一、在 10 次教學後，能運算 1 到 20 以內一種硬幣的總值。	1-1 能算出 1 到 20 以內一元硬幣的值，答對率達80%以上。 1-2 能算出 1 到 20 以內五元硬幣的值，答對率達80%以上。 1-3 能算出 1 到 20 以內十元硬幣的值，答對率達80%以上。
			第二單元	二、在 13 次教學後，能運算 1 到 20 以內兩種硬幣的總值。	2-1 能算出 1 到 20 以內一元加五元硬幣的值，答對率達80%以上。 2-2 能算出 1 到 20 以內一元加十元硬幣的值，答對率達80%以上。 2-3 能算出 1 到 20 以內五元加十元硬幣的值，答對率達80%以上。
			第三單元	三、在 15 次教學後，能運算 1 到 20 以內三種硬幣的總值。	3-1 能算出 1 到 20 以內一元加五元加十元硬幣的值，答對率達80%以上。

缺，故選擇二十元以內運算硬幣的總值，作為此次課程本位評量的教學及評量目標。

每次進行教學時間為二十分鐘，包括十五分鐘教學活動與五分鐘評量活動，每次進行完教學就將評量記錄下來，教學目標如表 18-3 所示。

三　教學活動

此課程本位評量共分三個單元，分別為第一單元：運算 1 到 20 元以內一種硬幣的總值；第二單元：運算 1 到 20 元以內兩種硬幣的總值；第三單

元：運算 1 到 20 元以內三種硬幣的總值。教學順序則為第一單元開始，連續兩次的答對率達到 80%以上才進行下一個單元。三個單元教學時間為一個月，第一單元期望學生在十次教學後，能達到連續兩次答對率 80%以上，隨即換到下一個單元；第二單元期望學生在十三次教學後，能達到連續答對率 80%以上，隨即進行下一個單元；第三單元期望學生在十五次教學後，能達到連續答對率 80%以上，則達成此課程評量的整體標準。

㈠第一單元教學活動

第一單元的主要教學目標是，學生能算出 1 到 20 以內一元硬幣的值、1 到 20 以內五元硬幣的值、1 到 20 以內十元硬幣的值；以下分別說明其教學策略及評量標準：

目　標 1-1：能算出 1 到 20 以內一元硬幣的值，答對率達 80%以上。

教學策略：因為學生常因不專心而容易數錯，所以給學生一張 A4 的白紙，請學生先在紙上畫上「○」，然後將一元硬幣放上去依照順序一個一個數。

目　標 1-2：能算出 1 到 20 以內五元硬幣的值，答對率達 80%以上。

教學策略：請學生先練習五個一數（5、10、15、20），將每五個一元硬幣用一個大圓圈圈起來；接著標示完之後再將五元硬幣一個一個放上去，之後用手指頭依序指著五元進行五個一數，如圖 18-6。

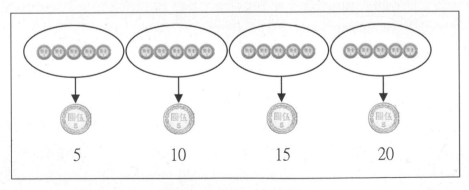

圖 18-6　五個一數換算圖

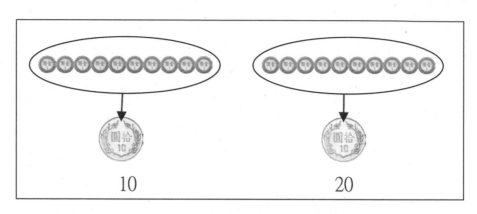

圖 18-7　十個一數換算圖

目　標 1-3：能算出 1 到 20 以內十元硬幣的值，答對率達 80%以上。

教學策略：請學生先練習十個一數（10、20），將每十個一元硬幣用
　　　　　一個大圓圈圈起來；接著標示完之後再將十元硬幣一個一
　　　　　個放上去，之後用手指頭依序指著十元進行十個一數，如
　　　　　圖 18-7。

㈡第二單元教學活動

　　第二單元的主要教學目標是，學生能算出 1 到 20 以內一元加五元硬幣
的值、1 到 20 以內一元加十元硬幣的值、1 到 20 以內五元加十元硬幣的
值；以下分別說明其教學策略及評量標準：

目　標 2-1：能算出 1 到 20 以內一元加五元硬幣的值，答對率達 80%以
　　　　　上。

教學策略：將一元每五個一數圈起來，換成一個五元；數次練習後，
　　　　　以圖片的區辨提示讓學生能將錢幣放入格子中（如圖
　　　　　18-8），之後再逐漸褪除格子裡的硬幣圖片提示，僅留下
　　　　　空白的格子以提供區辨（如圖 18-9）。

目標 2-2：能算出 1 到 20 以內一元加十元硬幣的值，答對率達 80%以
　　　　　上。

教學策略：將一元每十個一數圈起來，換成一個十元；數次練習後，
　　　　　以圖片的區辨提示讓學生能將錢幣放入格子中（如圖
　　　　　18-10），之後再逐漸褪除格子裡的硬幣圖片提示，僅留下
　　　　　空白的格子以提供區辨（如圖 18-11）。

圖 18-8　一元與五元圖片提示運算圖

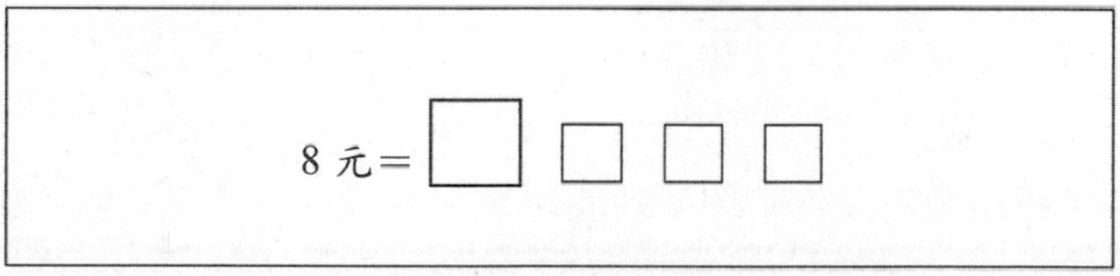

8 元＝ □ □ □ □

圖 18-9　一元與五元格子提示運算圖

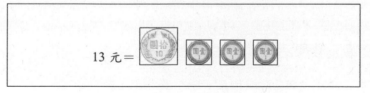

圖 18-10　一元與十元圖片提示運算圖

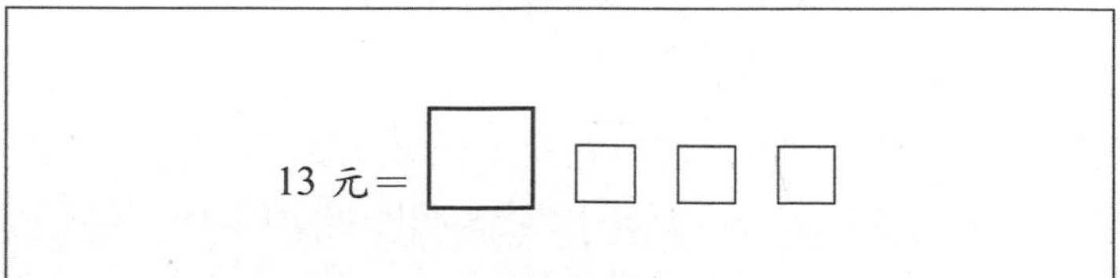

13 元＝ □ □ □ □

圖 18-11　一元與十元格子提示運算圖

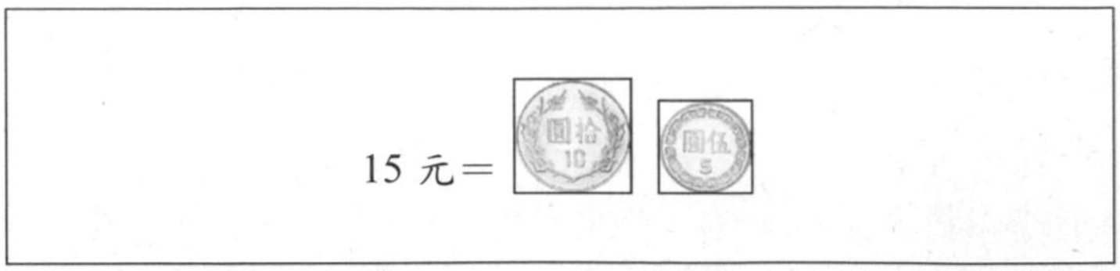

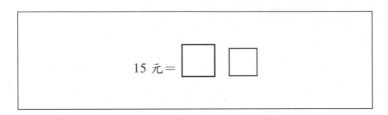

圖 18-12　五元與十元圖片提示運算圖

$$15 \; 元 = \boxed{} \; \boxed{}$$

圖 18-13　五元與十元格子提示運算圖

目　標 2-3：能算出 1 到 20 以內五元加十元硬幣的值，答對率達 80% 以上。

教學策略：將五元每兩個一數圈起來，換成一個十元；數次練習後，以圖片的區辨提示讓學生能將錢幣放入格子中（如圖 18-12），之後再逐漸褪除格子裡的硬幣圖片提示，僅留下空白的格子以提供區辨（如圖 18-13）。

㈢第三單元教學活動

第三單元的主要教學目標是，學生能算出 1 到 20 以內一元加五元加十元硬幣的值。以下說明其教學策略及評量標準：

目　標 3-1：能算出 1 到 20 以內一元加五元加十元硬幣，答對率達 80%以上。

教學策略：請學生比較一元、五元、十元的大小，由大到小排序；數次練習後，以圖片提示讓學生將錢幣放入格子中（如圖 18-14），再逐漸褪除格子裡的硬幣圖片提示，僅留下空白的格子作為提示的線索（如圖 18-15）。

16 元 =

圖 18-14　一元、五元與十元圖片提示運算圖

16 元 = ☐　☐　☐

圖 18-15　一元、五元與十元格子提示運算圖

四　資料蒐集

　　每次進行教學時間為二十分鐘，其中包括十五分鐘的教學活動與五分鐘的評量活動；評量的題目則從每一個單元中的題庫（附件一、附件二、附件三）中隨機抽出。第一單元五分鐘做 10 題；第二單元五分鐘做 10 題；第三單元運算過程較長，故減為五分鐘做 8 題。每次進行完教學就將評量記錄在課程本位評量紀錄表（表 18-4），之後將答對題數轉換成百分比率（答對題數 ÷ 總題數 × 100% = 答對百分比率）；另將百分比轉換成資料點，將資料點連接起來，並畫出期望線（起點為第一次評量之資料，終點為倒數第二次教學，其答對率 80%），以虛線表示；且依照評量所得的折線畫出趨勢線，以粗線表示（如圖 18-16）。

表 18-4　課程本位評量紀錄表

日期	月／日 時段 (1)	月／日 時段 (2)	月／日 時段 (3)	月／日 時段 (4)	月／日 時段 (5)	月／日 時段 (6)	月／日 時段 (7)	月／日 時段 (8)	月／日 時段 (9)
答對 題數									
百分 比率									

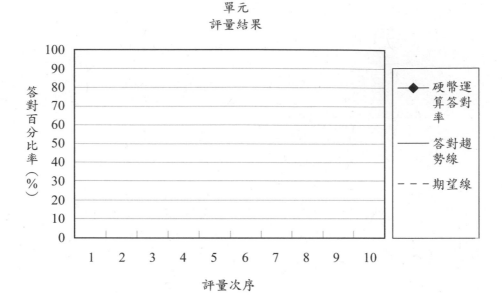

圖 18-16　課程本位評量結果圖

五　課程本位評量紀錄表與結果圖

　　從第一單元到第三單元的評量原始資料，記錄如表 18-5、表 18-6 及表 18-7，並將原始的資料轉換成圖示；畫上學生的進步趨勢線以及教師原本訂定的期望線，可以明顯看出學生的進步情況，是否有達成教師原本設立的目標。以下依各單元分別說明。

(一)第一單元教師評量原始資料紀錄表（10 題／ 5 分鐘）

　　以下呈現第一單元評量紀錄表（表 18-5）及以圖示呈現學生表現情形（圖 18-17），並比較學生進步的趨勢與教師原本設定期望線之比較。

表 18-5　第一單元教師評量原始資料紀錄表

日期	5/15 上午 (1)	5/15 下午 (2)	5/16 下午 (3)	5/17 上午 (4)	5/18 下午 (5)	5/19 下午 (6)
答對題數	6	5	7	7	8	8
百分比率	60%	50%	70%	70%	80%	80%

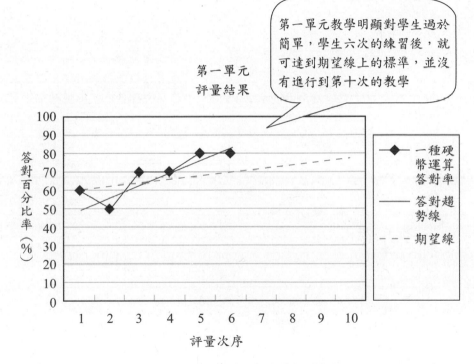

圖 18-17　第一單元課程本位評量結果圖

(二)第二單元教師評量原始資料紀錄表（10題／5分鐘）

以下呈現第二單元評量紀錄表（表 18-6）及以圖示呈現學生表現情形（圖 18-18），並比較學生進步的趨勢與教師原本設定期望線之比較。

表 18-6　第二單元教師評量原始資料紀錄表

日期	5/22 下午 (1)	5/23 下午 (2)	5/24 下午 (3)	5/26 下午 (4)	5/29 下午 (5)	6/1 上午 (6)	6/1 下午 (7)	6/2 下午 (8)	6/6 上午 (9)	6/6 下午 ⑩	6/7 上午 ⑪
答對題數	3	2	3	4	4	5	4	5	6	8	8
百分比率	30%	20%	30%	40%	40%	50%	40%	50%	60%	80%	80%

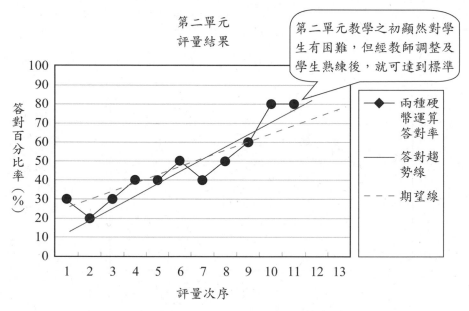

圖 18-18　第二單元課程本位評量結果圖

(三)第三單元教師評量原始資料紀錄表（8題／5分鐘）

以下呈現第三元評量紀錄表（表18-7）及以圖示呈現學生表現情形（圖
18-19），並比較學生進步的趨勢線與教師原本設定期望線之比較。

表 18-7　第三單元教師評量原始資料紀錄表

日期	6/8 上午 (1)	6/9 上午 (2)	6/12 上午 (3)	6/12 下午 (4)	6/13 上午 (5)	6/13 下午 (6)	6/14 上午 (7)	6/15 上午 (8)	6/15 下午 (9)	6/16 上午 ⑩	6/16 下午 ⑪	6/17 下午 ⑫	6/19 下午 ⑬
答對題數	2	3	2	2	4	3	5	4	6	6	6	7	7
百分比率	25%	37.5%	25%	25%	50%	37.5%	62.5%	50%	75%	75%	75%	87.5%	87.5%

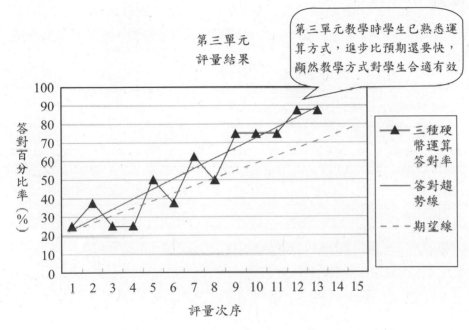

圖 18-19　第三單元課程本位評量結果圖

六　結論與建議

　　由上述的課程本位評量結果可知，教導此個案時，可經由較具體的呈現（例如：使用真實的硬幣），配合上視覺化的提示（符合錢幣大小的框框），可提升個案在學習運算硬幣的表現。綜合三個單元來看，將錢幣放

在圈圈裡面數或以格子大小作為視覺化的提示，對於個案來說，可以減少因為分心而數錯的機會，亦可幫助個案檢查自己的答案是否正確。但本個案的評量尚未進行到將提示褪除的階段，故在後續的評量中，建議可將提示逐漸褪除，讓學生可以在不用提示的情況下就能答對。

綜合上述，我們發現經由教師系統化的評量，將教學教材細分並做系統的安排，在教學過程不僅可隨時發現學生有問題的地方，且可以進行作業或教學上的調整，利用學生優勢的地方來學習，以達到成功教學。

七 附件資料

本節附件資料共有三個單元的題庫，包含單一硬幣、兩種硬幣及三種硬幣。

附件一　第一單元題庫（單一硬幣：一元、五元、十元）

附件二　第二單元題庫（兩種硬幣：一元＋五元、一元＋
十元、五元＋十元）

附件三　第三單元題庫（三種硬幣：一元＋五元＋十元）

第三節　國小數學空間觀念

沈朝銘　撰

　　本節以數學課程之空間觀念實例說明課程本位評量實施的情形，並分四部分說明，第一部分為教學及施測對象基本資料；第二部分為教學領域架構與教學目標；第三部分為教學步驟；第四部分則分析測驗結果。

　　本次課程本位評量實作範例以國小啟智班二年級學生為實施對象，科目之選擇以個案老師建議之實用數學領域之空間概念為主，並配合個案之IEP 短期目標進行。個案導師與教學評量者經考量個案能力、教學時數、教學環境、家長態度等因素，決定以每週四天，每天一節共計20節／次進行本次實作；上課方式採單獨抽離方式，利用早自習時間於隔壁特教辦公室進行教學，預期於一個月內完成三個次領域之教學與評量。

一 個案基本資料

(一)個案基本資料

姓名：張小如　性別：女　年齡：8歲2個月　年級：國小二年級

(二)學生能力要求（先備能力）

本範例實作需具備以下先備能力：
1. 具空間感受。
2. 具視覺辨識。
3. 基本溝通理解能力。
4. 口語表達或非口語表達能力。
5. 能認識形狀。
6. 能認識生活中基本實體物件。
7. 具手眼協調能力。
8. 能聽從指令做出反應。

(三)個案能力分析

1. 基本能力

透過課堂觀察與家長晤談，整理個案在口語能力、健康狀況、肢體動作、自理能力、情緒控制、認知能力、學業能力之表現，詳如表18-8所示。

2. 教學前能力分析

針對本次教學，於教學前依照上下、前後及左右等領域，在其下細分四到六種能力標的，包括辨認、區辨與符號區辨之領域分項，進行觀察與實施多次測驗，結果整理如表18-9。

表 18-8　個案基本能力

口語能力	具仿說 7 個字以內句子的能力，能以口語表達部分需求
健康狀態	常生病，幾乎每天家長都帶藥到校
肢體動作	能獨立行走，但動作緩慢；能手執粗大筆枝畫圖或畫線
自理能力	無法自行更衣，會以口語或動作表達如廁，但需協助上廁所；能以湯匙進食
情緒控制	樂觀活潑、情緒穩定；唯興奮或激動時易大聲哭叫，若情緒不穩時給予最喜歡的神奇寶貝圖卡或玩偶則很快就平復
認知能力	除自己名字外無法認讀國字；能分辨五、六種顏色及幾何形狀；能數 1 到 20，並能寫出 1 到 10 的阿拉伯數字，未具備四則運算概念
學業能力	目前於啟智班中課程安排以實用學科和生活自理能力訓練為主

表 18-9　教學前能力分析表

教學領域	次領域	領域分項	測驗結果
空間概念	認識上下	1. 能辨認上面的意義	無法辨認圖形符號
		2. 能區辨物體上方之意義	僅能辨認樓上與樓下
		3. 能區辨物體間上方之物體	無法辨認
		4. 能辨認下面的意義	無法辨認圖形符號
		5. 能區辨物體下方之意義	僅能辨認樓上與樓下
		6. 能區辨物體間下方之物體	只知道桌子下的意義
	認識前後	1. 能辨認前面的意義	無法辨認圖形表徵意義
		2. 能辨認後面的意義	無法辨認圖形表徵意義
		3. 能區辨物體間前面之物體	僅能區辨實物之位置
		4. 能區辨物體間後面之物體	僅能區辨實物之位置

（下頁續）

（續上頁）

教學領域	次領域	領域分項	測驗結果
	認識左右	1. 能辨認左邊的意義	無法辨認
		2. 能區辨物體左邊之意義	無法辨認
		3. 能區辨物體間左邊之物體	無法辨認
		4. 能辨認右邊的意義	無法辨認
		5. 能區辨物體右邊之意義	無法辨認
		6. 能區辨物體間右邊之物體	無法辨認

二　空間概念架構與教學目標

㈠概念架構

　　本實作以國小數學領域之空間概念為主，空間概念以立體空間之上下、前後及左右為主軸，故於主要空間概念下分為三個次要概念，包括認識上下、認識前後與認識左右等，概念架構圖如圖 18-20 所示。

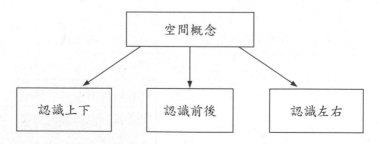

圖 18-20　空間概念領域架構圖

㈡教學目標

　　由以上三個次要領域逐步分析出教學細項與各教學目標，在認識上下的次領域下細分六個教學目標；在認識前後的次領域下細分四個教學目標；在認識左右的次領域下細分六個教學目標；各目標與教學步驟如表 18-10。

表 18-10　領域分項與教學目標分析

教學領域	次領域	教學目標	教學步驟	通過標準
空間概念	認識上下	1. 能辨認上面的意義	1-1 能辨認出常見向上之圖形或符號	正確率 100%
			1-2 能以動作或姿勢表達上方之意思	正確率 100%
		2. 能區辨物體上方之意義	2-1 能指認物體上方之位置	正確率 100%
			2-2 能指認圖片中物體上方之位置	正確率 100%
		3. 能區辨物體間上方之物體	3-1 能區辨兩實物中位於上方之物體	正確率 100%
			3-2 能區辨三實物中位於最上方之物體	正確率 100%
			3-3 能指認圖片中兩物體位於上方之物體	正確率 100%
		4. 能辨認下面的意義	4-1 能辨認出常見向下之圖形或符號	正確率 100%
			4-2 能以動作或姿勢表達下方之意思	正確率 100%
		5. 能區辨物體下方之意義	5-1 能指認物體下方之位置	正確率 100%
			5-2 能指認圖片中物體下方之位置	正確率 100%
		6. 能區辨物體間下方之物體	6-1 能區辨兩實物中位於下方之物體	正確率 100%
			6-2 能區辨三實物中位於最下方之物體	正確率 100%

（下頁續）

（續上頁）

教學領域	次領域	教學目標	教學步驟	通過標準
			6-3 能指認圖片中兩物體位於下方之物體	正確率 100%
	認識前後	1. 能辨認前面的意義	1-1 能辨認出常見往前之圖形或符號	正確率 90%（註）
			1-2 能以動作或姿勢表達前面之意思	正確率 100%
		2. 能辨認後面的意義	2-1 能辨認出常見向後之圖形或符號	正確率 90%（註）
			2-2 能以動作或姿勢表達向後之意思	正確率 100%
		3. 能區辨物體間前面之物體	3-1 能區辨兩實物中位於前方之物體	正確率 100%
			3-2 能區辨三實物中位於最前方之物體	正確率 100%
			3-3 能指認圖片中兩物體位於前方之物體	正確率 100%
		4. 能區辨物體間後面之物體	4-1 能區辨兩實物中位於後方之物體	正確率 100%
			4-2 能區辨三實物中位於最後方之物體	正確率 100%
			4-3 能指認圖片中兩物體位於後方之物體	正確率 100%
	認識左右	1. 能辨認左邊的意義	1-1 能辨認出常見向左之圖形或符號	正確率 100%
			1-2 能以動作或姿勢表達左邊之意思	正確率 100%
		2. 能區辨物體左邊之意義	2-1 能指認物體左邊之位置	正確率 100%
			2-2 能指認圖片中物體左邊之位置	正確率 100%

（下頁續）

（續上頁）

教學領域	次領域	教學目標	教學步驟	通過標準
		3.能區辨物體間左邊之物體	3-1 能區辨兩實物中位於左邊之物體	正確率100%
			3-2 能區辨三實物中位於最左邊之物體	正確率100%
			3-3 能指認圖片中兩物體位於左邊之物體	正確率100%
		4.能辨認右邊的意義	4-1 能辨認出常見向右之圖形或符號	正確率100%
			4-2 能以動作或姿勢表達右邊之意思	正確率100%
		5.能區辨物體右邊之意義	5-1 能指認物體右邊之位置	正確率100%
			5-2 能指認圖片中物體右邊之位置	正確率100%
		6.能區辨物體間右邊之物體	6-1 能區辨兩實物中位於右邊之物體	正確率100%
			6-2 能區辨三實物中位於最右邊之物體	正確率100%
			6-3 能指認圖片中兩物體位於右邊之物體	正確率100%

註：在生活情境中較少出現往前或往後之表徵符號，故個案對前後之符號概念較難建
　　立；而代表前後之圖形係以照片中人物之身（肢）體動作表示，在理解判讀上明
　　顯較上下或左右困難。

三　教學活動

(一)教學原則

　　針對個案特性，以實境實物之生活化教導為原則，以講解和操作方式
讓個案在自然環境中瞭解空間位置的觀念；配合個案喜歡之物品與情境為
標的，加入作為學習主材料，同時測驗材料亦採個案生活常接觸物品之圖

像或實物為主，盡量克服智能障礙者在類化學習上的困難。為強化學習效果和鼓勵學習動機，在教學中輔以增強物；當個案有正向學習成果時即給予增強，增強物之選擇初期以口頭增強（例如說：小如很棒耶）方式，待口頭增強效果減弱後改採原級增強物（個案喜歡之 Extra 無糖口香糖）；於通過測驗後給予社會性增強（接受公開表揚）。

為有效達到教學效果，教學方式強調多元與彈性。於測驗前之練習時間，採用電腦輔助教學（CAI），讓個案在多媒體環境中強化學習；本領域之輔助教學軟體使用「康軒出版社」所發行之「小一版數學」互動式光碟，有多種遊戲練習模式，讓學生加強空間位置的觀念。自 95 年 4 月開始進行教學與觀察，到 95 年 6 月的綜合測驗階段，測驗實施以學習單和實作評量為主要工具。相關教學內容與測驗實施說明如表 18-11。

表 18-11　教學內容與測驗實施說明

教學進度（日期）	教學內容	測驗實施說明
95.4.17	前測	實作與紙筆評量
95.4.24	上面的概念（象徵符號）	學習單
95.4.24	下面的概念（象徵符號）	學習單
95.4.27	前面的概念（表徵圖像）	學習單
95.4.27	後面的概念（表徵圖像）	學習單
95.5.01~95.5.03	左邊的概念（象徵符號）	學習單
95.5.01~95.5.03	右邊的概念（象徵符號）	學習單
95.5.04	實物上下之空間概念	學習單、實作評量
95.5.04	實物前後之空間概念	學習單、實作評量
95.5.08	實物左右之空間概念	學習單、實作評量
95.5.08~95.5.10	表徵圖像上下之空間概念	學習單、實作評量
95.5.17~95.5.22	表徵圖像前後之空間概念	學習單、實作評量
95.5.23~95.5.30	表徵圖像左右之空間概念	學習單、實作評量
95.6.5~95.6.9	綜合測驗	學習單、實作評量

㈡評量原則

　　評量分成實作評量及紙筆測驗，考量個案認知能力；紙筆測驗以問答型式以口語報題及作答。實作部分以在教室中之擺設實物進行測驗，以口語問答方式進行；每次以問四或五個問題為範圍，回答時間設定為二十秒，二十秒未回答可給予一次提示，再十秒未回答則視為答錯；回答正確者給予該題一半之分數。紙筆測驗之作答時間及提示標準亦然。

　　評分標準以課程本位評量之流暢性、正確性和效標參照三種原則之正確性原則為標準，回答反應需達正確之要求方能通過。

四　測驗結果與分析

　　教學成果經過測驗呈現，在三個次要概念下細分上下概念、實物區辨、符號區辨、前後概念、實物區辨、符號區辨、左右概念、實物區辨、符號區辨等九項測驗，視課程進度逐一施測。

㈠測驗成績

　　施測結果以分數呈現，依據教學難度及概念層次，上下概念在第七和第八次測驗時即達到預期的滿分標準；前後概念在第九和第十次測驗中達到滿分標準；左右概念則在第十次測驗方達到滿分標準。各次領域施測結果如表 18-12。

表 18-12　各次領域測驗成績表

次數	上下概念	實物區辨	符號區辨	前後概念	實物區辨	符號區辨	左右概念	實物區辨	符號區辨
1	25	25	0	25	25	0	0	0	0
2	50	50	25	50	50	25	25	25	0
3	50	50	50	70	62	50	50	25	25

（下頁續）

（續上頁）

次數	上下概念	實物區辨	符號區辨	前後概念	實物區辨	符號區辨	左右概念	實物區辨	符號區辨
4	75	75	50	75	62	50	62	62	50
5	87	75	75	75	75	75	62	62	50
6	87	87	75	75	75	75	75	75	50
7	100	87	87	87	87	75	75	75	62
8		100	87	87	87	87	75	75	75
9			100	100	87	87	87	87	75
10					100	87	87	87	87
11						100	100	100	100

㈡測驗項目趨勢分析

依據各次領域之能力分析，歸類出九項測驗項目，個別趨勢分析如下列曲線圖（圖 18-21 至圖 18-29）；成績分布都以正斜率方式呈現上升的趨勢，顯示隨著教學的進行，學生愈來愈能達到預期的學習目標。

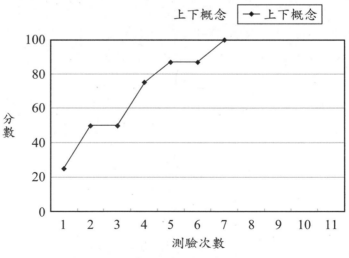

圖 18-21 「上下概念」進步曲線圖

註：上下概念在第三次測驗後分數穩定上升。

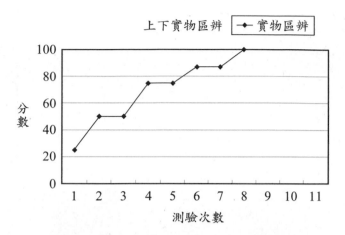

圖 18-22　「上下實物區辨」進步曲線圖

註：上下實物區辨至第八次施測達到標準。

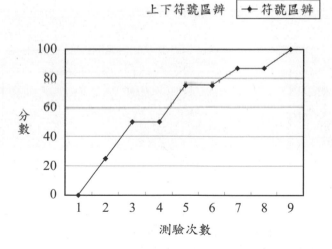

圖 18-23　「上下符號區辨」進步曲線圖

註：符號區辨分數增加幅度較小。

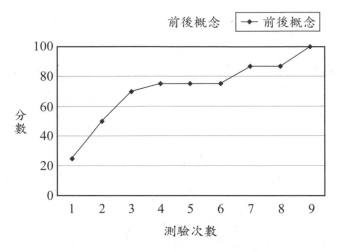

圖 18-24 「前後概念」進步曲線圖

註：前後概念在前六次測驗中未能達到預期標準。

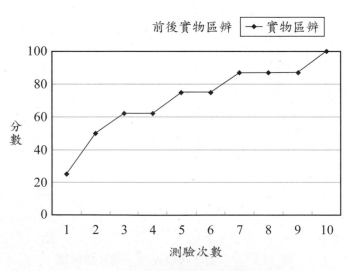

圖 18-25 「前後實物區辨」進步曲線圖

註：配合實物說明進步穩定。

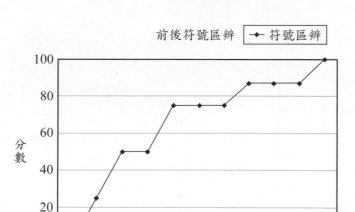

圖 18-26　「前後符號區辨」進步曲線圖

註：抽象符號理解較費時。

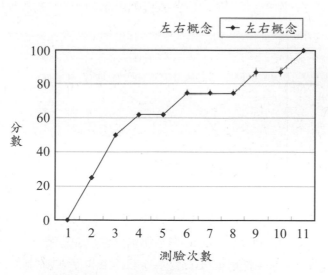

圖 18-27　「左右概念」進步曲線圖

註：左右較上下或前後耗時更多。

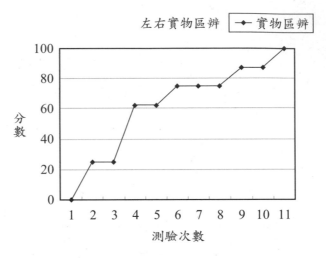

圖 18-28　「左右實物區辨」進步曲線圖

註：配合喜好的實物說明，進步較快。

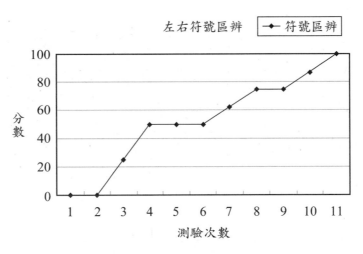

圖 18-29　「左右符號區辨」進步曲線圖

註：對抽象符號漸具類化能力，第九次後達到預期標準。

㈢次領域測驗分析

　　以每個次領域所包含之三種能力綜合分析，圖表均呈現穩定向上成長之趨勢，顯見次領域目標的漸次達成。

1.上下概念部分

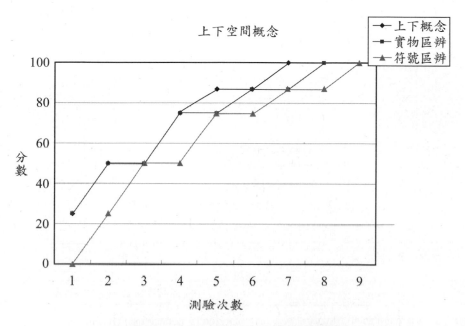

圖 18-30　上下概念分析進步曲線圖

註：概念學習最快達成目標；符號區辨受限於認知能力及生活經驗，進步較慢。

2.前後概念部分

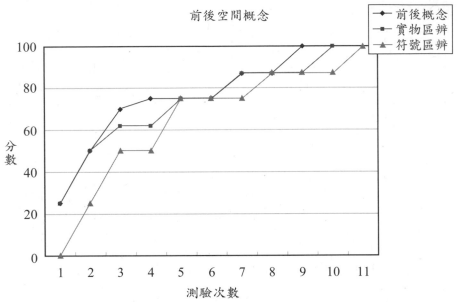

前後空間概念

圖 18-31　前後概念分析進步曲線圖

註：第四到第七次進步均停滯，調整部分內容才漸有進步。

3.左右概念部分

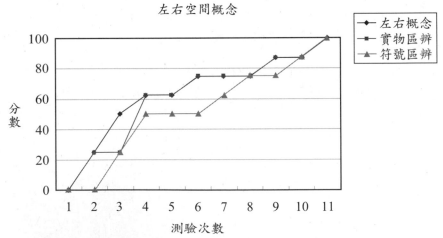

左右空間概念

圖 18-32　左右概念分析進步曲線圖

註：左右觀念先備能力最差，概念、實物和符號區辨均費時最多，類化效果較上下和前後概念緩慢。

五 附件資料

附件一 CBA 個案實作：空間概念領域學習單（01）

1. （　）如圖，共有幾個代表向上的符號？

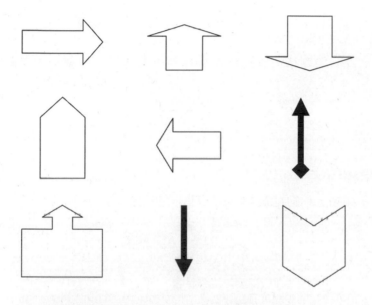

(1) 1 個　(2) 2 個　(3) 3 個　(4) 4 個

2. （　）如上圖，數數看，共有幾個代表向下的符號？

(1) 1 個　(2) 2 個　(3) 3 個　(4) 4 個

附件二　CBA 個案實作：空間概念領域學習單（02）

一、填充題

1. 有▲、●2 個圖案，按照指示畫畫看。●在最下面空格，上面空格內是▲。

2. 有★、△2 個圖案，按照指示畫畫看。★在最下面空格，上面空格內是△。

二、選擇題

1. （　　）如圖，小狗打破了杯子，杯子在哪裡？

　　　(1)椅子上面　　(2)椅子下面　　(3)桌子上面　　(4)桌子下面

2. （　　）如圖，數數看，桌子上面有幾本書？

　　　(1) 1 本　　(2) 3 本　　(3) 4 本　　(4) 5 本

附件三 CBA 個案實作：空間概念領域學習單（03）

一、選擇題

1. （　）如圖，共有幾個代表向左的符號？

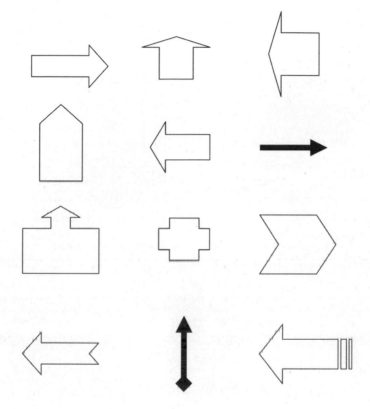

(1) 1 個　(2) 2 個　(3) 3 個　(4) 4 個

2. （　）如上圖，數數看，共有幾個代表向右的符號？

(1) 1 個　(2) 2 個　(3) 3 個　(4) 4 個

附件四　CBA 個案實作：空間概念領域學習單（04）

一、填充題

1. 有▲、●2 個圖案，按照指示畫畫看。●在最左邊空格，右邊空格內是▲。

2. 有★、△2 個圖案，按照指示畫畫看。★在最左邊空格，右邊空格內是△。

二、選擇題

1. （　）如圖，數數看，小朋友的左手拿了幾顆氣球？

　　(1) 3 顆　(2) 4 顆　(3) 6 顆　(4) 9 顆

三、填填看：

1. 小如（　　）手拿 5 本書。

參考文獻

中文部分

王亦榮等著（1999）。**特殊兒童鑑定與評量**。台北：師大書苑。

朱經明、陳政見（2001）。**愛他要先瞭解他，特殊兒童鑑定與診斷**（影片）。台北：
　　國立教育資料館。

江雪齡（1998）。檔案評量。**中等教育，49**（4），79-84。

何三本（2002）。**九年一貫語文教育理論與實踐**。台北：五南。

何東墀（1989）。生態學的評量模式。**特殊教育園丁，5**（2），12-14。

李坤崇（1999）。**多元化教學評量**。台北：心理

秦麗花（1999）。**學障兒童適性教材之設計**。台北：心理

崔夢萍（2004）。應用網路課程本位評量系統於學障兒童學習之研究。**台北市立師範
　　學院學報，35**（1），43-71。

張世彗、藍瑋琛（2005）。**特殊教育學生鑑定與評量**。台北：心理。

張春興（2003）。**現代心理學**。台北：東華。

教育部（2000）。**特殊教育學校（班）國民教育階段智能障礙類課程——學習目標檢
　　核手冊**。教育部編印。

教育部（2003）。**特殊教育法實行細則**。教育部。

教育部（2004）。**特殊教育法**。教育部。

教育部（2005）。**身心障礙及資賦優異學生鑑定標準**。台北：教育部特殊教育推行工
　　作小組印行。

莊明貞（1997）。**變通性評量應用研究：以一個國小自然科開放式教學為例**。台北：
　　師大書苑。

黃秀霜（2001）。**中文年級認字量表施測手冊**。台北：心理。

郭雄軍（1999）。開放教育實施中的國語文評量取向。載於鄧運林（主編），**開放性
　　教育多元評量**。高雄：復文。

陳政見（1999）。特殊兒童鑑定與評量緒論——基本概念。載於王亦榮等（著），**特
　　殊兒童鑑定與評量**（頁1-14）。台北：師大書苑。

陳政見、劉英森、劉冠妏（2006）。「國小學生字形辨認能力測驗」介紹與應用。**雲
　　嘉特教，4**，14-21。

陳麗如（2006）。**特殊學生鑑定與評量**（第二版）。台北：心理。

陳麗君（1995）。課程本位評量之初探。**特教園丁，10**（2），20-21。

傅秀媚（2001）。**特殊兒童教育診斷**。台北：五南。

葉靖雲（1996）。三種課程本位數學測量的效度研究。**特殊教育學報，11，**35-77。

英文部分

Abikoff, H., Ganeles, D., Reiter, G., Blum, C., Foley, C., & Klein, R.G. (1988). Cognitive training in academically deficient ADHD boys receiving stimulant medication. *Journal of Abnormal Child Psychology, 16,* 411-432.

Alberto, P., & Troutman, A. (1999). *Applied behavior for teachers: Influencing student performance* (5th ed.). Needham Heights, MA: Allyn and Bacom.

Alberto, P., & Troutman, A. (2004). *Applied behavior for teachers: Influencing student performance* (6th ed.). Needham Heights, MA: Allyn and Bacom.

Alderson, J. C. (1978). Cloze procedures. In O. K. Buros (Ed.), *The eighth mental measurements yearbook* (pp. 1171-1174). Highland Park, NJ: Gryphon Press.

Algozzine, B., Christenson, S., & Ysseldyke, J. E. (1982). Probabilities associated with the referral in placement process. *Teacher Education and Special Education, 5,* 19-23.

Allen, D. (1989). Periodic and annual reviews and decision to terminate special education services. In M. R. Shinn (Ed.), *Curriculum-based measurement assessing special children* (pp. 182-201). New York: The Guilford Press.

Anastasi, A. (1988). *Psychological testing* (6th ed.). New York: Macmillan.

Angoff, W. H. (1971). Scales, norms, and equivalent scores. In R. L. Thorndike (Ed.), *Educational measurement* (pp. 514-515). Washington: American Council on Education.

Baldwin, V. (1976). Curriculum concerns. In M. A. Thomas (Ed.), *Hey, don't forget about me* (pp. 64-73). Reston, VA: Council for Exceptional Children.

Balow, B., & Rubin, R. (1978). Prevalence of teacher identified behavior problems: A longitudinal study. *Exceptional Children, 45,* 102-111.

Bateman, B., & Herr, C. (1981). Law and special education. In J. Kauffman & D. Hallahan (Eds.), *Handbook of special education* (pp. 330-360). Englewood Cliffs, NJ: Prentice-Hall.

Borich, G., & Nance, D. D. (1987). Evaluating special education programs: Shifting the professional mandate from process to outcome. *Remedial and Special Education, 8,* 7-16.

Box, G. E. P., & Jenkins. G. M. (1976). *Time series analysis: Forecasting and control.* San Francisco: Holden Day.

Boyan, C. (1985). California's new eligibility criteria: Legal and program implications. *Excep-

tional Children, 52, 131-141.

Bransford, J. D., & Stein, B. S. (1984). *The IDEAL problem solver.* New York: W. H. Freeman.

Brown, J. L. (1970). *The effects of revealing instructional objectives on the learning of political concepts and attitudes in role-playing games.* Unpublished doctoral dissertation. University of California, Berkeley.

Brown, J., Magnusson, D., & Marston, D. (1986). *The effectiveness of special education: A time series analysis of performance in regular and special education settings.* Unpublished manuscript, Minneapolis Public Schools, 254 Upton Avenue South, Minneapolis, MN 55405.

Brown-Chidsey, R., Jr. P. J., & Fernstrom, R. (2005). Comparison of grade-level controlled and literature-based maze CBM reading passages. *School Psychology Review, 34* (3), 387-394.

Burns, M. K. (2002). Comprehensive system of assessment to intervention using curriculum-based assessments. *Intervention in School and Clinic, 28* (1), 8-13.

Burns M. K. (2004). Using curriculum-based assessment in consultation: A review of three level of research. *Journal of Educational and Psychological Consultation, 15* (1), 63-78

Calhoon, M. B., & Fuchs, L. S. (2003). The effects of peer-assisted learning strategies and curriculum-based measurement on the mathematics performance of secondary students with disabilities. *Remedial and Special Education, 24*(4), 235-245.

Campbell, D. T. (1969). Reforms as experiments. *American Psychologist, 24,* 409-429.

Canter, A. (1986). *1986 time/task study.* Minneapolis: Minneapolis Public Schools, Department of Special Education, Psychological Services.

Capizzi, A. M., & Fuchs, L. S. (2005). Effects of curriculum-based measurement with and without diagnostic feedback on teacher planning. *Remedial & Special Education, 26*(3), 159-174.

Carver, R. P. (1974). Two dimensions of tests: Psychometric and edumetric. *American Psychologist, 29,* 512-518.

Chalfant, J. C. (1984). *Identifying learning disabled students: Guidelines or decision making.* Burlington, VT: Northeast Regional Resource Center, Trinity College.

Clarke, B., & Shinn, M. R. (2004). A preliminary investigation into the identification and development of early mathematics curriculum-based measurement. *School Psychology Review, 33* (2), 234-248.

Clymer. T., & Bissetl, D. J. (1980). *Reading 720 rainbow edition: A lizard to start with.* Lexidngton, MA: Ginn and Co.

Commission on Reading (1985). *Becoming a nation of readers: The report of the commission on reading.* Washington: The National Institute of Education.

Cook, T. D., & Campbell, D. T. (1979). *Quasi-experimentation: Design and analysis issues for field settings.* Chicago: Rand McNally.

Cronbach, L. J., & Furby, L. (1970). How we should measure "change"-or should we? *Psychological Bullentin, 1,* 68-80.

Deno, E. (1970). Special education as developmental capital. *Exceptional Children, 37* (3), 229-237.

Deno, S. L. (1985). Curriculum-based measurement: The emerging alternative. *Exceptional Children, 52*(3), 219-232.

Deno, S. L. (1986). Formative evaluation of individual student programs: A new role for school psychologists. *School Psychology Review, 15*(5), 348-374.

Deno, S. L. (1987). Curriculum-based measurement. *Teaching Exceptional Children, 20,* 41.

Deno, S. L. (1989). Curriculum-based measurement and special education services: A fundamental and direct relationship. In M. R. Shinn (Ed.), *Curriculum-based measurement: Assessing special children* (pp. 1-17). New York: The Guilford Press.

Deno, S. L., & Fuchs, L. S. (1987). Developing curriculum-based measurement systems for data-based special education problem solving. *Focus on Exceptional Children, 19*(8), 1-16.

Deno, S. L., & Mirkin, P. K. (1977). *Data-based program modification: A manual.* Reston, VA: Council for Exceptional Children.

Deno, S. L., & Mirkin, P. K. (1980). Data-based IEP development: An approach to substantive compliance. *Teaching Exceptional Children, 12,* 92-97.

Deno, S. L., Marston, D., & Mirkin, P. K. (1982). Valid measurement procedures for continuous evaluation of written expression. *Exceptional Children, 48,* 368-371.

Deno, S. L., Marston, D., & Tindal, G. (1985). Direct and frequent curriculum-based measurement: An alternative for educational decision making. *Special Services in the Schools, 2,* 5-28.

Deno, S. L., Marston, D., Mirkin, P. K., Lowry, L., Sindelar, P., & Jenkins, J. (1982). *The use of standard tasks to measure achievement in reading, spelling, and written expression: A normative and developmental study* (Research Report No. 87). Minneapolis: University of Minnesota Institute for Research on Learning Disabilities. (ERIC Document Reproduction Service No. ED 227129)

Deno, S. L., Marston, D., Shinn, M. R., & Tindal, G. (1983). Oral reading fluency: A simple datum for scaling reading disability. *Topics in Learning and Learning Disability, 2,* 53-59.

Deno, S. L., Mirkin, P. K., & Chiang, B. (1982). Identifying valid measures of reading. *Exceptional Children, 49,* 36-45.

Deno, S. L., Mirkin, P. K., & Marston, D. (1980). *Relationships among simple measures of written expression and performance on standardized achievement tests* (Research Report No. 22). Minneapolis: University of Minnesota Institute for Research on Learning Disabilities.

Deno, S. L., Mirkin, P. K., & Wesson, C. (1984). How to write effective data-based IEPs. *Teaching Exceptional Children, 16,* 99-104.

Deno, S. L., Mirkin, P. K., Chiang B., & Lowry, L. (1980). *Relationships among simple measures of reading and performance on standardized achievement tests* (Research Report No. 20). Minneapolis: University of Minnesota Institute for Research on Learning Disabilities.

Deno, S. L., Mirkin, P. K., Lowry, L., & Kuehnie, K. (1980). *Relationships among simple measures of spelling and performance on standardized achievement tests* (Research Report No. 21). Minneapolis: Institute for Research on Learning Disabilities, University of Minnesota.

Doran, R., Lawrenz, F., & Helgeson, S. (1994). Research on assessment in science. In D. Gabel (Ed.), *Handboook of research on science teaching and learing* (pp. 389). New York: Macmillan Publishing Company.

Dunn, L., & Markwardt, F. (1970). *Peabody individual achievement test.* Circle Pines, MN: American Guidance Service.

Early, M., Canfield, G. R., Karlin, R., & Schottman, T. A. (1979). *HBJ bookmark reading program: Building bridges.* New York: Harcourt, Brace, & Jovanovich.

Eaton, M., & Lovitt, T. C. (1972). Achievement tests versus direct and daily measurement. In G. Semb (Ed.), *Behavior analysis in education.* Lawrence, K.S: University of Kansas.

Ebel, R. I. (1972). *Essentials of educational measurement.* Englewood Cliffs, NJ: Prentice-Hall.

Edgington, E. S. (1982). Nonparametric tests for single-subject multiple schedule experiments. *Behavioral Assessment, 4,* 83-91.

Elliott, S. N., & Bretzing, B. H. (1980). Using and updating local norms. *Psychology in the Schools, 17,* 196-201.

Epps, S., Ysseldyke, J. E., & McGue, M. (1984). "I know one when I see one" Differentiating LD and non-LD students. *Learning Disability Quarterly, 7,* 89-101.

Erpelding, D. (1990). *Intergration whole language with the basal reader to increase the use of language and comprehension of literature.* (ERIC # ED 350578)

Espin, C. A., Busch, T. W., Shin, J., & Kruschwitz, R., (2001). Curriculum-based measurement in the content areas:Validity of vocabulary-matching as an indicatorof performance in social studies. *Learning Disabilities Research & Practice, 16*(3), 142-151

Espin, C. A., Shin, J., & Busch, T. W. (2005). Curriculum-based measurement in the content areas: Vocabulary matching as an indicator of progress in social studies learning. *Journal of Learning Disabilities Volume, 38*(4), 353-363.

Evans-Hampton, T. N. (2002). An investigation of situational bias: Conspicuous and covert timing during curriculum-based measurement of mathematics across African American and Caucasian students. *School Psychology Review, 34*(4), 529-539.

Farnham-Diggory, S. (1972). Cognitive processes in education: A psychological preparation for teaching and curriculum development. New York: Harper & Row.

Federal Register (1977a). Regulations implementing Education for All Handicapped Children Act of 1975 (Public Law 94-142). *Federal Register,* August 23, *42* (163), 42474-42518.

Federal Register (1977b). Procedures for evaluating specific learning disabilities. *Federal Register,* August 23, *42* (163), 65082-65085.

Fewster, S., & Macmillan, P. D. (2002). School-based evidence for the validity of curriculum-based measurement of reading and writing. *Remedial and Special Education, 23* (3), 149-156.

Fiala, C. L., & Sheridan, S. M. (2003). Parent involvement and reading: using curriculum-based measurement to assess the effects of paired reading. *Psychology in the School, 40* (6), 613-626.

Fisher, C. F., & King, R. M. (1995). *Authentic assessment: A guide to implementation.* Thousand Oaks, CA: Crowin Press, Inc.

Fitz-Gibbons, C. T., & Morris, L. L. (1978). *How to design a program evaluation.* Beverly Hills, CA: Sage Publications.

Forness, S. R., & Kavale, K. A. (1987). De-psychologizing special education. In R. B. Rutherford, C. M. Nelson, & S. R. Forness (Eds.), *Severe behavior disorders of children and youth* (pp. 2-14). Boston: College Hill Press.

Freeman, D. J., Kuhs, T. M., Porter, A. C., Floden, R. E., Schmidt, W. H., & Schwille, J. R. (1983). Do textbooks and tests define a national curriculum in elementary school mathematics? *Elementary School Journal, 83,* 501-513.

Freeman, S. W. (1993). Linking large-scale testing and classroom portfolio assessment of student writing. *Educational Assessment, 1993* (1), 27-52.

Freeman, Y., & Freeman, D. (1992). *Portfolio assessment for bilingual learners.* Bilingual Basics, Teachers of English to Speakers of Other Languages Bilingual Education Special Interest Group.

Frisby, C. (1987). Alternative assessment committee report: Curriculum-based assessment. *CASP Today, 36,* 15-26.

Fuchs, D., & Fuchs, L. S. (1986b). Test procedure bias: A meta-anafysis of examiner familiarity. *Review of Educational Research,* 56, 243-262.

Fuchs, D., Fuchs, L. S., Benowitz, S. A., & Barringer, K. (1987). Norm-referenced tests: Are they valid for use with handicapped students? *Exceptional Children, 54,* 263-271.

Fuchs, D., Fuchs, L. S., Power. M. A., & Dailey, A. (1985). Bias in the assessment of handicapped children. *American Educational Research Journal, 52,* 63-71.

Fuchs, L. S. (1989). Evaluating solutions: Monitoring progress and revising intervention plans. In M. R. Shinn (Ed.), *Curriculum-based measurement assessing special children* (pp 153-181). New York: The Guilford Press.

Fuchs, L. S. (1982a). Reading. In P. K, Mirkin, L. S. Fuchs, & S. L. Deno (Eds.), *Considerations in designing a continuous evaluation system: An integrative review* (Monograph No. 20; pp. 29-74). Minneapolis: University of Minnesota Institute for Research on Learning Disabilities. (ERIC Document Reproduction Service No. ED226042)

Fuchs, L. S. (1982b). Data analysis. In P. K. Mirkin, L. S. Fuchs, & S. L. Deno (Eds.), *Considerations for designing a continuous evaluation system: An integrative review* (Monograph No. 20; pp. 116-126). Minneapolis: University of Minnesota Institute for Research on Learning Disabilities.

Fuchs, L. S. (1986). Monitoring progress among mildly handicapped pupils: Review of current practice and research. *Remedial and Special Education, 7,* 5-12.

Fuchs, L. S. (1987). Program development. *Teaching Exceptional Children, 20*(1), 42-44.

Fuchs, L. S. (1988). Effects of computer-managed instruction on teachers' implementation of systematic monitoring programs and student achievement. *Journal of Educational Research, 81,* 294-304.

Fuchs, L. S. (2004). The past, present, and future of curriculum-based measurement research. *School Psychology Review, 33* (2), 188-192.

Fuchs, L. S., & Deno, S. L. (1981). *The relationship between curriculum-based mastery measures and standardized achievement tests in reading* (Research Report No. 57). Minneapolis: University of Minnesota Institute for Research on Learning Disabilities. (ERIC Document Reproduction Service No. ED212662)

Fuchs, L. S., & Deno, S. L. (1982). *Developing goals and objectives/or educational programs.* Washington: American Association of Colleges for Teacher Education.

Fuchs, L. S., & Fuchs, D. (1986a). Effects of systematic formative evaluation on student achievement: Ameia-analysis. *Exceptional Children, 53,* 199-208.

Fuchs, L. S., & Fuchs, D. (1986b). Curriculum-based assessment of progress toward long- and short-term goals. *Journal of Special Education, 20,* 69-82.

Fuchs, L. S., & Fuchs, D. (1987a). *Improving data-based instruction through computer technology: Continuation application.* Unpublished manuscript available from L. S. Fuchs, Box 328. Peabody College, Vanderbilt University, Nashville, TN 37203.

Fuchs, L. S., & Fuchs, D. (1987b). The relation between methods of graphing student performance data and achievement: A meta-analysis. *Journal of Special Education Technology, 8* (3), 5-13.

Fuchs, L. S., & Fuchs, D. (1987c). Effects of curriculum-based measurement procedures in spelling and math. Unpublished manuscript available from L. S. Fuchs, Box 328, Peabody College. Vanderbilt University, Nashville, TN 37203.

Fuchs, L. S., & Shinn, M. R. (1989). Writing CBM IEP Objectives. In M. R. Shinn (Ed.), *Curriculum-based measurement: Assessing special children* (pp. 130-152). New York The Guilford Press.

Fuchs, L. S., Butterworth. J., & Fuchs, D. (1989). Effects of curriculum-based progress monitoring on student knowledge of performance. *Education and Treatment of Children, 12,* 21-32.

Fuchs, L. S., Deno, S. L., & Marston, D. (1983). Improving the reliability of curriculum-based measures of academic skills for psychoeducational decision making. *Diagnostique, 8,* 135-149.

Fuchs, L. S., Deno, S. L., & Mirkin, P. K. (1984). The effects of frequent curriculum-based measurement and evaluation on pedagogy, student achievement, and student awareness of learning. *American Educational Research Journal, 21,* 449-460.

Fuchs, L. S., Fuchs, D., & Deno, S. L. (1982). Reliability and validity of curriculum-based informal reading inventories. *Reading Research Quarterly, 18,* 6-26.

Fuchs, L. S., Fuchs, D., & Deno, S. L. (1985). The importance of goal ambitiousness and goal mastery to student achievement. *Exceptional Children, 52,* 63-71.

Fuchs, L. S., Fuchs, D., & Hamlett, C. L. (1987). Effects of alternative goals structures within curriculum-based measurement. *Exceptional Children, 55,* 429-438.

Fuchs, L. S., Fuchs, D., & Hamlett, C. L. (1988a). *Computer applications to curriculum-based measurement: Effects of teacher feedback systems.* Unpublished manuscript, Nashville, TN: Peabody College, Vanderbilt University.

Fuchs, L. S., Fuchs, D., & Hamlett, C. L. (1988b). *Effects of alternative data-evaluation rules*

wthin curriculum-based measurement (Research Report No. 416). Nashville, TN: Peabody College of Vanderbilt University.

Fuchs, L. S., Fuchs, D., & Hamlet, C. (1989). Effects of alternative goal structures within curriculum-based measurement. *Exceptional Children, 55* (5), 429-438.

Fuchs, L. S., Fuchs, D., & Maxwell, S. (1988). The validity of informal reading comprehension measures. *Remedial and Special Education, 9*(2), 20-28.

Fuchs, L. S., Fuchs, D., & Stecker, P. M. (1989). Effects of curriculum-based measurement on teachers' instructional planning. *Journal of Learning Disabilities, 22*(1), 51-59.

Fuchs, L. S., Fuchs, D., & Warren, L. (1982). *Special education practice in evaluating student progress towards goals* (Research Report No. 82). Minneapolis: University of Minnesota Institute for Research on Learning Disabilities. (ERIC Document Reproduction Service No. ED224197)

Fuchs, L. S., Fuchs, D., Hamlett, C. L., & Ferguson, C. (1992). Effects of expert system consultation within curriculum-based measurement using a reading maze task. *Exceptional Children, 58,* 436-450.

Fuchs, L. S., Fuchs, D., Hamlett, C. L., & Hasselbring, T. S. (1987). Using computers with curriculum-based progress monitoring: Effects on teacher efficiency and satisfaction. *Journal of Special Education Technology, 8*(4), 14-27.

Fuchs, L. S., Hamlett, C. L., & Fuchs, D. (1987). *Improving data-based instruction through computer technology: Description of year 3 software.* Available from L. S. Fuchs, Box 328, Peabody College, Vanderbilt University, Nashville, TN 37203.

Fuchs, L. S., Tindal, G., & Deno, S. (1981). *Effects of varying item domain and sample duration on technical characteristics of daily measure in reading* (Research Report No. 48). Minneapolis: University of Minnesota Institute for Research on Learning Disabilities.

Fuchs, L. S., Tindal, G., & Deno, S. L. (1984). Methodological issues in curriculum based reading assessment. *Diagnostique, 9,* 191-207.

Fuchs, L. S., Tindal, G., Fuchs, D., Shinn, M. R., Deno, S. L., & Germann, G. (1983). *Technical adequacy of basal readers' mastery tests: Holt basic series* (Research Report No. 130). Minneapolis: University of Minnesota Institute for Research on Learning Disabilities.

Fuchs, L. S., Tindal, G., Shinn, M. R., Fuchs, D., Deno, S. L., & Germann, G. (1983). *Technical adequacy of basal readers' mastery tests: Ginn 720 series* (Research Report No. 122). Minneapolis: University of Minnesota Institute for Research on Learning Disabilities.

Fuchs, L. S., Wesson, C., Tindal, G., Mirkin, P. K., & Deno, S. L. (1982). *Instructional changes, student performance, and teacher preferences: The effects of specific measurement and evaluation procedures* (Research Report No. 64). Minneapolis: University of Minnesota Institute for Research on Learning Disabilities.

Galagan, J. E. (1985). Psycho-educational testing: Turn out the light, the party's over. *Exceptional Children, 52*(3), 288-299.

Gartner, A., & Lipsky, D. K. (1987). Beyond special education: Toward a quality system for all students. *Harvard Educational Review, 57,* 367-395.

Gates, A. L. (1927). An experimental and statistical study of reading and reading tests. *Journal of Educational Psychology, 12,* 303-313, 378-391, 445-464.

Gentile, J. R., Roden, A. H., & Klein, R. D. (1974). An analysis of variance model for the intrasubject replication design. *Journal of Applied Behavior Analysis, 5,* 193-198.

Gerald, D. E., & Hussar, W. J. (1992). *Projection of education statistics to 2003.* (ERIC # ED 354 256)

Gerber, M., & Semmel, M. (1984). Teachers as imperfect tests: Reconceptualizing the referral process. *Educational Psychologist, 1* (9), 137-148.

Germann, G. (1985). *Pine County Special Education Cooperative total special education (TSES): A summary.* Sandstone, MN: Pine County Special Education Cooperative.

Germann, G. (1986a). *Continuous assessment program-reading/spelling.* Cambridge, MN: Performance Monitoring Systems.

Germann, G. (1986b). *Continuous assessment program-math.* Cambridge, MN: Performance Monitoring Systems.

Germann, G. (1987a). *Pine county special education co-op software.* Sandstone, MN: Author.

Germann, G. (1987b). *Progress monitoring program [computer program].* Sandstone, MN: Pine County Special Education Cooperative.

Germann, G., & Tindal, G. (1985). An application of curriculum based assessment: The use of direct and repeated measurement. *Exceptional Children, 52,* 244-265.

Gersten, R., & Hauser, C. (1984). The case for impact evaluations in special education. *Remedial and Special Education, 5,* 16-24.

Giangreco, M. F., Cloninger, C., & Iverson. (1993). *Choosing options and accommodations for children (COACH): A guide to planning inclusive education.* Baltimore: Brookes.

Gickling, E., & Havertape, J. (1981). *Curriculum-based assessment (CBA).* Minneapolis:University of Minnesota Institute for Research on Learning Disabilities.

Gickling, E., & Thompson, V. (1985). A personal view of curriculum-based assessment. *Exceptional Children, 52,* 205-218.

Gillies, D. A. (1989). *Nursing management: A systems approach.* Philadelphia: W.D. Saunders.

Glass, G. (1978). Standards and criteria. *Journal of Educational Measurement, 15,* 237-261.

Glass, G. (1980). When educators set standards. In E. L. Baker & E. S. Quellmalz (Eds.), *Educational testing and evaluation* (pp. 185-193). Beverly Hills, CA: Sage Publications.

Glass, G. V., Willson, L. L., & Gottman, J. M. (1975). *Design and analysis of time series experiment. Boulder,* CO: Laboratory of Educational Research, University of Colorado.

Goldwasser, E., Meyers, J., Christenson, S., & Graden, J. (1984). The impact of P. L. 94-142 on the practice of school psychology: A national survey. *Psychology in the Schools, 20,* 153-165.

Good, R. H., & Salvia, J. (1987). Curriculum bias in published, normreferenced reading tests: Demonstrable effects. *School Psychology Review, 17,* 51-60.

Hall, T. (2002). *Curriculum-based evaluation: Effect classroom practices report.* National Center on Accessing the Curriculum (NCAC).

Hansen, C. L. M. (1979). Chicken soup and other forms of comprehension. In J. E. Button, T. Lovitt, & T. D. Rowland (Eds.), *Communications research in learning disabilities and mental retardation.* Baltimore: University Park Press.

Hargis, C. H. (1987). *Curriculum-based assessment: A primer.* Springfield, IL: harles C. Thomas.

Haring, N. G., White, O. R., & Liberty, K. A. (1979). *Field initiated research studies: An investigation of learning and instructional hierarchies in severely and profoundly handicapped children: Annual Report 1978-1979.* Seattle: University of Washington, Child Development and Mental Retardation Center, Experimental Education Unit.

Harris, A. P., & Jacobson, M. D. (1972). *Basic elementary reading vocabularies.* New York: Macmillan.

Hasbrouck, J. E., Woldbeck, T., Ihnot, C., & Parker, R. I. (1999). One teacher's use of curriculum-based measurement: A changed opinion. *Learning Disabilities Research & Practice, 14*(2), 118-126.

Hayes, W. L. (1973). *Statistics for the social sciences* (2nd ed.). New York: Holt, Rinehart, & Winston.

Haynes, M. C., & Jenkins, J. R. (1986). Reading instruction in special education resource rooms. *American Educational Research Journal, 23,* 161-190.

Heller, K. A., Holtzman, W. H., & Messick, S. (Eds.). (1982). *Placing children in special education: A strategy for equity.* Washington, DC: National Academy Press.

Herman, J. L. (1992). What research tells us about good assessment. *Educational Leadership, 49*(8), 74-78.

Hirsch, E. D. (1987). *Cultural literacy.* Boston: Houghton Mifflin.

Hively, W., & Reynolds, M. C. (Eds.). (1975). *Domain-reference testing in special education.* Reston, VA: The Council for Exceptional Children.

Horst, D. P., Tallmadge, G. K., & Wood, C. T. (1975). *A practical guide to measuring project impact on student achievement* (Monograph No. I on evaluation in education). Washington: U.S. Government Printing Office.

Howell, K. W., Fox, S. L., & Morehead, M. K. (1993). *Curriculum-based evaluation-teaching and decision making* (2nd). Pacific Grove, CA: Brooks/Cole Publishing Co.

Howell, K. W., & Kaplan, J. S. (1980). *Diagnosing basic skills: A handbook for deciding what to teach.* Columbus, OH: Charles Merrill.

Hughes, J. (1979). Consistency of administrators and psychologists actual and ideal perceptions of school psychologists' activities. *Psychology in the Schools, 16,* 234-239.

Huitema, B. E. (1985). Autocorrelation in applied behavior analysis: A myth. *Behavioral Assessment, 7,* 109-120.

Jenkins, J. R. & Pany, D. (1978). Standardized achievement tests: How useful for special education? *Exceptional Children, 44,* 448-453.

Jenkins, J. R., Deno, S. L., & Mirkin, P. K. (1979). Measuring pupil progress toward the least restrictive environment. *Learning Disability Quarterly, 2,* 81-92.

Johnson, D. W., & Johnson, F. P. (1982). *Joining together* (2nd ed.). Englewood Cliffs, NJ: Prentice-Hall.

Johnston, P. B. (1982). *Implications of basic research for the assessment of reading comprehension* (Research Report No. 206). Urbana-Champaign: Center for the Study of Reading. (ERIC Document Reproduction Service No.ED 201 987)

Jones, C. J. (2001). Teacher-friendly curriculum-based assessment in spelling. *Teaching Exceptional Children, 34*(2),32-38.

Kamphaus, R. W., & Lozano, R. (1984). Developing local norms for individually administered tests. *School Psychology Review, 13,* 491-498.

King-Sears, M. E. (1994). *Curriculum-based assessment in special education.* Belmont, CA: Wadsworth/Thomson Learning, Inc.

Koppitz, E. M. (1963). *The Bender gestalt test for young children.* New York: Grune and Stratton.

Larsen, S., & Hammill, D. (1976). *Test of written spelling.* Austin, TX: Pro-Ed.

Leinhardt, G., Zigmond, N., & Cooley, W. (1981). Reading instruction and its effects. *American Educational Research Journal, 18*(3), 343-361.

Lentz, F. E., & Shapiro, E. S. (1986). Functional assessment of the academic environment. *School Psychology Review, 15,* 346-357.

Lidz, C. S. (1991). *Practioner's guide of dynamic assessment.* New York: The Guilford Press.

Linda J. H., Kathy L. C., Nina Y., & Kourtland K. (2002). Curriculum-based assessment: Reading and state academic standards. *Preventing School Failurec, 46*(4), 148-151.

Lloyd, J. W. (1984). *How should* we individualize, or should we? *Remedial and Special Education, 5,* 7-15.

Locke, E. A., Shaw, K. N., Saari.L. M., & Latham, G. P. (1981). Goal setting and task performance: 1969-1980. *Psychological Bulletin, 90,* 125-152.

Madden, R., Gardner, E., Rudman, H., Karlsen, B., & Merwin, J. (1978). *Stanford achievement test.* New York: Harcourt Brace Jovanovich.

Madelaine, A., & Wheldall, K. (2004) Curriculum-based measurement of reading: Recent advances. *International Journal of Disability, Development and Education, 51,* (1) , 57-82.

Mager, R. F., & Pipe, P. (1970). *Analyzing: performance problems.* Belmont. CA:Frason Publishers.

Marston, D. (1982). *The technical adequacy of direct, repeated measurement of academic skills in low-achieving elementary students.* Unpublished doctoral dissertation, Minneapolis: University of Minnesota.

Marston, D. (1988a). Measuring progress on IEPs: A comparison of graphing approaches. *Exceptional Children, 55,* 38-44.

Marston, D. (1988b). The effectiveness of special education: A time series analysis of reading performance in regular and special education settings. *The Journal of Special Education, 21*(4), 13-26.

Marston, D. B. (1989). A curriculum-based measurement approach to assessing academic performance: What it is and why do it. In M. R. Shinn (Ed.), *Curriculum-based measurement assessing special children* (pp. 18-78). New York: The Guilford Press.

Marston, D., & Deno, S. L. (1981). *The reliability of simple, direct measures of written expression* (Research Report No. 50). Minneapolis: University of Minnesota Institute for Research on Learning Disabilities.

Marston, D., & Deno, S. L. (1982). *Implementation of direct and repeated easurement in the school setting* (Research Report No. 106). Minneapolis: University of innesota Institute for Research on Learning Disabilities.

Marston, D., & Magnusson, D. (1985). Implementing curriculum-based measurement in special and regular education settings. *Exceptional Children, 52,* 266-276.

Marston, D., & Magnusson, D. (1988). Curriculum-based measurement: District level imple-mentation. In J. L. Graden, J. E. Zins, & M. J. Curtis (Eds.), *Alternative educational deliv-ery systems: Enhancing instructional options for all students* (pp. 137-172). Kent, OH: Na-tional Association of School Psychologists.

Marston, D., Deno, S. L., & Tindal. G. (1984). Eligibility for learning disabilities services: A direct and repeated measurement approach. *Exceptional Children, 50,* 554-555.

Marston, D., Fuchs, L. S., & Deno, S. L. (1986). Measuring pupil progress: A comparison of standardized achievement tests and curriculum-related measures. *Diagnostique, 11,* 77-90.

Marston, D., Lowry, L., Deno, S. L., & Mirkin, P. K. (1981). *Analysis of learning trends in simple measures of reading, spelling, and written expression: A longitudinal study* (Re-search Report No. 49). Minneapolis: University of Minnesota Institute for Research on Learning Disabilities.

Marston, D., Mirkin, P., & Deno, S. (1984). Curriculum-based measurement: an alternative to traditional screening, referral, and identification. *Journal of Special Education, 18* (2), 109-117.

Marston, D., Tindal, G., & Deno, S. L. (1983). *A comparison of standardized achievement tests and direct measurement techniques in measuring student progress* (Research Report No. 126). Minneapolis: University of Minnesota Institute for Research on Learning Disabili-ties.

Masters, J. C., Furman, W., & Barden, R. C. (1977). Effects of achievement standards, tangible rewards, and self-dispensed evaluations on children's task mastery. *Child Development, 48,* 217-224.

Matthew, K. B. (2002). Comprehensive system of assessment to intervention using curriculum-based assessments. *Intervention in School and Clinic, 38*(1), 8-13.

McCain, M. J., & McCleary, R. (1979). The statistical analysis of the simple interrupted time series quasi-experiment. In T. D. Cook & D. T. Campbell (Eds.), *Quasiexperimentation: Design and analysis issues for field settings.* (pp. 233-294). Chicago: Rand McNally.

McGlinchey, M. T., & Hixson, M. D. (2004). Using curriculum-based measurement to predict performance on state assessments in reading. *School Psychology Review, 33*(2), 193-203.

McNutt, G. (1986). The status of learning disabilities in the states: Consensus or controversy? *Journal of Learning Disabilities, 19,* 12-16.

Minnesota Educational Effectiveness Project (1987). *Program components.* St. Paul: Minnesota State Department of Education, Technical Report.

Mirkin, P. K. (1980). Conclusions. In J. E. Ysseldyke & M. L. Thurlow (Eds.). *The special edu-

cation assessment and decision-making process: Seven case studies. Minneapolis: University of Minnesota Institute for Research on Learning Disabilities.

Mirkin, P. K., Deno, S. L., Fuchs, L. S., Wesson, C., Tindal, G., Marston, D., & Kuehnie, K. (1981). *Procedure to develop and monitor progress on IEP goals.* Minneapolis: University of Minnesota Institute for Research on Learning Disabilities.

National Advocacy Task Force/National Association of School Psychologists (1985). *Position statement: Advocacy for appropriate educational services for all children.* Cuyahoga Falls, OH: National Association of School Psychologists.

Parsonson, B. S., & Baer, D. M. (1978). The analysis and presentation of graphic data. In T. R. Kratochwill (Ed.), *Single subject research: Strategies for evaluating change* (pp. 101-166). New York: Academic Press.

Peterson, J., Greenlaw, M.J., & Tierney, R. J. (1978). Assessing instructional placement with the IRI: The effectiveness of comprehension questions. *Journal of Educational Research, 71,* 247-250.

Peverly, S. T., & Kitzen, K. R. (1998). Curriculum-based assessment of reading skills: Considerations and caveats for school psychologists. *Psychology in the Schools, 35*(1), 29-43.

Plomin, R. S., & Daniels, D. (1987). Why are children in the same family so different from one another? *Behavioral and Brain Sciences, 10,* 1-60.

Poland, S., Thurlow, M. L., Ysseldyke, J. E., & Mirkin, P. K. (1982). Current psychoeducational assessment and decision-making practices as reported by directors of special education. *Journal of School Psychology, 20,* 171-179.

Popham, W. J., & Baker, E. L. (1970). *Systematic instruction.* Englewood Cliffs, NJ: Prentice-Hall.

Powell-Smith, K. A., & Brahley-Klug, K. L. (2001). Another look at the "C" in CBM: Does it really matter if curriculum-based measurement reading probes are curriculum-based? *Psychology in the Schools, 38*(4) , 299-312.

Prentice, W. C. (1961). Some cognitive aspects of motivation. *American Psychologist, 16,* 503-511.

Reschly, D. (1982). Assessing mild retardation: The influence of adaptive behavior, sociocultural status and prospects for nonbiased assessment. In C. Reynolds & T. Gutkin (Eds.), *The handbook of school psychology.* New York: John Wiley & Sons.

Reynolds, M. C. (1984). Classification of students with handicaps. In E. Gordon (Ed.), *Review of research in education: vol. 11* (pp. 63-92). Washington: American Educational Research Association.

Reynolds, M. C., & Birch, J. W. (1977). *Teaching exceptional children in all America's schools.* Reston, VA: Council for Exceptional children.

Reynolds, M. C., & Lakin, K. C. (1987). Noncategorical special education for mildly handicapped students: A system for the future. In M. C. Wang, H. J. Walberg, & M. C. Reynolds (Eds.), *The handbook of special education: Research and practice.* Oxford: Pergamon.

Robinson, G. E., & Craver, J. M. (1989). *Assessing and grading student achievemen-ERS report.* Clarendon Boulevard, Arlington, VA: Educational Research Service.

Salvia, J., & Ysseldyke, J. E. (1985). *Assessment in special and remedial education* (3rd ed.). Boston: Houghton-Mifflin.

Samuels, S. J. (1979). The method of repeated readings. *The Reading Teacher, 32,* 1-6.

Sandoval, J. (1987). Larry who? Coping with the extended ban on IQ tests for black children. *Trainer's Forum: The Newsletter of Trainers of School Psychologists, 7,* 2-3.

Sassenrath, J. M. (1972). Alpha factor analyses of reading measures at the elementary, secondary, and college levels. *Journal of Reading Behavior, 5,* 304-315.

School Psychology Inservice Training Network (1985). *School psychology: A blueprint for training and practice.* Minneapolis: National School Psychology Inservice Training Network.

Scruggs, T., Mastropieri, M., & Castro, G. (1987). The quantitative synthesis of single-subject research: Methodology and validation. *Remedial and Special Education, 8,* 24-33.

Senf, G. (1981). Issues surrounding the diagnosis of learning disabilities: Child handicap versus failure of the child-school interaction. In T. Kratochwill (Ed.), *Advances in school psychology* (pp. 83-130). Hillsdale, NJ: Lawrence Eribaum Associates.

Sevcik, B., Skiba, R., Tindal, G., King, R., Wesson, C., Mirkin, P., & Deno, S. (1983). *Curriculum-based measurement: Effect on instruction, teacher estimates of student progress, and student knowledge of performance.* (ERIC # ED236196)

Sewell, T. (1981). Shaping the course of school psychology: Another perspective. *School Psychology Review, II,* 232-242.

Shapiro, E. S. (1987). *Behavioral assessment in school psychology.* Hilisdale, NJ: Lawrence Eribaum Associates.

Shapiro, E. S., & Derr, T. F. (1987). An examination of the overlap between reading curricula and standardized achievement tests. *The Journal of Special Education, 21,* 59-67.

Shapiro, E. S., Angello, L. M., & Eckert, T. L. (2004). Has curriculum-based assessment become a staple of school psychology practice? An update and extension of knowledge, use, and attitudes from 1990 to 2000. *School Psychology Review, 33*(2), 249-257.

Shephard, L. (1983). The role of measurement in educational policy: Lessons from the identi-fication of learning disabilities. *Educational Measurement: Issues and Practice, 1,* 4-8.

Shin, J., Deno, S. L., & Espin, C. (2000). Technical adequacy of the maze task for curriculum-based measurement of reading growth. *The Journal of Special Education, 34*(3), 164-172.

Shinn, M. R. (1986). Does anyone care what happens after the refer-test-place sequence: The systematic evaluation of special education program effectiveness. *School Psychology Review, 15,* 49-58.

Shinn, M. R. (1989a). Case study of Ann H: From referral to annual review. In M. R. Shinn (Ed.), *Curriculum-based measurement assessing special children* (pp. 79-89). New York: The Guilford Press.

Shinn, M. R. (1989b). Identifying and defining academic problems: CBM screening and eligi-bility procedures. In M. R. Shinn (Ed.), *Curriculum-based measurement: Assessing speci-al children* (pp. 90-129). New York: The Guilford Press.

Shinn, M. R., & Marston, D. (1985). Differentiating mildly handicapped, low-achieving and regular education students: A curriculum-based approach. *Remedial and Special Education, 6,* 31-45.

Shinn, M. R., Gleason, M. M., & Tindal, G. (1989). Vary the difficulty of testing materials: Im-plications for curriculum-based measurement. *The Journal of Special Education, 23*(2), 223-233.

Shinn, M. R., Tindal, G., & Spira, D. (1987). Special education as an index of teacher tolerance: Are teachers imperfect tests? *Exceptional Children, 54,* 32-40.

Shinn, M. R., Tindal, G., & Stein, S. (1988). Curriculum-based assessment and the identifica-tion of mildly handicapped students: A research review. *Professional School Psychology, 3,* 69-85.

Shinn, M. R., Tindal, G., Spira, D., & Marston, D. (1987). Practice of learning disabilities as so-cial policy. *Learning Disability Quarterly, 10,* 17-28.

Shinn, M. R., Ysseldyke, J. E., Deno, S. L., & Tindal, G. (1986). A comparison of differences between students labeled learning disabled and low achieving on measures of classroom performance. *Journal of Learning Disabilities, 19,* 545-552.

Skiba, R., Magnusson, D., Marston, D., & Erickson, K. (1986). *The assessment of mathematics performance in special education: Achievement tests, proficiency tests, or formative evalu-ation?* Minneapolis: Special Services, Minneapolis Public Schools.

Smith, D. K. (1984). Practicing school psychologists: Their characteristics, activities. and popu-lations served. *Professional Psychology: Research and Practice, 15,* 798-810.

Snow, R. E., & Lohman, D. F. (1984). Toward a theory of cognitive aptitude for learning from instruction. *Journal of Educational Psychology, 76,* 347-376.

Stake, R. (1976). The countenance of educational evaluation. *Teachers College Recard, 68,* 523-540.

Stein, S. (1987). *Accuracy in predicting student reading performance based on time series progress monitoring data.* Unpublished doctoral dissertation. University of Oregon, Eugene, OR.

Stufflebeam, D. L., Foley, R., Gephart, W. J., Cuba, E. G., Hammond, H. D., Merriman, H. O., & Provus, M. M. (1971). *Educational evaluation and decision making.* Itasca, IL: Peacock.

Tawney, J. W., & Gast, D. L. (1984). *Single subject research in special education.* Columbus, OH: Charles E. MerrilL.

Thurlow, M. L., & Ysseldyke, J. E. (1982). Instructional planning: Information collected by school psychologists vs. information considered useful by teachers. *Journal of School Psychology, 20,* 3-10.

Tindal, G. (1982a). *Factors influencing the use of time series data for evaluating instructional programs.* Unpublished doctoral dissertation, Minneapolis: University of Minnesota.

Tindal, G. (1989). Evaluating the effectiveness of educational programs at the systems level using curriculum-based measurement. In M. R. Shinn (Ed.), *Curriculum-based measurement assessing special children* (pp. 202-238). New York: The Guilford Press.

Tindal, G., & Marston, D. (1986). Approaches to assessment. In J. Torgeson & B. Wong (Eds.) *Psychological and educational perspectives in learning disabilities* (pp. 55-84). Boston: Academic Press.

Tindal, G. A., Shinn, M. R., & Germann, G. (1987). The effect of different metrics on interpretation of change in program evaluation. *Remedial and Special Education, 8,* 19-28.

Tindal, G., Fuchs, L., Fuchs, D., Shinn, M., Deno, S., & Germann, G. (1983). *The technical adequacy of a basal reading series mastery test: The Scott-Foresman reading program* (Research Report No. 128). Minneapolis: Institute for Research on Learning Disabilities.

Tindal, G., Fuchs, L., Fuchs, D., Shinn. M. R., Deno, S. L., & Germann, G. (1985). Empirical validation of criterion-referenced tests. *Journal of Educatlonal Research, 78,* 203-209.

Tindal, G., Germann, G., & Deno, S. L. (1983). *Descriptive research on the Pine County norms: A compilation of findings* (Research Report No. 132). Minneapolis: University of Minnesota Institute for Research on Learning Disabilities.

Tindal, G., Germann, G., Marston, D., & Deno, S. L. (1983). *The effectiveness of special edu-*

cation: A direct measwrement approach (Research Report No. 123). Minneapolis: University of Minnesota Institute for Research on Learning Disabilities.

Tindal, G., Marston, D., & Deno, S. L. (1983). *The reliability of direct and repeated measurement* (Research Report No. 109). Minneapolis: University of Minnesota Institute for Research on Learning Disabilities.

Tindal, G., Shinn, M. R., & Germann, G. (1987). The effect of different metrics on interpretations of change in program evaluation. *Remedial and Special Education, 8,* 19-28.

Tindal, G., Shinn. M., Fuchs, L., Fuchs, D., Deno, S., & Germann, G. (1983). *The technical adequacy of a basal reading series mastery test* (Research Report No. 113). Minneapolis: University of Minnesota Institute for Research on Learning Disabilities.

Tindal, G., Wesson, C., Deno, S. L., Germann, G., & Mirkin, P. K. (1985). The Pine County model for special education delivery: A data-based system. In T. Kratochwill (Ed.), *Advances in school psychology: Volume IV* (pp. 223-250). Hillsdale, NJ: Lawrence Erlbaum Associates.

Tucker, J. A. (1987). Curriculum-based assessment in no fad. *The Collaborative Educator, 1*(4), 4-10.

Tucker, J. (1985). Curriculum-based assessment: An introduction. *Exceptional Children, 52,* 199-204.

Tuinman, J. J., Blanton, W. E., & Gray, G. (1975). A note on Cloze as a measure of comprehension. *Journal of Psycholegy, 90,* 159-162.

Videen, J., Deno, S. L., & Marston, D. (1982). *Correct word sequences: A valid indicator of proficiency in written expression* (Research Report No. 84). Minneapolis: University of Minnesota Institute for Research on Learning Disabilities.

Warner, M., Schumaker, J., Alley, G., & Deshler, D. (1980). Learning disabled adolescents in the public schools: Are they different from other low achievers? *Exceptional Education Quarterly, 1,* 217-236.

Wechsler, D. (1974). *Manual for the Wechsler intelligence scale for children-revised.* New York: Psychological Corporation.

Wesson, C., Deno, S., Mirkin, P., Maruyama, G., Skiba, R., King, R., & Sevcik, B. (1986). A causal analysis of the relationships among ongoing curriculum-based measurement and evaluation, the structure of instruction and student achievement. *Journal of Special Education, 22*(3).330-34.

Wesson, C., Fuchs, L. S., Tindal, G., Mirkin, P. K., & Deno, S. L. (1986). Facilitating the efficiency of ongoing curriculum-based measurement. *Teacher Education and Special Educa-*

tion, 9, 84-88.

White, O. (1971). *A pragmatic approach to the description of progress in the single case.* Unpublished doctoral dissertation. University of Oregon, Eugene.

White, O. (1987). Some comments concerning "The quantitative synthesis of single subject research. *Remedial and Special Education, 8,* 34-39.

White, O. R. (1972). *Methods of data: Analysis in intensive designs.* Paper presented at the annual meeting of the American Educational Research Association.

White, O. R. (1974). *Evaluating educational process* (working paper). Seattle: University of Washington, Child Development and Mental Retardation Center, Experimental Education Unit.

White, O. R., & Haring, N. G. (1980). *Exceptional teaching* (2nd ed.). Columbus, OH: Men-ill.

Wiggin, G. P. (1993). *Assessing student performance: Exploring the purpose and limits of testing.* San Francisco, CA: Jossey-Bass Publishers.

Will, M. (1986). *Educating students with learning problems: A shared responsibility.* Washington: Office of Special Education and Rehabilitative Services, US Department of Education.

Wilson, L. (1985). Large-scale learning disability identification: The reprieve of a concept. *Exceptional Children, 52,* 44-51.

Woodcock, R. M. (1973). *Woodcock reading mastery test.* Circle Pines, MM: American Guidance Corp.

Woodruff, G. W., & Moore, C. N. (1985). *Working words in spelling.* New York: Curriculum Association.

Ysseldyke, J. E. (1979). Psychoeducational assessment and decision making. In J. E. Ysseldyke & P. K. Mirkin (Eds.), *Proceedings of the Minnesota Roundtable Conference on Assessment of Learning Disabled Children* (Monograph No. 8). Minneapalis: University of Minnesota, Institute for Research on Learning Disabilities. (ERIC Document Reproduction Service No. ED185765)

Ysseldyke, J. E., & Thurlow, M. L. (1984). Assessment practices in special education: Adequacy and appropriateness. *Educational Psychologist, 9,* 123-136.

Ysseldyke, J. E., & Marston, D. (1982). A critical analysis of standardized reading tests. *School Psychology Review, 11,* 257-266.

Ysseldyke, J. E., Algozzine, B., & Epps, S. (1983). A logical and empirical analysis of current practices in classifying students as handicapped. *Exceptional Children, 50,* 160-166.

Ysseldyke, J. E., Algozzine, B., Regan, R., & Potter, M. (1980). Technical adequacy of tests

used by professionals in simulated decision making. *Psychology in the Schools, 17,* 202-209.

Ysseldyke, J. E., Algozzine, B., Richey, L., & Graden, J. (1982). Declaring students eligible for learning disabilities services: Why bother with the data? *Learning Disability Quarterly, 5,* 37-44.

Ysseldyke, J. E., Algozzine, B., Shinn, M. R., & McGue, M. (1982). Similarities and differences between low achievers and students labeled learning disabled. *Journal of Special Education, 16,* 73-85.

Ysseldyke, J. E., Thurlow, M. L., Graden, J., Wesson, C., Algozzine, B., & Deno, S. L. (1983). Generalizations from five years of research on assessment and decision making: The University of Minnesota Institute. *Exceptional Education Quarterly, 4,* 75-93.

國家圖書館出版品預行編目資料

特殊教育學生評量／陳政見等著.
-- 初版.-- 臺北市：心理，2007.11
面；　公分.--（特殊教育；20）
參考書目：面
ISBN　978-986-191-058-1（平裝）

1.特殊教育　2.教育評量

529.6　　　　　　　　　　　　　96015901

特殊教育 20　**特殊教育學生評量**

主 編 者：陳政見
作　　　者：陳政見、黃怡萍、張惠娟、劉冠妏、鄭郁慈、李英豪、陳玫瑜、謝幸儒、
　　　　　　王櫻瑾、廖素亭、江俊漢、張通信、沈朝銘、魏淑玲、石筱郁
總 編 輯：林敬堯
發 行 人：洪有義
出 版 者：心理出版社股份有限公司
社　　　址：台北市和平東路一段 180 號 7 樓
總　　　機：(02) 23671490　　傳　　真：(02) 23671457
郵　　　撥：19293172　心理出版社股份有限公司
電子信箱：psychoco@ms15.hinet.net
網　　　址：www.psy.com.tw
駐美代表：Lisa Wu　Tel：973 546-5845　Fax：973 546-7651
登 記 證：局版北市業字第 1372 號
電腦排版：臻圓打字印刷有限公司
印 刷 者：東縉彩色印刷有限公司
初版一刷：2007 年 11 月

讀者意見回函卡

No. _____ 填寫日期： 年 月 日

感謝您購買本公司出版品。為提升我們的服務品質，請惠填以下資料寄回本社【或傳真(02)2367-1457】提供我們出書、修訂及辦活動之參考。您將不定期收到本公司最新出版及活動訊息。謝謝您！

姓名：_____ 性別：1□男 2□女
職業：1□教師 2□學生 3□上班族 4□家庭主婦 5□自由業 6□其他____
學歷：1□博士 2□碩士 3□大學 4□專科 5□高中 6□國中 7□國中以下
服務單位：_____ 部門：_____ 職稱：_____
服務地址：_____ 電話：____ 傳真：____
住家地址：_____ 電話：____ 傳真：____
電子郵件地址：_____

書名：_____

一、您認為本書的優點：（可複選）
　❶□內容 ❷□文筆 ❸□校對 ❹□編排 ❺□封面 ❻□其他____
二、您認為本書需再加強的地方：（可複選）
　❶□內容 ❷□文筆 ❸□校對 ❹□編排 ❺□封面 ❻□其他____
三、您購買本書的消息來源：（請單選）
　❶□本公司 ❷□逛書局⇨_____書局 ❸□老師或親友介紹
　❹□書展⇨____書展 ❺□心理心雜誌 ❻□書評 ❼其他_____
四、您希望我們舉辦何種活動：（可複選）
　❶□作者演講 ❷□研習會 ❸□研討會 ❹□書展 ❺□其他____
五、您購買本書的原因：（可複選）
　❶□對主題感興趣 ❷□上課教材⇨課程名稱_____
　❸□舉辦活動 ❹□其他_____ （請翻頁繼續）

心理出版社 股份有限公司

台北市 106 和平東路一段 180 號 7 樓

TEL: (02) 2367-1490
FAX: (02) 2367-1457
EMAIL:psychoco@ms15.hinet.net

沿線對折訂好後寄回

六、您希望我們多出版何種類型的書籍

❶□心理 ❷□輔導 ❸□教育 ❹□社工 ❺□測驗 ❻□其他

七、如果您是老師，是否有撰寫教科書的計劃：□有□無

書名／課程：_____

八、您教授／修習的課程：

上學期：_____

下學期：_____

進修班：_____

暑　假：_____

寒　假：_____

學分班：_____

九、您的其他意見

謝謝您的指教！　　　　　　　　　　　　　　61020